한국인의 생각 2

한국인의 생각 2

인포그래픽으로
읽는
공공쟁점
사회여론

강철구·김기수·김대진·박범창·박해성·서명원·신종화·안일원·유봉환·이병덕·이은영·이택수·정우성·최정묵 (공공의창) 지음

푸른나무

1장 노동과 부

2장 한국인에게 집은 무엇인가?

3장 돌봄 사회를 향하여

4장 코로나를 되돌아보며

5장 한국의 청춘들

6장 약자와의 연대

7장 권력과 책임

8장 일상의 문제의식

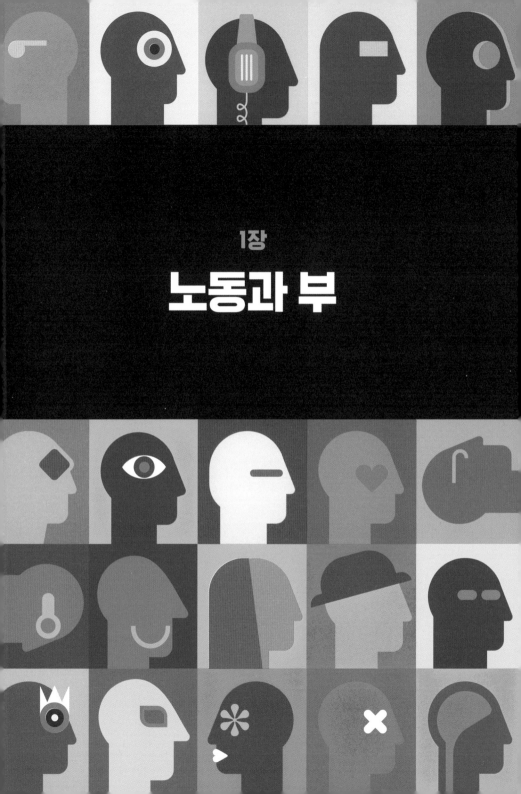

1장

노동과 부

돈과
행복의 함수는?

돈의 많고 적음은 인간의 행복에 어떤 영향을 끼칠까? 이 질문은 오랜 사회적 관심사이다. 본격적인 조사 연구가 시작되기 전에는 '돈이 많을수록 행복할 것이다'라는 가설이 지배적이었다. 그러던 중 미국 프린스턴대학교 앵거스 디턴과 대니얼 카너먼 교수의 연구 결과가 발표되었고, 대중적으로 큰 반향을 불러왔다. 두 학자 모두 노벨 경제학상을 받은 최고 전문가이며, 2008~2009년 미국 전역 45만 명을 대상으로 한 갤럽 설문조사를 기반 데이터로 삼았기에 신뢰할 만한 연구 결과이다. 요약하자면 "소득이 높아질수록 삶의 만족도는 계속 높아지지만, 행복감은 연봉 7만 5,000달러를 넘어서면 더 증가하지 않는다"는 것이다.

앵거스 디턴과 대니얼 카너먼의 연구 이후에도 같은 맥락의 사회

조사가 여러 차례 진행되었는데, 결과는 비슷했다. "돈은 삶에 만족하며 사는 데 크게 기여하지만 일정 소득 수준이 넘어가면 행복을 가늠하는 다른 요소들이 끼어들 가능성이 농후하다"라는 내용이었다. 그리고 소득이 낮은 사람일수록 소득이 늘어날 때 행복감이 상승한다고 밝혀졌다.

가난한 사람은 소득이 늘어날 때 행복감이 비례하여 느끼는 경향이 있지만, 반드시 버는 돈에 비례해 행복이 증가하지 않으며 돈이 행복의 절대적 요인이 아니라는 사실은 평범한 사람에게 위안이 되었다.

2015년 하반기 한국사회여론연구소는 '돈'에 관한 여론조사를 했다(전국 성인 남녀 유무선 50%씩 1,000명 전화 조사. RDD. 오차 범위 ±3.1%). "돈이란 무엇이라고 생각하는가?"라고 물었다. '있으면 편하고 없으면 불편하다'는 응답이 57%로 가장 높게 나타났다. 뒤이어 '절대적으로 필요한 존재'라는 응답이 37%, '그저 종잇조각에 불과하다'는 응답이 2% 나왔다.

그런데 돈에 비교적 자유로운 입장을 보인 계층은 30대, 사무·관리직, 경제적 중하층이다. 사회생활을 이제 막 시작한 30대, 정규직에 목맨 사무·관리직, 생활비 부담에 내 집 장만은 엄두도 내지 못하는 사람들이 그렇지 않은 환경에 있는 사람들보다 돈에 좀 더 자유로웠다는 사실이 흥미롭다.

그리고 같은 해 12월 말, 한국사회여론연구소는 전국 성인 남녀

800명을 대상으로 휴대폰 여론조사를 했다. "행복도 연습하면 얻을 수 있다"는 말에 대해 동의하는지를 물었다. '동의한다'는 답변이 62%로 '동의하지 않는다'(38%)는 답변보다 2배 가까이 높게 나왔다. 소득별로 볼 때 '월평균 가구 소득이 250만 원 미만'의 응답자와 '750만 원 이상'인 응답자의 각각 67%와 62%가 행복도 연습하면 얻을 수 있다는 말에 동의했다. 이는 평균 응답보다 높거나 비슷한 수준이었다. 행복에 대한 태도는 소득과 직접적인 관계가 없어 보였다.

그런데 2020년 이후 한국인의 돈과 행복에 대한 인식에는 변화가 생긴 것으로 보인다. 각종 연구와 여론조사 결과를 보면 돈과 행복의 비례 관계를 신뢰하는 사람들이 더 늘었음이 감지된다.

2021년 초 미국 여론조사기관 퓨리서치센터는 한국을 포함한 17개 선진국 국민을 대상으로 "What Makes Life Meaningful?(당신 삶을 의미 있게 만드는 것)"이라는 주제로 여론조사를 진행하고 같은 해 11월에 그 결과를 공개했다. 한국인 응답자 가운데는 '물질적 행복'이라고 답한 비율이 19%로 가장 높았다. 이어서 건강(17%), 가족(16%), 일반적인 선호(12%), 사회(8%) 순이었다.

이 결과는 17개국 평균과 대비된다. 가족(28%)이 1위이며, 직업(25%), 물질적 행복(19%), 친구와 커뮤니티(18%), 건강(17%) 등 순이다. '물질적 행복'이 한국과 17개국 평균 모두 19%인데, 한국에서는 1위이고 17개국 평균에서는 4위인 점이 특이하다. 이것은 복수 항목을 선택하게 했는데도 단수로 응답한 한국인 응답자가 많았기 때문

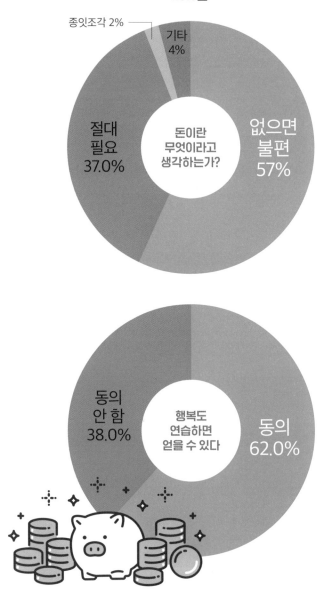

2015년

종잇조각 2%

기타
4%

절대
필요
37.0%

돈이란
무엇이라고
생각하는가?

없으면
불편
57%

동의
안 함
38.0%

행복도
연습하면
얻을 수 있다

동의
62.0%

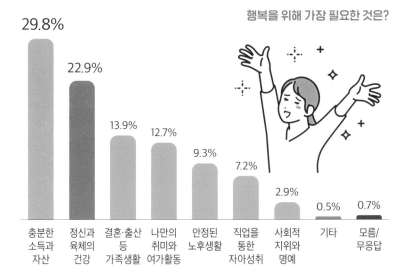

2021년

행복을 위해 가장 필요한 것은?

29.8%

22.9%

13.9%

12.7%

9.3%

7.2%

2.9%

0.5%

0.7%

| 충분한 소득과 자산 | 정신과 육체의 건강 | 결혼·출산 등 가족생활 | 나만의 취미와 여가활동 | 안정된 노후생활 | 직업을 통한 자아성취 | 사회적 지위와 명예 | 기타 | 모름/ 무응답 |

이다.

　국내 연구 결과도 비슷하다. 한국사회여론연구소가 2021년 12월 27일부터 3일간 전국 18~39세 남녀를 대상으로 '행복의 조건'에 대해 물었다. 1위가 '충분한 소득과 자산'으로 29.8%를 차지했다. 2위는 정신과 육체의 건강(22.9%)이며, 가족생활(13.9%), 취미와 여가(12.7%), 노후안정(9.3%), 직업(7.2%), 사회적 지위와 명예(2.9%)가 그 뒤를 이었다.

　2015년의 조사와 2021년의 조사는 질문 문항이 서로 달라 직접 비교하기에는 무리가 있다. 하지만 돈과 행복에 관한 사고가 달라졌음을 인지할 만하다.

1인당 국민총소득은 2015년에 3,260만 원, 2021년에 3,659만 원이다. 6년 동안 12.24% 증가했다. 소득은 점진적으로 늘었고 돈을 중요시하는 분위기도 증가했다. 소득이 낮을수록 돈과 행복의 상관관계가 커진다는 기존 연구 결과와는 다른 모습이다. 왜 이런 양상이 나타났을까? 2020~2021년은 부동산가격이 폭등하던 시기이다. 그리고 암호화폐 등의 위험자산 투자가 극에 달했다. 개인적 위기감과 상대적 박탈감이 돈을 중시하는 심리를 형성하는 데 영향을 끼쳤으리라는 분석도 가능하다.

앞으로 사회상의 변화에 따라 돈과 행복감의 함수관계도 달라질 것이다. 그런데 중요한 점이 있다. 돈으로 얻을 수 없는 소중한 가치를 지키려는 사회적 의지이다. 이런 시도들이 반복되고 성공을 거둘 때 소득의 크기에 따라 행복이 결정된다는 편견이 사라질 것이다. 돈이 없어, 형편이 어려워서 불행한 것이 아니라 돈이 삶의 방식, 사고 체계, 공동체적 가치를 변질시키고 왜곡하므로 불행한지도 모른다. 그래서 시장경제에 분명 순기능이 있는데도 개인이 이에 대응하는 능력이 합리적 이성의 범위를 넘어서는 경우가 많이 생긴다.

사회정책적으로도 주의할 점이 있다. 가난한 사람이 1만 원 더 버는 것이 부자가 1만 원 더 버는 것보다 행복감 증대가 크므로 정책의 효과를 극대화할 수 있는 중산층과 서민에 집중하는 게 타당하다. 부의 정도에 따라 돈의 가치가 다르게 느껴진다는 건 경제학자들이 대부분 공감하는 부분이다. 미국 루스벨트연구소의 마크 슈미트 수석 연구위원은 "같은 15% 세율이라도 연봉 20만 달러인 사람이 느끼는 부담이 연봉 2만 달러인 사람이 느끼는 부담보다 훨씬 작다"라며 소득이 높을수록 높은 세율을 적용하는 누진세(progressive tax)를 주장하기도 했다.

우리의 행복이 우리 안에 갇히지 않도록, 돈이 우리 삶에 주인이 되지 않도록 서로 격려하고 위로해주자. 작은 미소가 우리의 삶을 더 크고 넓게 그리고 더 많이 꽃피울 수 있도록 말이다.

열심히 일해서
부자가 될 수 있을까?

막스 베버의 『프로테스탄트 윤리와 자본주의 정신』에 따르면 자본주의 시대를 개척한 사람들의 생각은 소박했다. 막스 베버는 이렇게 썼다. "프로테스탄트는 세속적인 직업에서 거둔 성공을 구원의 증표로 삼았고, 이윤 획득과 물질적인 성공을 신(神)의 축복으로 여겼다. 이런 새로운 사고방식이 전통주의적 경제 체제를 허물어버리고 근대 자본주의가 발전할 수 있는 길을 열어놓았다." 그리고 "칼뱅파는 세속적인 직업 노동을 통한 부의 획득은 신의 축복이라고 여겼다. 또 지속적인 직업 노동을 금욕을 위한 최고의 수단이자 신앙의 진실성을 보여주는 증표로 삼았다"라고 덧붙였다.

막스 베버에 의하면 자본주의는 '신성시 여겨지는 직업 노동'에 의해 출발했다. 그리고 노동은 단순한 부의 축적 수단이 아니라 신과 구원에 다가가는 길이었다.

고전주의 경제학의 창시자 애덤 스미스는 "우리가 저녁을 먹을 수 있는 것은 푸줏간 주인, 양조장 주인, 혹은 빵집 주인의 자비심 덕분이 아니라 자신의 이익을 추구하려는 그들의 이기심 때문이다"이라고 말했다. '자비심'과 '이기심'을 대비하여 인간의 물질적 욕구와 시장의 중요성을 강조하는 뜻으로 해석된다. 그런데 여기서 한 가지 주목할 것이 있다. 자비심이 동기든, 이기심이 동기든 푸줏간과 양조장, 빵집에서의 노동이 없다면 우리는 저녁을 먹을 수 없다는 단순한 사실이다. 자본주의 사회에서 노동은 개인과 사회를 지탱하는 유일한 버팀목이다.

그러나 현대 한국인들은 자본주의를 만든 사람들과는 생각이 다른 듯하다. 노동을 통해서 부를 형성할 수 없다고 받아들이기 때문이다. 한국인 4명 가운데 3명은 현재 근로소득으로는 원하는 수준의 부를 축적할 수 없다고 생각하는 것으로 나타났다.

공공의창(티브릿지)과 《국민일보》가 조사한 바에 따르면 "현재 일해서 얻은 소득을 성실히 모으면 원하는 수준의 부를 축적할 수 있다고 생각하느냐?"는 질문에 응답자 75.8%가 '그렇지 않다'고 답했다. '그렇다'는 응답은 18.3%이고 '모름' 5.9%였다. 연령대별로 보면 30대에서 근로소득을 통한 부의 축적이 어렵다는 응답이 82.6%로 가장 많았다. "열심히 일해서 돈을 벌 수 있는 기회가 사라지고 있다"는 데 대해서도 30대의 75.7%가 그렇다고 답했다. 조사를 주관

근로소득으로 원하는 수준의 부를 축적할 수 있다

모름
5.9%

그렇다
18.3%

그렇지 않다
75.8%

열심히 일해서 돈을 벌 수 있는 기회가 사라지고 있다

그렇다   그렇지 않다

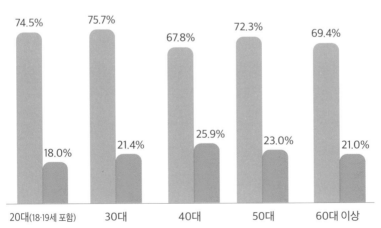

74.5%	75.7%	67.8%	72.3%	69.4%
18.0%	21.4%	25.9%	23.0%	21.0%
20대(18·19세 포함)	30대	40대	50대	60대 이상

한 박해성 티브릿지 대표는 "개인 노력에 의한 성취가 얼마나 제한적인지 깨달은 사회초년생의 좌절감을 보여준다"라고 분석했다.

　사업이나 투자 등 돈을 버는 다른 방법을 강조하는 전문가들은 이런 시각이 상식적이고 당연하다고 여길 수 있다. 『부자 아빠, 가난한 아빠』로 대표되는 부에 관한 책들은 근로소득보다 투자나 사업의 가치를 중요하게 말한다. 부를 형성하는 방법론을 다양하게 배워야 한다는 기능적인 측면에서 접근한다면 큰 문제가 없다. 하지만 '열심히 일해서는 부자가 될 수 없다'는 사고방식이 자칫 노동자에게 박탈감을 불러일으키고 일확천금 등 비정상적 방법으로 흐르게 할 위험이 분명히 존재하기에 경계해야 한다. 가장 위험한 점은 이런 풍조가 만연하여 우리 사회를 지탱하고 발전시키는 노동의 신성한 가치를 침해하는 것이다. 그 조짐이 이미 생기고 있다.

• 관련 기사: 권기석·김유나·권중혁·방극렬 기자, 「"부동산이 왜? 불로소득 아냐" 국민들 생각 달라졌다」, 《국민일보》, 2023년 1월 2일.
• 여론조사: 티브릿지, 2022년 12월 21~22일, 18세 이상 1,004명, ARS, 표본오차는 95% 신뢰수준에서 ±3.1%p.

기존 조사

  공공의창(우리리서치)과 《경향신문》은 2018년 3월 27일 19세 이상 500명을 대상으로 한국 사회의 공공성에 관한 조사를 수행했다. 표본오차는 95% 신뢰수준에서 ±4.7%p다. 이 조사에서 당시 우리 사회의 부에 대한 인식을 엿볼 수 있다.

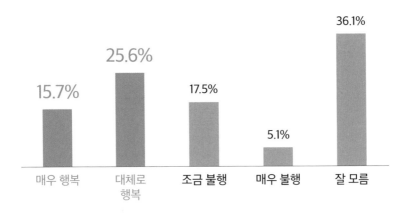

당신은 행복하십니까?

- 매우 행복: 15.7%
- 대체로 행복: 25.6%
- 조금 불행: 17.5%
- 매우 불행: 5.1%
- 잘 모름: 36.1%

누구나 열심히 노력하면 성공한다는 의견에 어느 정도 동의하십니까?

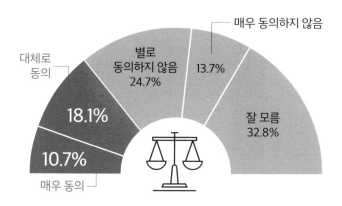

매우 동의하지 않음

대체로
동의

별로
동의하지 않음
24.7%

13.7%

18.1%

잘 모름
32.8%

10.7%

매우 동의

우리 사회에서는 노력한 만큼 정당한 대가가 분배된다고 생각하십니까?

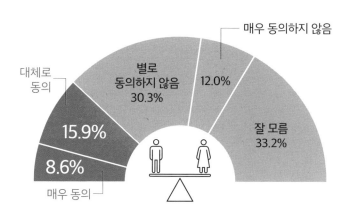

매우 동의하지 않음

대체로
동의

별로
동의하지 않음
30.3%

12.0%

15.9%

잘 모름
33.2%

8.6%

매우 동의

정부가 가난한 사람의 이익을 대변하고 있다고 느끼십니까?

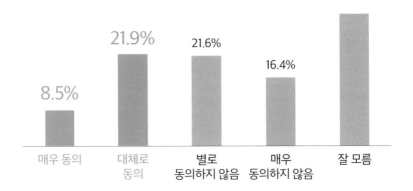

8.5%   21.9%   21.6%

16.4%

매우 동의   대체로   별로   매우   잘 모름
            동의   동의하지 않음 동의하지 않음

노동을
존중하지 않는 사회

1970년 11월 13일, 22세의 청년 노동자 전태일은 노동 인권이 짓밟힌 현실에 항거하며 서울 동대문 평화시장 입구에서 근로기준법 화형식을 하며 온몸에 휘발유를 끼얹고 분신하였다. 한국 노동운동사의 기념비적인 사건이다.

그리고 50년이 흐른 2020년 11월, 전태일 열사 50주기를 맞아 우리 사회의 노동에 대한 생각을 들어보는 계기를 만들었다. 공공의창(우리리서치)과 《경향신문》이 시민 1,000명을 대상으로 설문조사를 진행했다.

한국 사회의 노동 인권은 50년 세월만큼 개선되고 발전했을까? 노동에 대한 인식은 50년 전과 얼마나 달라졌을까? 적어도 노동을 존중하는 인식 면에서는 더 개선되어야 할 것으로 보인다. "우리 사

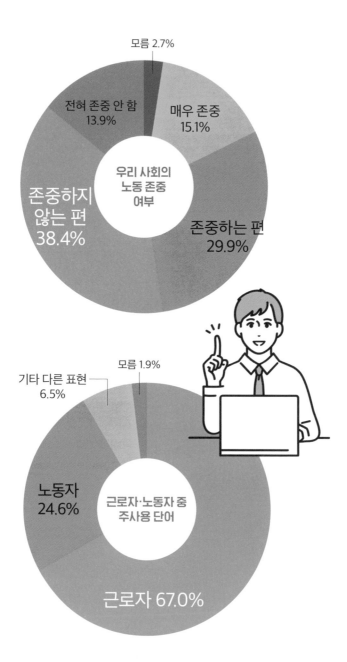

우리 사회의
노동 존중
여부

모름 2.7%

매우 존중
15.1%

전혀 존중 안 함
13.9%

존중하지
않는 편
38.4%

존중하는 편
29.9%

근로자·노동자 중
주사용 단어

모름 1.9%

기타 다른 표현
6.5%

노동자
24.6%

근로자 67.0%

회 전반의 분위기가 노동의 가치와 소중함을 얼마나 존중한다고 생각하느냐?"는 질문에 대해 '존중하지 않는다'는 응답이 52.3%로 '존중한다'(45.0%)는 응답보다 더 많이 나왔다. 한국 사회가 노동의 가치를 인식하고 존중하는 쪽으로 더 나아가야 함을 드러내는 지표이다.

노동자를 지칭하는 용어로 '근로자'와 '노동자'가 있다. 사전적으로 '근로자'는 "근로에 의한 소득으로 생활을 하는 사람", '노동자'는 "노동력을 제공하고 얻은 임금으로 생활을 유지하는 사람. 법 형식상으로는 자본가와 대등한 입장에서 노동 계약을 맺으며, 경제적으로는 생산 수단을 일절 가지는 일 없이 자기의 노동력을 상품으로 삼는다"라고 규정된다. 근로자는 전통적이고 포괄적인 용어이며 노동자는 사회적·법률적 개념이 강하다. 따라서 '노동자'라고 쓰는 것이 더 정확하다.

'노동자'와 '근로자' 중 평소 주로 접하는 단어가 무엇인지를 물었다. '근로자'라는 응답이 67.0%로 더 높았다. '노동자'라는 단어에서 동질감이 느껴지는지도 물었는데, '노동자라고 하면 거리감을 느낀다'라는 응답이 49.9%로 '동질감을 느낀다'(33.8%)보다 16.1%P 높게 나왔다. 노동자라는 단어에 다소 거리낌을 느끼는 경향이 있음을 알 수 있다.

'근로자'라는 단어는 『조선왕조실록』에 23회나 등장한다고 한다. '법률적 고용 관계'를 고려하지 않고 '부지런하게 일하는 사람'을 뜻하는 오래되고 추상적인 단어이다. 반면 '노동자'는 명확하고 구체적이다. 그런데 '노동자'라는 단어를 쓰는 데 거리낌이 있는 것은 사실이다. 북한의 집권 세력이 '로동당'이고 관영 매체도 《로동신문》이기에 한국 사회는 '노동'이라는 단어에 대한 경계심이 형성되어 있다. 이른바 '레드 콤플렉스(Red Complex)'가 '노동'이나 '노동자'라는 단어 사용에 거부감을 주는 것이라 해석할 수 있다.[*]

노동자들의 이해관계 실현을 위해 단결한 조직인 노동조합에 관한 인식은 어떨까? '긍정적으로 생각한다'가 55.6%로 '부정적으로 생각한다'(30.5%)보다 25.1%P 높았다. 긍정적 인식은 18세~20대(64.1%), 학생 직업군(61.7%)에서 평균보다 높게 나타났다. 연령별로 60대는 49.6%가 노조에 긍정적으로 인식한 반면 18세~20대는 그 비율이 64.1%였다.

헌법으로 보장된 노동3권을 '알고 있다'는 비율은 63.4%였다. 노동3권은 대한민국 헌법 제33조 ①항에 규정되어 있다. "근로자는 근로조건의 향상을 위하여 자주적인 단결권·단체교섭권 및 단체행동권을 가진다." 그런데 이 권리의 실현 형태인 파업에는 부정적으로 생각하는 비율이 높았다. 노조 설립과 단체협상에 공감하는 사람은 각각 77.8%, 79.5%인 데 비해, 파업 행동에 공감하는 비율은 55.5%에 그쳤다. 일례로 '공공서비스 노동자들이 정당한 요구를 내세우는

---

[*] 하종강, 「[하종강 교수의 노동법 이야기] '근로자'인가, '노동자'인가?」, 《치위협보(Dentalk)》, 2022. 11. 28. https://news.kdha.or.kr/news/articleView.html?idxno=11034

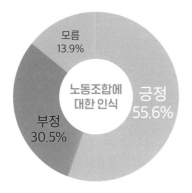

노동조합에
대한 인식

모름
13.9%

긍정
55.6%

부정
30.5%

"사람들은
인권 보호 차원에서
노동권이 필요하다고
말하지만,
시민의 권리도 누리고
싶어한다"

노동조합
설립

전혀 공감 안 함
3.0%

모름 4.2%

공감하지
않는 편
15.0%

매우 공감
31.0%

공감하는 편
46.8%

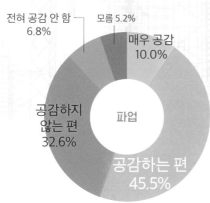

파업

전혀 공감 안 함
6.8%

모름 5.2%

매우 공감
10.0%

공감하지
않는 편
32.6%

공감하는 편
45.5%

파업을 하더라도 생활에 불편을 미치면 공감할 수 없다'고 답한 응답자가 38.9%로 집계됐다.

이런 인식에 대해 어떻게 해석할 수 있을까? 하종강 성공회대 노동아카데미 교수는 "사람들은 인권 보호 차원에서 노동권이 필요하다고 말하지만, 시민의 권리도 누리고 싶어한다"며 "파업이 당장의 경제 손실을 초래하더라도 사회 전체에 얼마나 유익한지 제도권 교육에서 배울 기회가 없었다"라고 배경을 설명했다.

상시 업무의 정규직 채용에 관해서도 질문했다. 기업 경영 여건과 관계없이 상시 필요한 업무 종사자는 '정규직으로 채용해야 한다'는 응답이 47.8%로 '비정규직을 채용해도 괜찮다'(40.2%)보다 높았다. 상시 지속 업무의 정규직 전환은 문재인정부가 출범할 당시 내세운 공약이기도 하다. 산업재해 위험이 커서 노동자 안전에 주의가 필요한 업무의 경우 정규직을 채용해야 한다는 응답이 65.5%, 비정규직 채용도 괜찮다는 응답이 22.3%였다.

"직업에 귀천이 없다"는 말은 우리 사회의 상식이다. 하지만 그것이 현실에서도 상식으로 자리 잡았다고 인식하는 사람은 많지 않은 것으로 보인다. 지식노동·육체노동·감정노동 등 노동의 종류에 따른 직업별 인격 존중에 차이가 있다고 생각하느냐는 물음에 79.9%가 '차이가 있다'라고 답했다.

왜 이런 원칙과 현실의 괴리가 발생할까? 하종강 교수의 이야기를 이어서 들어보자. "사람들이 경쟁을 통해 성취한 가치를 강조하는 사회에서 자라나다 보니 비정규직을 노력하지 않은 사람의 형벌처럼 생각한다." 또 직업 대우에 차별이 있다는 것을 알면서도 노동시장 비정규직화에 동의하는 것에 대해서는 "차별이 존재한다고는 인식하지만, 차별이 옳지 않다고 말하는 것보다 자신이 차별받지 않는 것에 초점을 두기 때문"이라고 설명했다.

최근까지 '무노조 경영'을 한 삼성에 만약 노조가 있었다면 어떤 영향을 미쳤을지 묻는 항목에는 '노조가 있었어도 지금처럼 성장했을 것이다'와 '노조가 있었다면 성장하지 못했을 것이다'라는 답변이 각각 43.2%와 41.6%로 비슷했다. '성장했을 것'이라는 대답은 30~40대와 학생 직업군, 노동조합에 긍정적인 인식을 갖고 있는 응답자에서 높게 나타났다.

인공지능과 자동화 기술의 발전이 노동에 미칠 영향에 관해서는 '기대된다'(45.3%)와 '염려된다'(44.7%)가 비슷한 비율을 나타냈다. 현시대에 전태일의 분신 같은 항거가 다시 일어날 경우 '공감한다'는 응답이 77.8%로 '공감하지 않는다'는 응답(16.9%)보다 높았다.

• 관련 기사: 윤기은 기자, 「절반 넘는 시민들 "우리 사회는 노동의 가치를 존중하지 않는다"」, 《경향신문》, 2020년 11월 19일.
• 여론조사: 우리리서치, 2020년 11월 9일, 18세 이상 1,000명, ARS, 표본오차는 95% 신뢰수준에서 ±3.1%p.

자본소득에
마음이 쏠리는 사람들

앞에서 이야기했듯 상당수 사람이 근로소득만으로 부자가 될 수 없다고 느낀다. 《국민일보》가 인터뷰한 사람들의 목소리에서는 이런 좌절감이 생생하게 드러난다.

근로소득으로 부자가 되기 어렵다는 판단은 자연스럽게 자본소득에 대한 관심으로 이어진다. 공공의창(티브릿지)과《국민일보》여론조사를 보면 응답자들이 자본소득에 대해 우호적인 태도를 갖고 있음을 알 수 있다.

"주식 투자로 번 돈은 불로소득이라고 생각하느냐?"는 질문에 54.2%가 '그렇지 않다'고 답했다. 그리고 "부동산 구매로 번 돈이 불로소득이라고 생각하느냐"는 질문에도 '그렇지 않다'가 41.5%였다. '그렇다'(51.3%)보다는 적었지만, 꽤 많은 수가 부동산 투자 수익을

근로소득에 대한 인식

직장인 이대규(24) 씨

"일해서 돈 버는 건 괴롭다.
월급만 저축하다가는 은퇴 후
무너질 수밖에 없다."

직장인 김희준(32) 씨

"월급을 모아서는 집이나
차를 사는 일이 불가능할 거 같아
미래가 깜깜했다."

대학생 배윤기(26) 씨

"근로소득은 상한선이 정해져 있다.
일만 해서는 경제적 자유를
얻기 어렵다."

주식 투자 및 부동산 구매로 번 돈은 불로소득이다

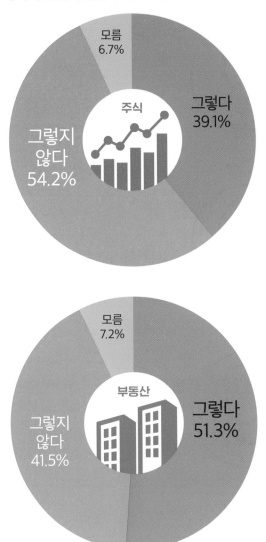

모름
6.7%

주식

그렇다
39.1%

그렇지
않다
54.2%

모름
7.2%

부동산

그렇다
51.3%

그렇지
않다
41.5%

불로소득으로 여기지 않고 있음이 드러났다.

우리 사회에서는 부동산 가격 급등과 이로 인한 개인적, 사회적 부담 때문에 부동산 투자에 대해 관대하지 않은 여론이 형성되어 있다. 고위 공직자, 정치인 등 사회지도층 인사의 투자형 부동산 보유도 비판의 대상이 되어 왔다. 특히 조사 시점에서 문재인정부가 부동산 투자 수익을 불로소득으로 보고 규제를 강화했다는 점도 고려해야 한다. 국가 정책이나 공공적 판단의 방향과 달리 개인 차원에서는 부동산 투자에 대한 우호적 시각을 가진 여론이 만만치 않다는 점을 발견할 수 있다.

조사 결과 소득이 많을수록 부동산 투자 수익을 불로소득이 아니라고 생각하고 있었다. 월수입이 500만 원 이상인 응답자의 63.1%와 400만~500만 원인 응답자의 52.8%가 부동산 수익을 불로소득이 아니라고 봤다. 연령대별로는 30대의 43.8%, 40대의 43.6%, 50대의 44.7%가 부동산 수익이 불로소득이 아니라고 답했다.

자본소득에 관한 인식 변화는 빈곤을 바라보는 태도에도 영향을 미친 것으로 보인다. "투자 수단이 많아진 현재, 가난이 계속되는 것은 개인이 노력하지 않기 때문이라고 생각하느냐"는 질문에 30.7%가 '그렇다'고 답했다. 소득이 높을수록, 자신이 속한다고 생각하는 계층이 높을수록 이렇게 생각하는 경향이 강했다. 계층이 '상'이라는 응답자의 51.9%가 '가난은 개인 탓'이라고 답했다. 또한, 월수입 500만 원 이상인 응답자의 39.5%, 400만~500만 원 응답자의

주식과 부동산 투자로 돈을 번 사람을 닮고 싶다

그렇다　그렇지 않다

70.5%
22.2%
58.3%
32.1%
57.0%
34.6%
43.3% 45.4%
30.2%
53.9%

20대(18·19세 포함)　30대　40대　50대　60대 이상

34.1%도 이에 동의했다.

한편 응답자의 절반인 52.7%는 '최근 1년간 부동산이나 주식으로 돈을 벌었다는 사람의 이야기를 듣고 박탈감을 느껴본 적이 있다'고 답했다. 연령대별로는 30대(60.7%)와 40대(55.0%)에서 박탈감을 느꼈다는 비율이 상대적으로 높았다. 스스로 생각하는 계층별로는 '중'(54.1%) '중하'(55.3%) '하'(58.7%) 계층에서 박탈감을 느낀 사람이 더 많았다.

"한국 사회의 양극화를 심화시키는 가장 큰 이유를 고르라"는 요구에는 37.3%가 '부동산'을 선택했다. '소득 불균형'이라는 응답은 18.5%였고 '금융자산 불균형'이 13.3%, '교육 기회 불균형'이 10.0%였다. 특히 20대에서 '부동산'을 고른 비율(41.1%)이 높았다. 그리고 20대에서 '소득 불균형'을 양극화의 이유로 고른 응답은 9.5%에 불과했다.

주식이나 부동산 등 자본을 이용해 자산을 늘려가는 투자 행위에 대해 우호적 인식이 늘어가고 있다. 특히 젊은 세대일수록 자본을 이용해 돈을 버는 일을 긍정적으로 보았다. 투자로 많은 돈을 본 사람을 선망하는 경향도 나타났다. 젊은 층의 변화는 자본소득에 대한 우리 사회 전체의 인식이 빠른 속도로 변화할 것임을 예고한다.

"주식과 부동산 투자로 돈을 번 사람을 닮고 싶으냐?"는 질문에 대해 20대의 70.5%와 30대의 58.3%, 40대의 57.0%가 '그렇다'고 답했다. 50대와 60대 이상은 이 질문에 대해 각각 43.3%와 30.2%만

다주택 보유에 대한 생각

능력이 있으면 여러 채를 갖고 있어도 상관없다

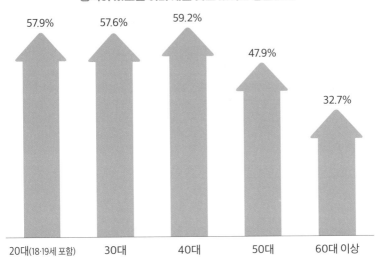

20대(18·19세 포함)	30대	40대	50대	60대 이상
57.9%	57.6%	59.2%	47.9%	32.7%

1가구 1주택 원칙을 지켜야 한다

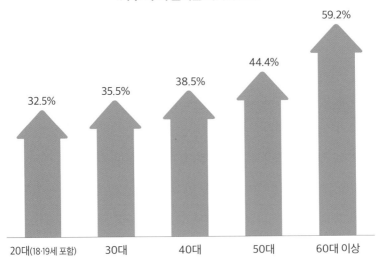

20대(18·19세 포함)	30대	40대	50대	60대 이상
32.5%	35.5%	38.5%	44.4%	59.2%

'그렇다'고 답했다.

"주식과 부동산 투자 방법을 시간과 돈을 들여 배우고 싶은지"를 묻는 질문에도 20대는 '그렇다'(61.2%)가 '그렇지 않다'(30.5%)에 비해 두 배가량 많았다. 30대도 '시간과 돈을 들여 배우고 싶다'는 의견이 57.4%로 '그렇지 않다'(37.4%)에 비해 훨씬 많았다. 반면 50대는 '그렇지 않다'(53.1%)가 '그렇다'(38.0%)보다 많았고 60대에서는 그 차이가 더 벌어졌다.

도덕적으로 금기시되었고 정책 규제의 대상이 되어온 다주택 보유에 대해서도 젊은 세대가 더 관대한 모습을 보였다. 20, 30, 40대가 50, 60대보다 허용할 수 있다는 의견이 많았다. 20대의 57.9%, 30대의 57.6%, 40대의 59.2%는 '능력이 있으면 여러 채를 갖고 있어도 상관없다'라고 답했다. '1가구 1주택 원칙을 지켜야 한다'는 응답 비율은 20대 32.5%, 30대 35.5%였다. 반면 60대 이상에선 59.2%가 '1가구 1주택 원칙을 지켜야 한다'고 답했다. 전체적으로는 '여러 채를 갖고 있어도 상관없다'(49.1%)가 '1가구 1주택 원칙을 지켜야 한다'(43.9%)보다 우세했다.

조사에서는 1가구 다주택 보유 금지라는 도덕적 기준과 투자 이익이라는 실용적 기준 중 무엇을 더 중요하게 여기는지를 파악하고자 했다. 그래서 가정적 상황으로 질문을 던졌다. "만약 자신이 청와대 고위 공직자이고 서울 강남에 주택이 2채 있다면 처분하고 자리를 유지할 것인가?" 이에 대한 답변은 연령대별로 차이가 있었다.

20대의 경우 '주택을 처분하지 않고 자리를 그만뒀을 것'(50.3%)이라는 답변이 '주택을 처분하고 자리를 유지했을 것'(36.7%)보다 많았다. 30대와 40대도 자리를 그만뒀을 것이라는 답변이 주택을 처분하겠다는 답변보다 더 많았다. 나이가 적을수록 명예보다 실질적인 이익을 중시하는 것으로 해석할 수 있다. 이와 대조적으로 60대 이상은 '주택을 처분하겠다'(49.9%)는 답변이 '처분하지 않겠다'(31.8%)보다 우세했다.

주식 투자에서도 실용적 시각의 세대 차이가 존재했다. "사회에 해를 끼치거나 경영진이 물의를 일으킨 기업의 주식이라도 수익률 전망이 좋으면 투자할 수 있느냐"는 질문에 20대의 41.8%와 30대의 40.3%가 긍정적으로 답했다. 전체적으로는 '그렇지 않다'(64.8%)가 '그렇다'(27.2%)보다 더 많았다.

• 관련 기사: 권기석·김유나·권중혁·방극렬 기자, 「"부동산이 왜? 불로소득 아냐" 국민들 생각 달라졌다」, 《국민일보》, 2023년 1월 2일.
• 여론조사: 티브릿지, 2022년 12월 21~22일, 18세 이상 1,004명, ARS, 표본오차는 95% 신뢰수준에서 ±3.1%p.

경제적 자유 추구가
속박이 되지 않으려면

욜로와 파이어

2010년대 '욜로(YOLO)'라는 신조어가 유행했다. "You Only Live Once(인생은 한 번뿐이다)"의 앞글자를 따서 만든 말이다. 이 말이 만들어진 맥락과는 상관없이 우리나라에서는 '어차피 인생은 한 번인데, 먼 미래를 염려하지 말고 지금 당장 자신의 행복을 위해 소비하자'는 풍조로 이어졌다. 평생직장이나 내 집 마련, 단란한 가정 등 전통적인 가치나 목표를 이루기 힘든 세상에서 지금의 만족을 추구하는 흐름은 젊은 층에게 매력적으로 받아들여졌다.

이어서 '파이어(FIRE)'라는 신조어가 등장했다. 'Financial Independence, Retire Early(경제적 독립과 빠른 은퇴)'의 영문 앞글자를 따서 만든 신조어이다. 최대한 빨리 경제적 독립을 이루고 이를 기반으로 30~40대에 은퇴하여 자유로운 인생을 살겠다는 흐름이다. 미국에서 시작된 이 경향은 젊은 직장인 사이에서 하나의 운동처럼 번졌다.

욜로나 파이어 모두 개인의 선택으로 존중받을 만한 경향이다. 공통점은 기존 조직이나 생활에서 정서적으로 또는 실질적으로 벗어나고자 추구한다는 점이다. 그런데 한국 사회에서 이러한 흐름이 생기고 받아들여져 사회적 유행이 된 원인은 무겁게 받아들여야 할 것이다. 기성 사회나 직장에 대한 좌절감과 환멸이 배후에 자리 잡고 있기 때문이다.

가장 먼저 희망의 상실을 들 수 있다. 열심히 직장생활을 한다 하더라도 부자가 되거나 안정된 생활을 하게 될 보장이 없다는 인식이 퍼져 있다. 앞에 소개한 여론조사 결과를 다시 보면, 응답자의 75.8%가 "일해서 얻은 소득을 성실히 모아도 원하는 수준의 부를 축적할 수 없다"고 답했으며 "열심히 일해서 돈을 벌 수 있는 기회가 사라지고 있다"는 문항에는 71.6%가 동의했다. 이렇게 느끼고 있다면 열심히 일하는 것 외에 소비나 다른 쪽으로 관심이 쏠리는 것은 자연스러운 현상이다. 노동을 통해 기회를 추구하는 삶에 대한 존중이 낮아졌다는 것은 뼈아프게 생각할 사회 현상이다.

수직적인 조직문화, 과도한 업무량, 다양성의 부재와 권위주의, 일과 생활의 불균형, 자기 발전과 성취의 한계 등 기존 조직문화에 대한 반발이 욜로와 파이어 유행을 불러왔다는 분석이 가능하다. 세계적인 경영 컨설팅 회사인 딜로이트는 「딜로이트 글로벌 2022 MZ 세대 서베이」라는 보고서를 통해 전통적 경영 관행과 조직문화가 젊은 층의 이탈을 가속화시키고 있다고 분석하였다.

직장 밖의 해결책 – 패시브 인컴과 자산 투자

욜로와 파이어는 일해서 얻는 수입으로만 이루기 어렵다. 과외 수입이 필요하다. 그래서 젊은 세대는 패시브 인컴(Passive Income)에 열광한다. 패시브 인컴은 '소극적 수입'으로 번역된다. 아무것도 하지 않아도 24시간 365일 돈이 들어오는 이른바 '불로소득'이다. 투자 전문가들이 자주 이야기하는 "내가 자고 있을 때 돈이 일하여 돈을 벌어들이는 구조를 만들라"라는 말과 같은 맥락이다.

일반적으로 패시브 인컴은 부동산 임대 수익, 예금이나 채권의 이자 수익, 주식의 시세 차익 등 자산 투자로 발생한다. 그런데 최근 우리나라 젊은 세대가 추구하는 패시브 인컴은 이와는 좀 다르다. 세대 특성상 패시브 인컴의 기반 자산을 갖추지 못한 경우가 많기 때문이다. 젊은 세대는 인터넷과 모바일을 이용해 새로운 수입원을 창출하고자 하고 이를 패시브 인컴으로 간주한다. 《국민일보》 취재에 따르면 유튜브 운영을 통한 광고, 구글 애드센스 등을 활용한 개인 웹사이트 광고, 블로그 광고, 전자책 판매, 제휴 마케팅 등이 대표적인 패시브 인컴 활동이다.

20~30대 젊은 세대의 자산 투자도 점점 더 늘어나고 있다. 주식 투자는 말할 것도 없고 암호화폐 투자자의 주력은 20~30대이다. 2020년대 초반 부동산 상승기에는 이른바 '영끌(영혼까지 끌어모은다)'로 부동산을 투자하는 젊은이도 많았다.

이런 현상의 배후에는 위험한 동기도 존재한다. 주변에서는 주식이나 암호화폐, 부동산으로 성공하는 사람이 늘고 있는 것 같은데, 나만 소외될지 모른다는 불안감을 겪는 '포모(FOMO, Fear Of Missing Out) 증후군'이 그중 하나이다. 주변의 성공 소식을 전해 들으면서 '나만 돈을 벌지 못했다'는 박탈감에 뒤늦게 '패닉 바잉(불안감에 따른 매수)'에 나서는 사람이 늘어난 것이다.

과중한 노동과 부채의 위험

정보 기술을 이용한 패시브 인컴이나 주식, 부동산, 암호화폐 등에 대한 투자는 개인의 선택이다. 이를 통해 수익을 누리는 사람도 적지 않다. 그러나 충분한 준비와 계획 없이 박탈감, 불안감, 막연한 기대를 안고 뛰어든다면 위험한 결과를 초래한다. 이런 현상의 부작용을 고려해야 한다.

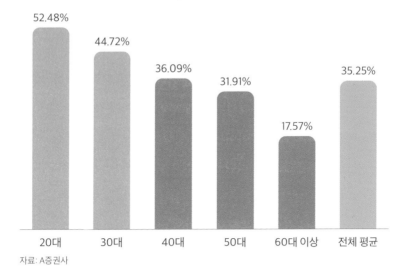

투자 회전율

52.48% 44.72% 36.09% 31.91% 17.57% 35.25%

20대 30대 40대 50대 60대 이상 전체 평균

자료: A증권사

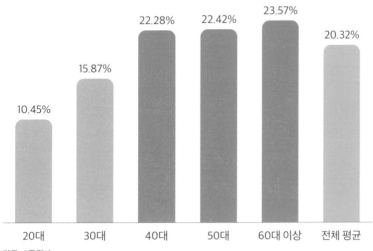

2020년 신규 개설 계좌 수익률(1~11월 기준)

10.45% 15.87% 22.28% 22.42% 23.57% 20.32%

20대 30대 40대 50대 60대 이상 전체 평균

자료: A증권사

지금 유행하는 패시브 인컴은 엄격히 말해 패시브 인컴이 아니다. 아무것도 하지 않아도 돈이 벌리는 패시브 인컴의 본뜻과 거리가 있다. 안정적으로 수익이 나오는 구조를 만들고 유지하는 데 적지 않은 시간과 수고가 들어가기 때문이다. '노동'과 다름없다. 직장인들이 부족한 소득을 충당하기 위해 부업에 뛰어들었던 'N잡러 현상'의 다른 이름이라고 보아야 한다. 일해서 부자가 되기 힘든 세상에서 근로소득을 최대한 다변화하려는 시도이다. 번아웃 증후군을 호소하며 일과 삶의 균형을 추구하고 과중한 업무를 혐오하는 젊은 세대에게 일종의 부업이 유행하는 것은 아이러니한 현상이다. 충분한 고려 없이 패시브 인컴 활동을 전개한다면 과중한 노동과 스트레스에 시달릴 수 있다. 인터넷이나 모바일 기반이기에 비용이 들지 않는다고 하지만, 사업을 본격화하고 마케팅을 전개할 때는 상당한 비용이 들어가곤 한다. 패시브 인컴이 아니라 패시브 스팬딩(Passive Spending)이 될 위험도 있다.

자산 투자의 위험성도 고려되어야 한다. 투자 전문가들은 '가치', '장기', '분산' 투자가 위험성을 최대한 줄이는 건전한 투자의 원칙이라고 강조한다. 투자 대상에 대한 지식을 갖추고 확신이 있어야 하며(가치투자), 수익이 실현되는 시점까지 기다리는 여유가 있어야 하고(장기투자), 쏠림 없이 여러 자산에 골고루 투자하여 한쪽의 손실을 다른 쪽의 수익으로 메우는(분산투자) 안전장치가 필요하다는 것이다. 특히 위험 자산에 투자할 때는 잃어도 생활에 큰 문제가 생기지 않는 여유자금을 바탕으로 해야 한다고 권한다. 그런데 최근 젊은 층의 투자 경향은 안전한 투자 원칙에서 벗어난 모습을 보인다.

2020년 말 한 증권사가 조사한 것을 보면 20~30대의 투자 회전율이 높고 신규 계좌 수익률이 낮다. 젊은 세대일수록 단기 투자를 많이 하고 이에 따라 수익률이 낮다는 이야기이다.

젊은 세대는 없어도 큰 걱정이 없는 여유자금으로 투자하지 않고 빚을 내 투자하는 경향도 강하다.

빚을 내 부동산이나 암호화폐를 사거나 주식의 미수·신용 융자 거래를 하면 시장이 좋을 때는 감당할 수 있지만, 시장이 하락할 때 큰 위기를 맞이하게 된다. 주가가 하락하고 부동산 가격이 안정되며 암호화폐 가격이 폭락하기 시작한 2022년 하반기부터는 암울한 기사가 언론에 자주 오르내렸다. 가장 심각한 것은 젊은 세대의 부채 증가이다. 빚을 내 주식이나 암호화폐에 투자했다가 고금리와 폭락장으로 부채가 눈덩이처럼 불어나는 일을 겪는 젊은이가 늘고 있다. 금리 인상으로 갚아야 할 원리금은 늘어나는데 주식과 코인 가격의 급락으로 자산이 급감하면서 빚을 갚기 위해 더 고금리의 빚을 내는 악순환에 빠져든 것이다.*

---

* 원동욱, 「처음 겪는 주식·코인 폭락장, MZ세대 빚 파산 급증…20대 우울증 127% 늘어」, 《중앙선데이》, 2022. 7. 31.

개인적·사회적 해법을 모두 찾아야

경제적 자유를 얻기 위한 노력이 자칫하면 더 큰 속박을 불러올 수도 있다. 이러한 위험성을 경계해야 할 것이다. 그리고 사회적 해법도 모색해야 한다. 한국인들, 특히 젊은 세대가 위험한 투자에 빠져드는 것은 양극화에 따른 박탈감과 노동의 가치가 제대로 존중받지 못하기 때문이라는 근본적인 이유가 있다. 여기서 해결의 단서를 찾기 시작해야 할 것이다.

청년들의 자산 양극화는 갈수록 심해지고 있다. 한국보건사회연구원이 발표한 보고서 「청년층의 자산 및 부채 보유 실태 현황」에 따르면 저소득 청년 가구 자산 빈곤율은 61.6%로 전체 평균(58.2%)보다 높다. '자산 빈곤'은 순자산이 중위값의 50% 미만인 경우를 뜻한다. 특히 청년 1~2인 가구를 포함한 가구주로 한정하면 자산 빈곤율은 73.6%로 크게 증가한다. 가장 큰 원인은 주거비 부담이었다. 빈곤 가구 청년 5명 중 1명(19.4%)은 소득의 20% 이상을 주거비로 지출하고 있었다. 청년 가구주로 한정하는 경우 주거비 비율은 26.4%로 높아졌다. 이에 대한 대응책이 요구된다.

박상인 서울대 행정대학원 교수는 "저소득층의 자산은 노동소득 중심이므로 금융소득과 같은 비노동소득 비중이 커지면 계층별 자산 격차는 더 커질 것"이라고 지적했다. 저소득층 빈곤은 경제적 안정성 저하로 나타난다. 심각한 문제는 이러한 경제적 불안정성이 개인의 불행으로만 귀결되는 것이 아니라는 점이다. 경제적 안정성은 개인의 삶의 질에 영향을 미치는 지표인 동시에 '안전하고 살 만한 좋은 사회'를 판단하는 핵심 요인 중 하나다. 경제적 안정성이 떨어지는 사회는 그만큼 안전하지 않은 사회다. 궁극적으로는 근로소득만으로 노후가 보장되는 제도가 필요하다. 열심히 일해 안정적으로 살아갈 수 있는 제도적 장치가 부족한 상황에서는 고수익을 좇는 고위험 투자에 열광하는 분위기가 이어질 수밖에 없다.

• 관련 기사: 권기석·김유나·권중혁·방극렬 기자, 「'영끌 빚투' 꿈꾸는 당신께, 주식 9승1패 개미 이야기」, 《국민일보》, 2023년 1월 8일.
• 여론조사: 티브릿지, 2022년 12월 21~22일, 18세 이상 1,004명, ARS, 표본오차는 95% 신뢰수준에서 ±3.1%p.

직업별
사회적 가치 기준 세우기

핀란드인들에게 매년 11월 1일은 특별한 날이다. '질투의 날(National Jealousy Day)'이라는 별칭도 붙었다. 이날 전 국민의 과세 정보를 공개한다. 고위 공직자, 대기업 임원, 의사·변호사 등의 전문직, 사업가, 인기 연예인이나 스포츠 스타는 물론이고 직장 동료와 옆집 아저씨에 이르기까지 누가 얼마나 벌고 얼마나 세금을 내는지 속속들이 알 수 있다. 발표된 정보를 보며 서로 수입을 비교하게 되니 질투가 자연스럽게 생긴다. 핀란드뿐만 아니라 노르웨이, 스웨덴 등 북유럽 국가들은 대부분 개인 과세 정보를 공개하고 있다.

개인 과세 정보 공개는 공정하고 투명하게 세금을 걷어서 복지국가의 재원으로 활용하고 있음을 보여주는 데 그 목적이 있다. 아울러 탈세를 줄이는 효과도 있다. 임금 격차를 좁히는 데도 효과적이

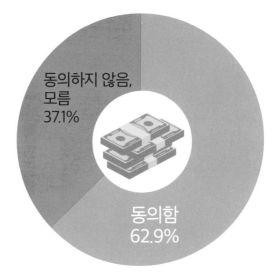

"매년 직업별 권장 수입을 책정하여 발표하는 데 동의하십니까?"

동의하지 않음,
모름
37.1%

동의함
62.9%

다. 같은 일을 하는 사람끼리 누가 얼마를 버는지 안다면 회사는 급여에 차등을 두기 어렵기 때문이다. 그래서 '동일 노동 동일 임금' 관행이 형성된다. 물론 부작용도 존재한다. 고소득자는 범죄의 대상이 될 수도 있고 저소득자는 수치심과 박탈감을 느낄 수도 있다. 하지만 과세 정보가 공공정보라는 인식에 바탕을 두고 개인 과세 정보 공개를 이어가고 있다.

미국, 프랑스, 독일 등 서구 선진국들도 개인 과세 정보 공개를 추진하거나 검토했다가 결국 포기했다. 복지국가의 오랜 전통과 정교한 시스템, 국가 세금 정책에 대한 깊은 신뢰, 공공정보에 대한 개방성, 낮은 소득 불평등 등 기반이 부족했기 때문이다.

**"각 직업은 초등학교 교사 월급 350만 원을 기준으로
몇 배나 받으면 적정한가?"**

가게 점원	비숙련 노동자	청소원	대기업 신입사원	초등학교 교사	숙련 기술자	국회 의원	대학 교수	의사	대기업 CEO
0.63%	0.71%	0.73%	0.92%	1.00%	1.12%	1.33%	1.71%	2.11%	6.82%

자료: 한국보건사회연구원,《사회통합 실태 진단 및 대응 방안 연구(v)》.

북유럽 국가들처럼 개인 소득과 세금을 공개하지 않더라도 공직에 종사하는 사람의 수입을 공개하는 것은 가능할 것이다. 유종성 가천대 불평등과 사회정책연구소 소장은 "공무원과 국회·지방의원뿐만 아니라 공공기관 임직원 등 공공부문 모든 종사자의 재산을 공개하는 것도 방법이 될 수 있다"라고 말했다. 그리고 "사회적 합의를 이룬다면 직업별로 중위소득, 상위 10%, 하위 10% 소득을 공개하는 것도 가능하다"라고 덧붙였다.

한편으로 직업별로 업무 특성과 경제적 상황을 고려해 적정한 권장 수입을 매년 발표하는 방안도 검토해볼 수 있을 것이다. 공공의창(우리리서치)과 《서울신문》은 여론조사를 통해 직업별 권장 수입 발표에 찬성하는지를 물었다. 62.9%가 동의한다고 답했다.

물론 같은 직업군이더라도 숙련도 등에 따라 임금과 수입이 천차만별이어서 적정 권장 수입을 일률적으로 제시하기는 어렵다. 하지만 직업의 사회적 공헌도에 따라 국회의원의 수입은 어느 정도가 적당하고, 소방공무원은 어느 수준까지 임금을 지급해야 한다는 일종의 '사회적 기준선'을 제시해야 한다는 인식이 조사 결과에 반영된 것으로 보인다.

직업별 권장 수입이 발표되더라도 실제 수입을 강제할 수는 없다. 다만 그 업종에서 일하는 사람은 자신이 사회적 기대 수준에 맞게 일하고 있는지 돌아볼 기회를 갖게 될 것이다. 사회적 가치 실현에 대한 기준이 생긴다는 의미이다. 그리고 사회적 과제도 생긴다.

무엇보다 노고에 비해 수입이 낮은 직종을 찾아내어 이를 보완할 방안을 마련하게 될 것이다. 직업별 권장 수입의 책정은 각 직업을 대표하는 협회나 단체가 숙의토론과 조사 연구를 통해 진행하는 것이 바람직하다. 같은 여론조사에서 "각 직업을 대표하는 협회나 단체가 스스로 사회적 가치 실현에 대한 기준을 세워야 한다"는 데도 10명 중 8명 정도가 동의했다.

직업별로 적정한 임금에 대한 인식은 한국보건사회연구원의 2018년 연구에서 찾아볼 수 있다. 초등학교 교사의 월급 350만 원을 기준으로 직업별로 월급이 몇 배면 적정할지를 물어보았다. 응답자 평균은 가게 점원은 0.63배, 국회의원은 1.33배, 대기업 CEO 6.82배였다.*

• 관련 기사: 이현정 기자, 「국민 10명 중 6명 "직업별 권장수입 매년 발표해야"」, 《서울신문》, 2021년 4월 27일.
• 여론조사: 우리리서치, 2021년 4월 25일, 18세 이상 307명.

* 정해식 외, 《사회통합 실태 진단 및 대응 방안 연구(V)》, 한국보건사회연구원, 2018.

2장

한국인에게
집은 무엇인가?

어디 사세요?

　누군가에게 인사말로 "어디 사세요?"라고 물어본 적이 있는가? 무심결에 질문을 던졌다가 스스로 움찔하지는 않았는가? 상대방은 이 질문을 어떻게 받아들였는가? 혹은 "어디 사세요?"라는 질문을 들어본 적이 있는가? 이때 흔쾌히 "어디 삽니다"라고 답했는가? 거리낌이나 불쾌감을 느끼지는 않았는가?

　"어디 사세요?"라는 질문은 간단치 않다. 내 집이 위치한 지역이 나의 재산이나 소득, 사회적 지위를 짐작하게 하는 단서가 되기 때문이다. 그래서 함부로 묻거나 대답하기 곤란한 질문이 되었다.

　특정 지역의 특정 아파트에 산다는 것이 신분을 상징하는 보이지 않는 호패가 되어버렸다. 공공의창(티브릿지)과 《서울신문》은 한국 사회에서 주거 지역과 주거 형태가 어떻게 인식되는지 묻는 여론조사를 진행했다. 조사를 총괄한 박해성 티브릿지 대표는 "우리 사회에서 부동산이 주거 공간보다는 자산으로써 계급을 형성하고 강화하는 수단으로 인식된다는 점이 확인됐다"라고 조사 결과를 요약해 말했다. 그리고 "부동산에 대한 국민 인식이 변화하지 않고는 정부가 추진하는 부동산 안정 정책이 기대만큼 효과를 내기 어렵다"고 지적했다. 조사 결과를 더 자세히 살펴보자.

먼저 처음 만났거나 아직 친분이 깊지 않은 사람으로부터 "어디 사세요?"라는 질문을 받은 적이 있는지 물었다. 응답자의 57.1%가 그런 경험이 있다고 했다. 이 질문은 특히 서울 사람이 많이 받은 것으로 나타났다. 강남 3구 거주자 중 68.9%, 비강남 거주자 중 64.1%가 "어디 사세요?"라는 질문을 받은 경험이 있다고 했다. 그밖에 인천·경기(59.0%)와 호남권(58.0%), 강원·제주(57.4%), 경북권(55.8%), 충청권(51.3%), 경남권(47.8%) 순서였다.

한국 사회에서 부동산의 영향력이 커지면서, 상대방이 어디에 사는지를 들었을 때 그로부터 그 사람의 재산과 소득, 지위를 짐작하는 경향이 생겼다. 조사 결과도 이를 방증한다. "상대방이 사는 지역을 들었을 때 사회·경제적 능력을 가늠한 적이 있는가?"라고 질문했을 때 62.6%가 '그렇다'고 답했다. '그런 적 없다'(33.6%)보다 2배가량 높은 비율이다.

이런 경향은 젊은 세대가 강했다. 30대(74.7%)와 20대(19세 포함, 64.9%), 40대(63.4%) 등에서 '그렇다'는 응답이 많았다. 반면 50대

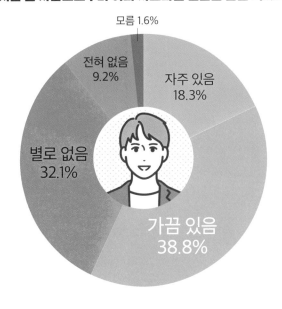

처음 본 사람으로부터 어디 사느냐는 질문을 받은 적 있나

모름 1.6%

전혀 없음
9.2%

자주 있음
18.3%

별로 없음
32.1%

가끔 있음
38.8%

(58.3%)와 60대 이상(56.4%)은 상대적으로 적었다. 부동산에 계급이 있다는 인식이 비교적 최근에 젊은 사람 위주로 형성됐다는 점을 짐작할 수 있다. 여기에 대해 『부동산 계급사회』의 저자인 손낙구 보좌관(이용득 더불어민주당 의원실)은 "중장년층은 집값이 지금처럼 오르기 전 여차여차해서 집을 장만한 경우가 많지만 2030 세대는 부모 도움 없이는 내 집 마련이 사실상 불가능해졌다. 이런 좌절감이 젊은 사람들로 하여금 부동산을 부의 상징으로 바라보게 한 것 같다"라고 해석했다.

상대방 거주 지역으로 그의 사회·경제적 능력을 유추하는 태도

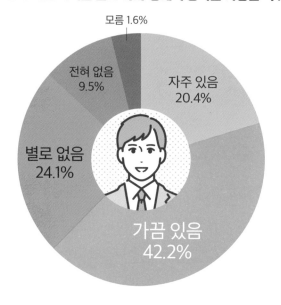

상대방이 사는 지역을 듣고 사회·경제적 능력을 가능한 적 있나

모름 1.6%

전혀 없음
9.5%

자주 있음
20.4%

별로 없음
24.1%

가끔 있음
42.2%

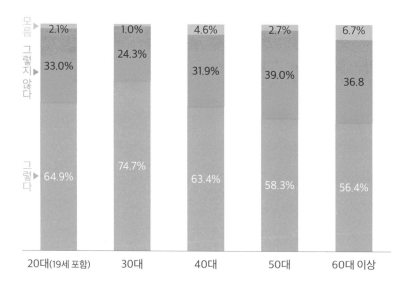

	20대(19세 포함)	30대	40대	50대	60대 이상
모름	2.1%	1.0%	4.6%	2.7%	6.7%
그렇지 않다	33.0%	24.3%	31.9%	39.0%	36.8
그렇다	64.9%	74.7%	63.4%	58.3%	56.4%

는 강남 3구와 비강남 거주자 간 차이가 있었다. 비강남 거주자는 74.6%가 상대방 거주 지역으로 사회·경제적 능력을 가늠했다고 답한 반면 강남 거주자는 이 비율이 54.6%에 그쳤다. 20%P나 차이가 났다. 비강남 사람은 강남을 동경하며 부동산을 계급으로 바라보는 경우가 많지만, 실제 강남 사람은 그곳에 살면서 부동산 계급이 그다지 유효하지 않음을 깨달았으리라 추측한다.

상대방 주거 지역과 사회·경제적 능력을 관련지어 인식하는 세태에서는 부자 지역에서 살고 싶은 욕망이 커진다. "빚을 져서라도 강남 등 부촌에 들어가고 싶은가?"라고 질문했을 때 전체 응답자의 절반 가까이가 '그렇다'고 답했다. 이런 욕망은 젊은 층이 더 강했다. 20대(53.7%)와 30대(64.3%)는 절반 이상 '그렇다'고 한 반면 50대(43.6%)와 60대 이상(31.4%)에선 '그렇다'는 비율이 뚝 떨어졌다.

그렇다면 왜 무리해서 부촌 부동산을 구매하고 싶을까? 여기에 대해 질문했을 때 '가격이 더 오를 것이란 기대감'이라는 답변이 51.9%로 가장 높았다. 인프라가 좋기 때문(18.4%), 일자리가 가까워서(15.1%) 등이라고 답한 사람은 많지 않았다. 집을 거주하는 곳이 아닌 투자나 투기의 대상으로 보는 시각이 넓게 퍼져 있는 것이다.

지역에 따른 집값의 차이는 어떤 이유에서 생길까? 이에 대해 질문했을 때 흥미로운 결과가 나왔다. 가장 많은 응답자가 이미지를 꼽았다. 비율은 22.7%였다. 20대(23.3%)와 30대(24.4%), 40대(22.3%), 50대(22.7%), 60대 이상(21.7%) 등 모든 연령층에서 이미지를 가장 많

빛을 져서라도 강남 등 부촌에 들어가고 싶나

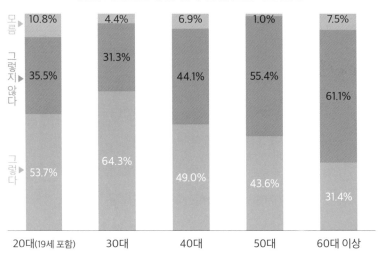

	20대(19세 포함)	30대	40대	50대	60대 이상
모름 ▶	10.8%	4.4%	6.9%	1.0%	7.5%
그렇지 않다 ▶	35.5%	31.3%	44.1%	55.4%	61.1%
그렇다 ▶	53.7%	64.3%	49.0%	43.6%	31.4%

지역에 따라 집값이 벌어지는 이유는

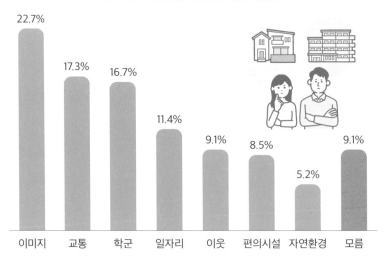

이미지	교통	학군	일자리	이웃	편의시설	자연환경	모름
22.7%	17.3%	16.7%	11.4%	9.1%	8.5%	5.2%	9.1%

이 골랐다. 사람들의 머릿속에 각인된 추상적인 인식이 강남 등 부촌의 집값을 더 가파르게 올린다고 보는 것이다. 교통(17.3%), 학군(16.7%), 일자리(11.4%) 등은 다음 순위였다.

김석호 서울대 사회학과 교수는 "부동산에 관한 연구를 진행하면서 사람들에게 '왜 강남 아파트에 살고 싶은가'라고 물어보면 '부의 상징'이란 답이 가장 많다"며 "특히 서울 집은 어느 구에 속해 있는지에 따라 사람들의 인식에 따른 서열이 구축돼 있고, 교통이나 학군보다 집값을 좌우하는 우선 요인으로 작용하고 있다"라고 설명했다. 온라인 커뮤니티에 종종 '강남 3구-왕족, 마용성-귀족, 서울 기타-평민' 등과 같은 부동산 계급표가 올라오는 게 단순히 유머가 아닌 많은 사람의 인식을 반영하고 있다는 것이다.

강남에 사는 사람의 거주 지역에 대한 만족도는 94%로 매우 높게 나타났다. 비강남(72.8%)과 수도권(73.1%)보다 월등히 높은 비율이다. '매우 만족한다'는 답변도 40.6%나 나왔다. 강남 3구를 제외한 나머지 지역에서 '매우 만족' 응답이 10%대에 그친 것과 대비된다. 강남 사람들은 거주지에 만족하는 가장 큰 이유로 교통(34.3%)을 꼽았다. 그다음은 문화시설(16.9%)과 병원(14.6%), 안전(12.2%), 청결(10.2%) 순이었다.

- 관련 기사: 임주형·나상현 기자, 「"어디 사세요?"… 집과 동네, 사회·경제적 능력의 기준이 되다」, 《서울신문》, 2020년 1월 28일.
- 여론조사: 티브릿지, 2020년 1월 13~14일, 19세 이상 1,000명, ARS, 표본오차는 95% 신뢰수준에서 ±3.1%p.

집, 계급이 되다

'휴거', '빌거', '엘사'. 초등학생과 청소년 사이에서 유행한 이 단어들은 우리 사회의 어두운 단면을 적나라하게 보여준다. 이런 말을 들은 아이들은 깊은 상처에 빠지고, 부모들도 큰 좌절을 느낀다고 한다. 심지어 이 용어들 때문에 이사를 결정했다는 이야기도 주변에서 어렵지 않게 들을 수 있다. '휴거'는 '휴먼시아(LH의 브랜드) 사는 거지', '빌거'는 '빌라 사는 거지', '엘사'는 'LH(임대주택) 사는 사람'을 각각 줄인 말이다. 주거 형태를 기준으로 신분이나 계급을 나누고 상대적으로 열악한 환경에 있는 사람을 비하하는 경향은 하루빨리 없애야 할 폐습이다.

과거에도 주거 지역이 신분을 상징한다는 인식이 존재했었다. 차량 번호판 체계가 바뀌기 전인 1996~2003년 무렵에는 젊은 층 사이에서 차량 구입 전에 위장 전입을 하는 게 유행했다. 당시에는 '서울○○'과 같이 구청별 번호를 부여했는데, 강남구의 52, 55, 서초구의 51, 57 번호를 받기 위해서였다. 고급 승용차와 차량 번호판을 통해 자신의 경제적 위상을 드러내기 위한 웃지 못할 행동이다. 하지만 이것은 소수 사람의 일탈적 행동으로 부동산 계급화라고 규정하기에는 부족했다.

주거 지역이나 형태를 사회 계급화하는 경향은 비교적 최근에 생긴 일로 보인다. 우리나라의 집값은 전반적으로 상승 추세인데, 몇 차례 급등기를 거쳤다. 그런데 모든 지역 집값이 같은 비율로 상승한 것은 아니다. 지역에 따라, 주거 형태에 따라, 심지어 아파트 브랜드에 따라 집값 상승 격차가 벌어졌다. 싼 집과 비싼 집의 가격은 천양지차가 되었다.

집이 계급이 된 사회의 양상은 어떨까? 공공의창(티브릿지)과《서울신문》이 여론조사로 확인한 모습이 가슴 아프게 다가온다. 응답자의 76%가 사는 집에 따라 사회·경제적 계급이 나뉜다고 답한 것이다. 젊은 세대에서 이런 인식이 더 강하다는 사실이 참담하다. 20대(19세 포함) 10명 중 9명(89.7%)이 집이 계급이라고 답했다. 30대도 84.8%로 높은 비율을 보였다. 반면 40대(78.6%)와 50대(67.3%), 60대 이상(66.6%) 등 기성세대일수록 부동산 계급에 대한 인식이 옅어졌다.

"자녀가 학교 등에서 사는 집에 따라 계급이 나뉘는 것을 겪었는

사는 곳에 따라 계급이 구분된다고 생각한다

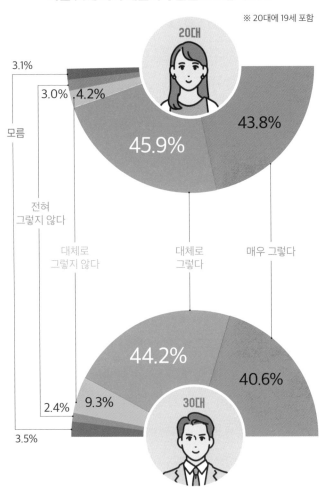

※ 20대에 19세 포함

20대

3.1%

3.0% 4.2%

43.8%

45.9%

모름

전혀
그렇지 않다

대체로
그렇지 않다

대체로
그렇다

매우 그렇다

44.2%

40.6%

2.4% 9.3%

30대

3.5%

가?"라는 질문에 '그렇다'는 응답이 39.6% 나왔다. 이 비율은 아직 자녀가 없거나 어려서 '모름'을 선택한 비율이 높은 20~30대 응답까지 포함된 것이다. 자녀가 학교에 다닐 가능성이 큰 40대 이상으로 좁혀 보면 이 비율이 훨씬 높아진다. 40대는 43.4%, 50대는 51%, 60대 이상은 48.2% 이상이 '그렇다'고 답했다.

'계급이 된 집'이 아이와 청년의 가슴을 더 멍울지게 하는 현실은 어떻게 초래되었을까? 이에 대해 김석호 서울대학교 사회학과 교수는 "이미 집을 소유한 사례가 많은 40대 이상과 달리 2030 세대에겐 부동산이 '넘을 수 없는 벽'이자 '가까이하기엔 너무 먼 당신'과 같은 존재가 됐다. 부모가 도와줘야만 집을 장만할 수 있는 2030 세대에게는 결국 부동산이 부모의 사회·경제적 지위와 직결된다고 생각하는 것 같다"라고 분석했다.

서울의 아파트 가격과 평균 임금을 비교한 그래프를 보면 실상이 드러난다. 2022년 5월 기준으로 서울의 30평 아파트값은 18년 전인 2004년의 4배가 되었다. 2004년에는 서울 30평 아파트 시세가 노동자 연간 임금의 18배였다. 그런데 2022년 5월에는 36배가 되었다. 평균에 해당하는 급여를 똑같이 받는 젊은 부부가 한 사람의 급여를 모두 저축했을 때, 2004년에는 18년 만에 서울 30평 아파트를 살 수 있었다면, 2022년에는 36년을 저축해야 한다.

서울 내에서도 강남과 비강남의 격차는 15억 원이나 된다. 강남과 수도권, 강남과 비수도권을 비교하면 그 격차는 더 커진다. 이런

노동자 연간 임금 평균과 서울 아파트 시세 비교

단위: 100만 원

- ○ 서울 아파트 시세
- ○ 시세 하락
- ○ 노동자 연임금

1,400
1,200
1,000
800
600
400
200
0

338
18배

525
23배

491
18배

497
17배

599
19배

1,278
36배

| 19
2004년
1월 | 19
2008년
1월 | 19
2013년
1월 | 29
2015년
1월 | 31
2017년
5월 | 36
2022년
1월 | 2022년
5월 |

강남 아파트와 비강남 아파트 차이

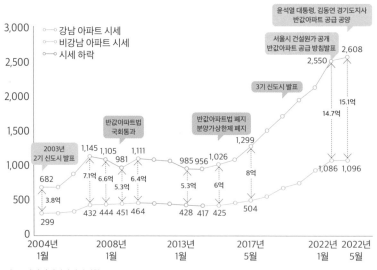

- ○ 강남 아파트 시세
- ○ 비강남 아파트 시세
- ○ 시세 하락

3,000
2,500
2,000
1,500
1,000
500
0

2003년
2기 신도시 발표

682
3.8억
299

1,145 1,105
7.1억 6.6억
981
5.3억
1,111
6.4억
432 444 451 464

반값아파트법
국회통과

985 956 1,026
5.3억 6억
428 417 425

반값아파트법 폐지
분양가상한제 폐지

3기 신도시 발표

1,299
8억
504

서울시 건설원가 공개
반값아파트 공급 방침발표
2,550
14.7억
1,086

윤석열 대통령, 김동연 경기도지사
반값아파트 공급 공양
2,608
15.1억
1,096

| 2004년
1월 | 2008년
1월 | 2013년
1월 | 2017년
5월 | 2022년
1월 | 2022년
5월 |

자료: 경제정의실천시민연합

현실에서 고용과 소득으로는 집값 상승률을 도저히 따라잡을 수 없는 청년 세대의 좌절감이 심해지고, '집의 계급화'를 뼛속 깊이 느끼게 된다.

- 관련 기사: 임주형·나상현 기자, 「"부동산이 계급" 90% 육박… 좌절하는 2030」, 《서울신문》, 2020년 1월 28일.
- 여론조사: 티브릿지, 2020년 1월 13~14일, 19세 이상 1,000명, ARS, 표본오차는 95% 신뢰수준에서 ±3.1%p.

부동산 정책 평가

집값 폭등의 고통과 혼란이 극심했던 2020년 10월 공공의창(한국사회여론연구소)과 《경향신문》은 국민이 부동산 문제를 어떻게 바라보는지를 여론조사하였다. 결과를 요약하자면 문재인정부 부동산정책에 대해 비판적 흐름과 불신이 강했다. 조사를 총괄한 민경일 한국사회여론연구소 부소장은 "부동산 과세 강화는 일관된 여론으로 자리 잡고 있지만 정부의 부동산정책이 가시적 성과를 내지 못해 불만을 표시하는 여론이 높다. 특히 생애 최초로 부동산을 구입하게 되는 30대에서 부동산 민심이 상당히 부정적이었다"라고 말했다.

먼저 "집값 상승의 원인이 어디에 있다고 생각하는지"를 물었다. '문재인 정부의 부동산 실정 때문'이라고 응답한 시민이 50.8%로 과반을 차지했다. 반면 과거 정부의 규제 완화를 꼽은 의견은 35.9%

에 그쳤다. 문재인정부는 집값 폭등을 이전 정부 정책의 후폭풍이라고 말해왔다. 이명박·박근혜정부가 대출·재건축 규제 등을 완화한 결과 나중에 집값이 올랐다는 것이다. 당시 최재성 청와대 정무수석은 뉴스 인터뷰에서 "박근혜정부 때 (부동산) 부양책으로 '전세 얻을 돈이면 조금 대출받아서 집 사라'고 내몰다시피 하고, 임대사업자들에게 혜택을 줘서 집값이 올라갔다. 그 결과는 이 정부가 안게 됐다"라고 말했다. 하지만 국민의 인식은 달랐다. 문재인정부의 부동산대책이 더 문제라고 인식한 것이다.

이 조사에 앞서 2020년 7월 21~22일 공공의창(리서치뷰)와 경제정의실천시민연합,《한겨레》가 여론조사했을 때는 집값 문제의 핵심 원인이 현 정부 정책의 실패라고 한 의견이 41.5%였는데, 이보다 더 높아진 양상이었다.

세대별로 보면, 현 정부 적극 지지층인 40대만 집값 상승 원인을 '과거 정부 책임'(54.9%)으로 꼽는 의견이 많았다. 대체로 현 정부 지지층으로 분류되는 30대와 50대도 '현 정부'(각 54.9%, 55.5%)에 집값 상승의 책임을 돌렸다. 이념 성향상 진보라고 답한 응답자는 과거 정부 규제 완화(54.3%)를 부동산 상승의 원인으로 판단했지만, 보수층과 중도층 모두 현 정부 탓이라고 보는 의견이 더 많았다.

더 심각한 문제는 정부의 부동산대책이 효과가 없다고 인식하는 것이다. 응답자의 66.8%가 잇단 부동산대책이 집값 안정에 효과가 없다고 답했다. 부동산대책이 효과적이라는 응답은 29.6%에 지

집값 상승 원인

잘 모름
13.3%

과거 정부의
재건축·
대출규제
완화
35.9%

현 정부의
잇단 부동산 실정
50.8%

부동산대책의 집값 안정 효과

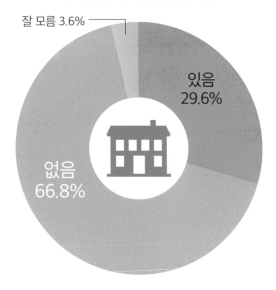

잘 모름 3.6%

있음
29.6%

없음
66.8%

나지 않았다. 특히 30대 응답자의 50%가 정부 부동산대책이 '전혀 효과 없다'라고 답해, 가장 비판적 의견이 강했다. 앞선 2020년 7월 21~22일 공공의창(리서치뷰)·경제정의실천시민연합·《한겨레》 조사에서는 응답자의 60.7%가 문재인정부의 부동산대책이 서민 주거 안정에 도움이 되지 않는다고 응답했다. 부동산대책이 효과적이지 않다는 의견 역시 약간 더 높아진 모습이다.

문재인정부는 계속되는 집값 폭등 상황에서 전월세 거주자의 주거 안정을 위해 2020년 7월 30일과 8월 4일에 각각 임대차3법을 통과시켰다. 주택임대차에 관한 계약갱신청구권제, 전월세상한제, 전월세신고제이며, 관련 법률은 「주택임대차보호법」과 「부동산 거래신고 등에 관한 법률」이다. 주택 임차인을 보호하고 부동산시장을 안정시키려는 취지에도 불구하고 전월세가격과 주택가격은 안정 기미를 보이지 않았다.

임대차 3법에 대한 국민 평가도 박했다. 임대차 3법이 '전세시장 안정에 도움이 된다'는 응답은 35.3%에 그쳤다. 반면 '도움이 되지 않는다'는 의견은 53.6%로 나타났다. 40대를 제외한 모든 세대에서 임대차 3법에 대한 부정 평가가 긍정보다 높았다. 40대는 임대차 3법의 긍정(45.5%)과 부정(46.1%) 평가가 비슷했다.

조사 결과에서 우려스러운 점은 집값에 대한 국민의 미래 전망이 어둡다는 것이다. 이는 정부 부동산정책 효과를 신뢰하지 않은 데 이유가 있다. 향후 1년간 집값 전망에 대한 질문에는 '계속 오를 것'

임대차 3법 평가

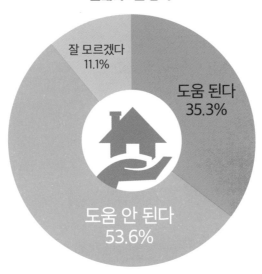

잘 모르겠다
11.1%

도움 된다
35.3%

도움 안 된다
53.6%

종부세 과세 강화

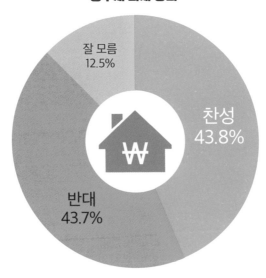

잘 모름
12.5%

찬성
43.8%

반대
43.7%

이라는 답이 47.1%로 가장 많았다. '지금과 별 차이가 없을 것이다'는 29.4%, '집값이 내려갈 것이다'는 16.7%에 불과했다. 응답자의 지역·세대·이념 구분 없이 집값 상승 전망은 비슷했다.

종합부동산세 과세 강화에 대해서는 찬성과 반대가 엇비슷했다. 찬성 의견은 43.8%였고, 반대 의견은 43.7%였다. 종부세 과세 강화에 가장 많이 찬성한 세대는 40대로 52.0%가 찬성했다. 앞서 2018년 7월 11~12일에 공공의창(리서치DNA), 선대인경제연구소,《경향신문》은 문재인정부가 2018년 7월 6일 발표한 종합부동산세 개편안에 대해 여론조사를 했었다. 이때 종합부동산세 개편안에 대해 55.4%가 만족, 37.1%가 불만족 의견으로 나타났다. 이에 비하면 종합부동산세 강화 의견은 약간 줄어든 것으로 보인다. 1가구 1주택이라도 고가 주택에는 종부세를 부과해야 한다는 의견은 54.3%였고, 고가 주택이라도 1가구 1주택이면 종부세를 부과하면 안 된다는 의견은 39.9%였다.

• 관련 기사: 임지선 기자, 「시민 절반 "문 정부 부동산 실정이 집값 올렸다"」,《경향신문》, 2020년 10월 31일.
• 여론조사: 한국사회여론연구소, 2020년 10월 27~28일, 18세 이상 1,000명, ARS, 표본오차는 95% 신뢰수준에서 ±3.1%p.

집값 안정 최우선 과제는
공공주택

2017년 5월 10일 출범하여 2022년 5월 9일에 임기를 마친 문재
인정부를 내내 괴롭혔던 문제 중 하나가 부동산가격 폭등이었다.
2020년까지 24차례나 부동산 대책을 내놓았지만 실효를 거두지 못
했다. 강남 지역을 중심으로 한 집값 급등은 서민들의 내 집 마련 의
지를 꺾으며 박탈감을 안겼고, 젊은 층의 이른바 '영끌'을 중심으로
한 새로운 사회문제를 파생시켰다.

2020년 7월 21~22일 공공의창(리처치뷰)·경제정의실천시민연합·
《한겨레》는 부동산 정책과 관련한 인식을 조사하였다. 앞서 설명한
것과 마찬가지로 문재인정부의 부동산정책이 효과적이지 않다는 응
답이 60.7%로 나타났다. 아파트 거주자(63.7%)가 단독·원룸 거주자
(52.2%)보다 부정적인 응답의 비율이 높았고, 자가 보유자(62.2%)가

문재인정부 주요 부동산대책

연도	대책	내용
2017년	6·19 대책	서울시 전역 분양권 전매 금지, 조정 대상 지역 추가 지정
	8·2 대책	금융 규제(LTV, DTI) 강화, 투기 지역·투기 과열 지구 지정
	10·24 대책	상업용 부동산 규제 강화, 신 DTI·DSR 조기 도입
	11·29 대책	신혼희망타운 7만 호 공급 등 주거 복지 로드맵 발표
	12·13 대책	양도세, 종부세 등 세제 혜택을 통한 임대주택 등록 활성화
2018년	2·20 대책	구조 안정성 비중 강화를 비롯한 재건축 안전진단 강화
	7·5 대책	신혼희망타운 10만 호로 확대, 청년 우대형 청약통장 도입
	8·27 대책	투기 지역 추가 지정: 서울 종로구, 중구, 동대문구, 동작구
	9·13 대책	종부세율 인상: 조정 대상 지역 2주택 이상 보유자 최고 3.2%
	9·21 대책	수도권 주택 공급 계획: 공공택지 30만 호 공급
	12·19 대책	3기 신도시 1차분 발표: 남양주 왕숙, 하남 교산, 인천 계양 등
2019년	1·9 대책	등록 임대주택 관리 정책: 임대료 제한 위반 시 과태료 부과
	4·23 대책	주거종합계획: 재개발 임대주택 의무 비율 최대 30%까지 상향
	5·7 대책	3기 신도시 2차분 발표: 고양 창릉, 부천 대장 등
	8·12 대책	민간 분양가 상한제 발표: 5년 안에 부활, 지정 요건 설정
	10·1 대책	분양가 상한제 6개월 유예
	11·6 대책	민가 분양가 상한제 적용: 서울 27개 동
	12·16 대책	15억 원 초과 주택담보대출 전면 금지
2020년	2·20 대책	조정 대상 지역 추가: 수원 영통·장안구, 안양 만안구, 의왕
	5·6 대책	3기 신도시 일부 사전 청약, 용산정비창 등 개발 계획 발표
	6·17 대책	토지거래허가구역 지정, 수도권 대부분 조정 대상 지역 지정
	7·10 대책	주택임대사업자 폐지 다주택 종부세율 인상, 취득세 인상
	8·4 대책	공공 재건축·재개발 활성화, 신규 택지 발굴: 태릉, 용산 등
	11·19 대책	서민·중산층 주거 안정 지원 방안: 2022년까지 11만 4,000호 공공임대로 공급

집값 폭등 원인

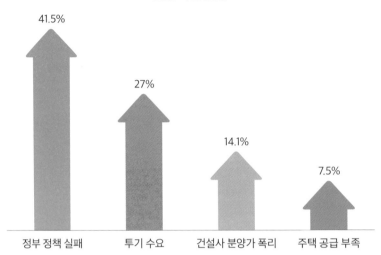

41.5%

27%

14.1%

7.5%

| 정부 정책 실패 | 투기 수요 | 건설사 분양가 폭리 | 주택 공급 부족 |

집값 안정을 위한 최우선 과제

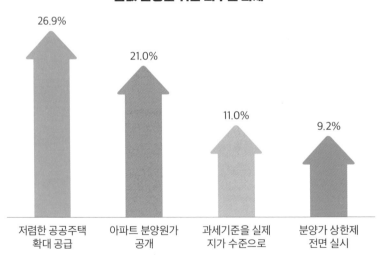

26.9%

21.0%

11.0%

9.2%

| 저렴한 공공주택 확대 공급 | 아파트 분양원가 공개 | 과세기준을 실제 지가 수준으로 | 분양가 상한제 전면 실시 |

월세 거주자(51.2%)보다 부정적인 의견이 많았다. 집값 변동의 영향을 가장 크게 받은 아파트 거주자와 자가 보유자의 경우, 지역별로 시세 변동의 차이가 커 정부의 부동산대책에 대한 불신이 더 크게 나타난 것으로 풀이된다.

또한, 집값 폭등의 원인에 대해서도 '정부 정책 실패'를 꼽는 응답이 41.5%를 차지해 가장 높았다. 자가 보유자(46%)가 월세 거주자(30.2%)보다 비판적인 평가가 높았다. 이와 함께 낮은 보유세로 인한 투기 수요(27%), 건설사 분양가 폭리(14.1%), 주택 공급 부족(7.5%) 등을 집값 문제의 요인이라고 꼽았다.

한국인은 집값 안정을 위한 최우선 과제가 무엇이라고 생각할까? '저렴한 공공주택 공급 확대'(26.9%)를 꼽은 사람이 가장 많았다. 다음은 '아파트 분양원가 공개'(21%)였다. '과세기준을 실제 지가 수준으로 개편해야 한다'(11%)는 응답과 '분양가 상한제를 전면 실시해야 한다'(9.2%)는 의견이 뒤따랐다.

정책별 지지도를 보면, 공공아파트의 분양원가 공개는 84.7%가 지지했고, 부동산 공시지가를 시세와 일치시키는 데 대해선 73.7%가 공감했다.

• 관련 기사: 강재구 기자, 「성인 1천명에게 물었다! 집값대책 1위는 "공공주택이 필요해"」, 《한겨레》, 2020년 7월 31일.
• 여론조사: 리서치뷰, 2020년 7월 21~22일, 19세 이상 1,000명, ARS, 표본오차는 95% 신뢰수준에서 ±3.1%p.

비싼 동네의 삶이
더 만족스러울까?

앞에서 부동산 계급화 인식에 관해 이야기했다. 주거 지역과 형태가 사회·경제적 지위를 드러낸다고 응답한 사람이 많았다. 그렇다면 실제 삶의 만족도는 어떨까? 부자 동네에 사는 사람들은 더 만족감을 느끼고 행복해할까?

사는 동네의 땅값과 주거 만족도는 어떤 관계가 있을까? 이에 대해서 공공의창(지방자치데이터연구소, 티브릿지)과 《서울신문》이 자세한 조사를 진행했다.

2020년 1월 13~14일 티브릿지는 서울시 거주 성인을 대상으로 주거 만족도에 대해 조사하였다. 그리고 지방자치데이터연구소는 '마이크로지리맵 추출 장치 기법'을 통해 서울 각 지역을 동마다 수십 개 단위로 세분화한 뒤 국토교통부 개별공시지가 데이터를 입력

주거 만족도와 공시지가의 상관관계

	주거 만족도	순위	공시지가(원)	순위
송파	6.63	1	485만	7
강서	6.20	2	349만	23
노원	5.74	3	358만	20
관악	5.46	4	429만	12
강남	5.39	5	863만	3
은평	4.81	6	337만	25
성북	4.60	7	396만	16
양천	4.53	8	378만	18
강동	4.29	9	428만	13
서초	4.18	10	611만	4
구로	4.16	11	366만	19
동작	4.13	12	389만	17
중랑	4.08	13	354만	21
마포	3.95	14	485만	8
영등포	3.75	15	514만	5
동대문	3.65	16	488만	6
광진	3.62	17	426만	14
도봉	3.50	18	349만	24
강북	3.30	19	354만	22
서대문	3.27	20	436만	11
성동	3.18	21	446만	10
금천	2.38	22	404만	15
용산	2.31	23	484만	9
종로	1.58	24	952만	2
중	1.32	25	1294만	1

※ 공시지가는 3.3㎡당 원.

▲ 그림은 '마이크로지리맵 추출 장치 기법'을 통해 서울 각 지역을 동마다 수십 개 단위로 세분화한 뒤 각종 데이터를 입력한 시스템.

하고 상업용지 등을 빼고 주거용지만으로 구별 공시지가 평균을 냈다. 정부는 자치구별 평균 공시지가 통계를 내지 않는다. 지방자치데이터연구소가 국토교통부 개별공시지가를 바탕으로 주거용지만 평균을 냈다. 주거 만족도와 공시지가 평균이라는 두 데이터를 비교하여 서울 25개 자치구 주민의 주거 만족도와 주거용 토지 공시지가의 상관관계를 분석했다.

　조사 결과는 부자 동네에 산다고 주거 만족도가 높은 것은 아니라고 나왔다. 땅값이 낮지만 만족도는 높은 지역이 있고, 땅값이 높아도 주거 만족도가 낮은 지역이 있었다. 예를 들어 중구는 서울에서 땅값이 가장 비싸지만 주거 만족도는 최하위로 나타났다.

조사를 진행한 최정묵 지방자치데이터연구소 대표는 "좋은 집, 비싼 집에 살면 주거 만족도가 높을 것이란 통념이 꼭 옳은 게 아니라는 걸 보여준다"라며 "소득에 비해 과도한 빚을 지거나 사회적 분위기에 휩쓸려 집을 사는 건 오히려 행복을 떨어뜨리는 요인이 된다"고 말했다.

서울 25개 자치구 주민의 주거 만족도와 주거용 토지 공시지가의 상관관계는 −0.465로 나왔다. 공시지가가 높을수록 주거 만족도가 떨어지는 경향을 보였다. 상관관계 값이 1이면 주거 만족도와 공시지가의 상관관계가 완벽하게 일치한다는 뜻이고, −1이면 그 반대를 의미한다.

25개 자치구 중 주거 만족도가 가장 낮은 지역은 1.32점(25개 구 합산 100점 기준)을 기록한 중구이다. 그런데 중구는 $3.3m^2$당 주거용지 평균 공시지가가 1,294만 원으로 25개 자치구 중 가장 높은 곳으로 추산됐다. 주거 만족도와 공시지가가 반비례하는 모습이다. 중구 다음으로 주거 만족도가 낮은 자치구는 1.58을 기록한 종로구이다. $3.3m^2$당 평균 공시지가(952만 원)가 두 번째로 높은 지역으로 분석됐지만 주거 만족도는 하위권이었다. 주거 만족도가 세 번째로 낮은 용산구(2.31점) 역시 공시지가(484만 원)는 아홉 번째로 높아 역의 상관관계를 보였다.

반대로 공시지가가 낮은 지역은 대체로 주거 만족도가 높은 것으로 나타났다. 은평구는 3.3㎡당 평균 공시지가가 337만 원으로 25개 자치구 중 가장 낮았다. 그러나 주거 만족도는 4.81점으로 6위를 기록했다. 은평구와 도봉구 다음으로 공시지가가 낮은 강서구(349만원)의 주거 만족도는 2위(6.20점)였다. 공시지가가 2배 이상 높은 강남구(5.39점, 5위)와 서초구(4.18점, 10위)보다 앞섰다.

이런 특징은 동 단위로 쪼개 봐도 나타난다. 강남구 중 주거단지가 많은 역삼2동을 샘플로 분석한 결과 주거 만족도와 공시지가의 상관관계가 -0.234를 기록했다. 남성(-0.407)과 여성(-0.355) 모두 집값이 높아질수록 주거 만족도는 떨어지는 것으로 나타났고, 40대 (-0.358)와 50대(-0.212) 등 중장년층에서도 역의 상관관계가 강했다.

• 관련 기사: 임주형 기자, 「'공시지가 1위' 서울 중구, 주거만족도는 '최하'」, 《서울신문》, 2020년 2월 4일.
• 여론조사: 티브릿지, 2020년 1월 13~14일, 19세 이상 1,000명, ARS, 표본오차는 95% 신뢰수준에서 ±3.1%p.
• 데이터 분석: 지방자치데이터연구소, '마이크로지리맵 추출 장치 기법', 통계청 인구조사 마이크로데이터·국토교통부 개별공시지가 활용.

2018년 7월 11~12일 공공의창(리서치DNA)과 《경향신문》, 선대인 경제연구소는 '종합부동산세 개편 관련 여론조사'에서 부동산에 관한 인식을 조사했다. 성인 1,502명을 대상으로 했으며 표본오차는 95% 신뢰수준에서 ±2.5%p다.

**부동산을 많이 보유한 사람이 더 많은 세금을 내도록
종합부동산세를 개편해야 하는가?**

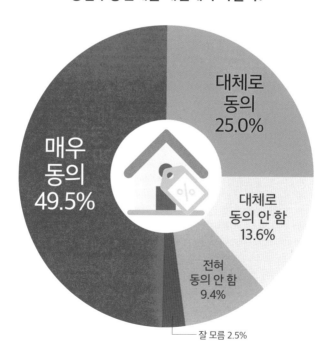

대체로
동의
25.0%

대체로
동의 안 함
13.6%

매우
동의
49.5%

전혀
동의 안 함
9.4%

잘 모름 2.5%

공정 시장 가액 비율을 2년간 5%p씩 올려 90%까지 인상하는 데 공감하는가?

공감한다　　　　　58.4%

부동산 공시가격을 현실화해 인상하는 데 동의하는가?

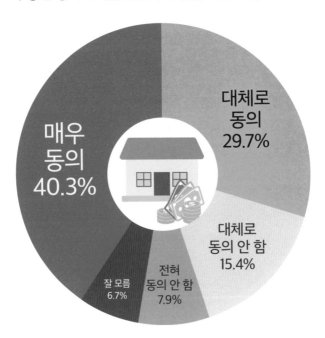

매우
동의
40.3%

대체로
동의
29.7%

대체로
동의 안 함
15.4%

전혀
동의 안 함
7.9%

잘 모름
6.7%

종합부동산세 개편이 자신에게 어떤 영향을 끼치겠는가?

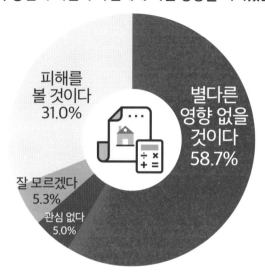

피해를
볼 것이다
31.0%

별다른
영향 없을
것이다
58.7%

잘 모르겠다
5.3%

관심 없다
5.0%

종합부동산세 개편으로 부동산 투기를 줄일 수 있다고 보는가?

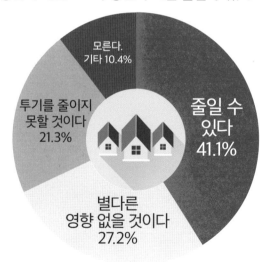

모른다.
기타 10.4%

투기를 줄이지
못할 것이다
21.3%

줄일 수
있다
41.1%

별다른
영향 없을 것이다
27.2%

3장

돌봄 사회를
향하여

빈곤과
복지 사각지대

한국은 소득 불평등이 심한 나라이며, 불평등 증가 속도도 빠르다. 통계청이 발표한 「2022년 가계금융복지조사」에 따르면 2021년 기준 소득 상위 10% 가구의 평균 연소득은 1억 9,042만 원이며 평균 자산은 15억 5,475만 원이다. 소득 하위 10% 가구의 연평균 소득은 897만 원, 보유 자산은 1억 2,407만 원이다. 국내 소득 상위 10% 가구의 연평균 소득을 하위 10% 가구 소득으로 나눈 '소득 10분위 배율(가구 소득 기준)'은 21.2배이다. 더 심각한 문제는 소득 격차가 확대 추세로 돌아섰다는 것이다.

비교 기준을 넓혀서 소득 상위 20%와 소득 하위 20%를 비교해도 5배 가까운 차이를 보인다. 신한은행이 발표한 「2022 보통사람 금융생활 보고서」에 따르면, 소득이 적은 계층일수록 소득 감소와

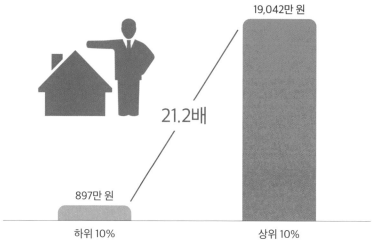

소득 상위 10% 가구와 하위 10% 가구의 연평균 소득

19,042만 원

21.2배

897만 원

하위 10%

상위 10%

자료: 통계청

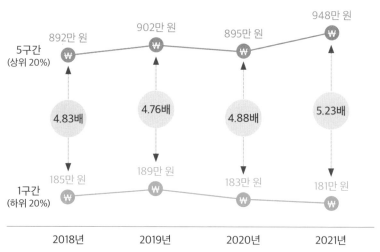

소득 상위 20% 가구와 하위 20% 가구의 월평균 소득 비교

948만 원

892만 원

902만 원

895만 원

5구간
(상위 20%)

4.83배

4.76배

4.88배

5.23배

185만 원

189만 원

183만 원

181만 원

1구간
(하위 20%)

2018년

2019년

2020년

2021년

자료: 신한은행, 「2022 보통사람 금융생활 보고서」

부채 증가 폭이 커지면서 상위 소득과 하위 소득 격차가 점점 벌어지고 있다.

기초생활수급자로 대표되는 빈곤층 인구는 꾸준히 증가하는 추세다. 그나마 다행인 것은 이러한 저소득 인구 통계는 정부가 어느 정도 예상하여 복지 안전망에 편입시킨 수치로 볼 수 있다는 것이다. 그런데 이보다 더 큰 문제가 있다. 정부의 복지 안전망 밖에 있는 사람이다. 흔히 복지 사각지대라고 말한다. 복지 사각지대는 기초생활보장 수급자 및 차상위층보다 조금 나은 경제적 여건 때문에 복지 안전망에 들어가 있지는 않지만, 사회·경제적 도움이 필요한 사람들이라고 볼 수 있다.

생계의 위기에 처한 사람이 사회복지 혜택을 받지 못하는 이른바 복지 사각지대 문제는 2014년 2월의 송파 세 모녀 사건 이후 수면 위로 떠올랐다. 이 사건은 한국 사회를 비통에 빠뜨렸다. 한 단독주택 지하에 세 들어 살던 어머니와 두 딸이 생활고를 이기지 못하고 스스로 목숨을 끊었다. 그들은 "죄송합니다. 마지막 집세와 공과금입니다"라는 메모와 함께 70만 원을 남기고 세상을 등졌다. 세 모녀가 복지 체계의 도움을 받지 못했기에 이 사건은 한국 사회의 복지와 사회안전망의 한계를 드러내었다.

정치권은 급히 대책 마련에 나섰고, '송파 세 모녀법'이 국회를 통과했다. 기초생활수급자 기준이 넓어졌고 건강보험료 체납과 단수 등 위기 정보를 통해 취약 계층을 사전에 찾아내는 시스템이 마련됐

기초생활수급자 추이

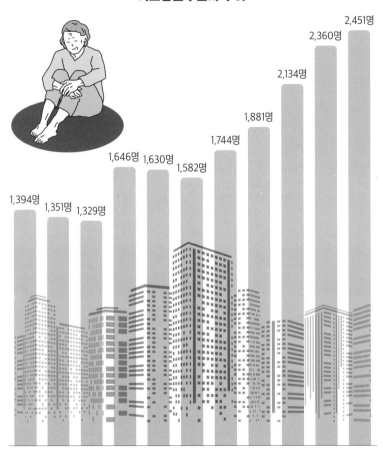

1,394명 1,351명 1,329명 1,646명 1,630명 1,582명 1,744명 1,881명 2,134명 2,360명 2,451명

2012년 2013년 2014년 2015년 2016년 2017년 2018년 2019년 2020년 2021년 2022년

자료: 통계청

다. 그러나 이런 대책만으로는 비극의 재발을 막을 수 없었다.

그리고 2022년 경기도 수원시의 한 다세대주택에서 어머니와 두 딸이 숨진 채 발견되었다. 이웃에서 악취가 난다는 주민 신고를 접수한 경찰이 출동했을 때 이들은 사망한 지 꽤 시간이 지나 시신이 부패한 상태였다. 세 모녀는 병이 심했다. 어머니는 암을, 두 자녀는 희소 난치병을 앓고 있는 상태였다. 아버지와 아들도 병으로 세상을 떠난 뒤였다.

세 모녀는 실제 주거지와 주민등록상 주소지가 일치하지 않았다. 2004년에 경기도 화성시로 주민등록을 옮겼지만 채권자를 피해 전입신고를 하지 않은 채 수원시의 월세방을 전전했다. 세 모녀는 2021년 2월부터 건강보험료를 내지 못하고 있었는데, 이 사실을 인지한 건강보험공단이 주민등록상 주소지로 건강보험료 체납 사실을 통보하였고, 관할 행정복지센터에서 세 모녀에게 복지 안내문을 우편으로 발송하기도 했다. 하지만 해당 지역에 거주하지 않는 세 모녀는 이런 복지 안내문을 받지 못했다. 아무런 공적 도움을 받지 못한 것은 물론이다. 이른바 복지 사각지대에 놓인 것이다.

증평 모녀 사건, 성북동 네 모녀 사건, 부산 모녀 사건, 수원 세 모녀 사건, 신촌 모녀 사건 등 불행이 꼬리를 물고 일어났다. 현재의 시스템, 중앙정부 중심의 대책, 주민등록 주소지에 근거한 복지 대상자 발굴 등으로는 복지 사각지대의 비극을 막을 수 없다.

우리나라의 복지 지원은 '신청주의'이다. 아무리 형편이 어려워도 본인이 신청하지 않으면 아동수당 같은 보편적 복지 혜택조차 받을 수 없다. 자신이 국가 지원을 받아야 할 처지임을 적극적으로 알려야 한다. 하지만 신청하더라도 복잡한 절차에 막혀 제도 진입 단계에서 포기하거나 엄격한 기준 탓에 탈락하는 일이 다반사다.

암과 희소병 투병 생활을 한 수원 세 모녀 역시 기초생활보장제도 수급자가 될 수 있었다. 별다른 수입이 없으므로 생계비를 지원받고, 투병 중이라 의료비 수급도 가능한 상황이었다. 주거비 대상이 될 수도 있는데 아무런 혜택을 받지 못했다. 지원 신청 방법을 몰랐거나, 전입신고를 하지 않았던 것처럼 신청할 수 없는 상황이었을 수도 있다.

복지 사각지대를 적극적으로 찾아가는 지방자치단체 단위의 노력이 절실하다. 최정묵 지방자치데이터연구소 대표는 2021년 8월 23일부터 11월 22일까지 약 3개월에 걸쳐 부산 연제구에서 복지 사각지대 조사 작업을 수행한 경험을 바탕으로 중요한 시사점을 이야기하고 있다.

복지 사각지대에서 발생하는 가장 심각한 문제는 소득이 적어 심각한 생활고가 지속되는 상황, 오랜 실업으로 소득이 없는 상황, 자녀가 있으나 부양받지 못하는 상황, 병원에 가지 못하는 상황, 휴대전화가 끊기는 상황이다.

그리고 복지 요청 절차를 잘 모르거나 거절의 두려움 때문에 복지 요청을 하지 못하는 사람이 많은 현실이다. 이것은 앞에서 말한

복지 사각지대의 여러 불행한 사건들에서 반복해서 나타나는 현상이기도 하다. 까다로운 신청 절차, 이유를 정확히 알기 어려운 거절 등 불합리한 시스템이 복지 요청을 가로막고 있다.

복지 사각지대 발생을 초기에 감지하고 선제적으로 대응할 수 있는 특징적 현상으로는 병원 못 감, 휴대전화 사용 중단 등으로 나타났다. 이런 조짐은 생활 패턴으로 가까운 지인이나 이웃 등이 파악할 수 있다. 이런 정보가 복지 전달 시스템으로 전달되도록 하는 정책 마련이 요구된다.

- 관련 기사: 이현정 기자, 「또 있을 '세 모녀' 찾겠다지만… 인력·시스템 해법 없이는 또 반쪽」, 《서울신문》, 2022년 8월 26일.
- 여론조사: 리서치DNA, 2021년 9월 7~12일, 월소득 400만 원 미만 522명, 무선 RDD 모바일 온라인 조사, 표본오차는 95% 신뢰수준에서 ±4.3%p.

아는 사람만 받는
복지

우리나라 복지 사각지대의 구체적인 모습을 파악하고자 공공의 창(리서치DNA)과 《서울신문》이 2021년 9월 7~12일 가구 소득 월 400만 원 미만의 성인을 대상으로 여론조사를 진행했다. 조사 결과 서민이 겪는 빈곤의 심각성이 나타났다. 응답자 중 절반 이상은 취업을 못 해 소득이 없는 상황을 6개월 이상 경험했다고 답했다. 특히 5명 중 1명은 종종 식사를 못 할 만큼 극심한 생활고를 겪는다고 한다.

'6개월 이상 소득이 없었다'는 응답은 58.8%, '돈이 없어 병원에 가길 망설이거나 가지 못한 경험이 있다'은 46.6%였다. 또한, '돈이 없어 휴대전화 요금을 내지 못 할 뻔하거나 못 낸 경험이 있다'가 41.2%, '식사를 종종 못할 만큼 심각한 생활고를 걱정한 경험이 있다'는 응답이 21.5%였다. 특히 이런 경험은 경제활동의 중추인 40~50대에서 높게 나타났다. 6개월 이상 소득이 없었다는 응답자가 기타·무직자(76.0%)뿐만 아니라 직업이 있는 사무·관리직 (60.9%), 생산·기술직(57.4%), 서비스·영업직(52.9%), 자영업자(46.3%) 중에서도 다수였다는 점에 매우 주의해야 할 것이다. 코로나19로 인한 실직과 무급휴직, 소상공인·자영업자의 붕괴가 투영된 것으로 보인다.

코로나19 발생 이후 더 우울해졌다는 일명 '코로나 블루'는 53.8%로 나타났고, '최근 1년 사이 자살을 생각해본 적이 있다'는 응답도 42.9%로 높게 나타났다. 반면 '주변에 어려움을 상의할 조력자가 있다'는 응답은 46.0%에 불과했다.

응답자의 57.3%는 긴급 복지 지원이 필요한 적이 있었다고 답했지만, 77.4%는 정부나 지방자치단체의 긴급 복지 지원을 받은 적이 없다고 했다. 서민 중 다수가 복지 사각지대에 들어가는 경험을 한 것으로 보인다.

복지 사각지대가 발생하는 원인에 대해 질문했을 때 '도움을 요청하는 방법을 모름'이 36%, '도움을 요청했지만 자격이 안 됨'이 30.7%로 상대적으로 많았다.

복지 지원을 받은 경험이 있는 22.6% 응답자 대상으로 지원 만족도를 물었다. 52.5%가 '불만족'이라고 응답했다. 그 이유는 '지원 비용이 적다'가 45.2%로 가장 많았다. 그다음으로 '과정이 복잡

빈곤 경험

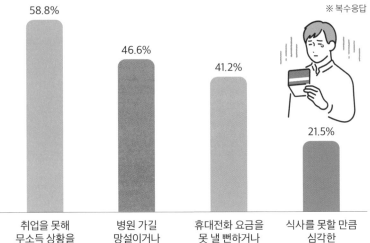

※ 복수응답

- 58.8% 취업을 못해 무소득 상황을 6개월 이상 경험
- 46.6% 병원 가길 망설이거나 가지못함
- 41.2% 휴대전화 요금을 못 낼 뻔하거나 못 냄
- 21.5% 식사를 못할 만큼 심각한 생활고를 걱정함

자살 위기

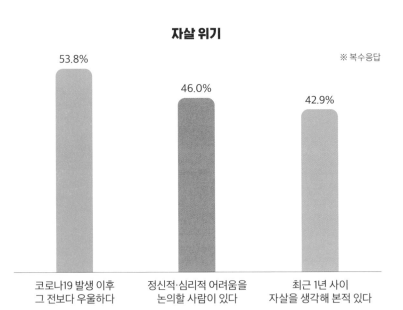

※ 복수응답

- 53.8% 코로나19 발생 이후 그 전보다 우울하다
- 46.0% 정신적·심리적 어려움을 논의할 사람이 있다
- 42.9% 최근 1년 사이 자살을 생각해 본 적 있다

함'(19.4%), '지원 기간이 짧음'(16.1%), '서류 제출의 어려움'(12.9%), '공무원의 불친절'(6.4%)을 꼽았다.

우리나라 복지 시스템은 당사자가 나서서 알아보고 신청해야 혜택을 받을 수 있는 '신청주의'에 기반을 두고 있다. 시스템이 이런 데도 도움이 필요한 사람들은 정보에 어둡고 두려움을 느끼고 있다. 복지 혜택 정보를 모른다고 답한 비율이 69.9%에 이른다는 점에 유의해야 한다.

'아는 사람만 받는' 복지제도의 한계를 겪는 사람이 많다. 어렵게 복지 지원을 신청했다가 까다로운 조건 때문에 빈손으로 발길을 돌리기도 한다. 이런 과정에서 복지 사각지대가 발생한다. 지방자치단체 공무원들이 적극적으로 나서서 대상자를 발굴하지 않는 한 사각지대가 생길 수밖에 없다.

보건복지부는 단전·단수를 비롯한 34종의 위기 정보를 활용해 위험도가 높은 이들의 명단을 추려 지방자치단체에 보내고 있다. 문제는 이렇게 명단을 보내도 지자체 복지 공무원 수가 적어 사각지대 발굴에 한계가 있다는 점이다. 복지 전담 인력 충원 등이 뒤따라야 할 것이다.

《서울신문》과의 인터뷰에서 박재만 보건복지부 지역복지과장은 "생활이 어려운 분들은 읍면동 주민센터로 가 달라고 지속적으로 홍보하고 있는데 여전히 '어떻게 해야 할지 모른다'는 이들이 많아 정부도 답답하다. 긴급복지지원 서류를 올렸다가 자격이 안 되면 민

본인 또는 가족이 정부의 긴급 복지 지원을 받은 적이 있나

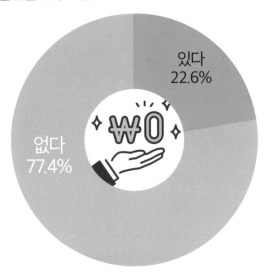

있다
22.6%

없다
77.4%

긴급 복지 지원이 필요한 적이 있었나

불필요
42.7%

필요
57.3%

원인은 항의하고, 위에서는 '조건이 되지 않는 걸 왜 올리느냐'고 나무라는 경우도 많아 주민센터 공무원들이 적극적으로 나서지 못하는 경향도 있다"고 어려움을 호소했다.

복지 신청주의 시스템의 한계를 극복할 방안을 시급하게 마련해야 한다. 그중 하나가 2021년 9월 도입되어 2022년 9월 전 국민 대상으로 도입된 '복지 멤버십' 활성화이다. 가입자가 가구·소득·재산 조사에 동의하면 시스템이 주기적으로 사회보장 서비스 대상 여부를 판단하며 임신·출산·입학·실직·퇴직·질병·장애·입원 등 신상의 중요한 변화도 감지한다. 정부가 이렇게 찾은 복지 서비스를 온라인이나 문자 메시지로 대상자에게 알려 주고, 위기 가구가 동의하면 주민센터 직원이 직권으로 복지 서비스를 신청하는 것까지 가능하다. 보건복지부는 제도 도입 이후 1년 동안 숨어 있는 복지 서비스를 약 77.8만 건 발굴하고 지원했다고 한다. 이 제도를 홍보하고 서비스를 더 확대해야 할 것이다.

한 가정의 의식주는 물론 교육·교통·금융·일자리·건강 등 종합적인 컨설팅과 지원을 책임지고 할 수 있는 슈퍼복지사 제도 도입도 대안이 될 수 있다. 사회복지사가 위기 가정의 교육, 금융채무, 공과금, 일자리, 폭력 상담 등을 종합적으로 해결할 수 있도록 강력한 권한을 주는 방안이다. 최정묵 지방자치데이터연구소 대표는 "수급자에게 나타나는 문제를 면밀히 살피고 가령 질병, 밀린 상하수도 요금, 교육 등 여러 문제를 종합적으로 해결해줄 수 있는 슈퍼맨 같은

지원에 만족했나

불만족
52.5%

만족
47.5%

불만족 이유

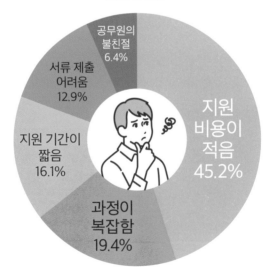

공무원의
불친절
6.4%

서류 제출
어려움
12.9%

지원 기간이
짧음
16.1%

지원
비용이
적음
45.2%

과정이
복잡함
19.4%

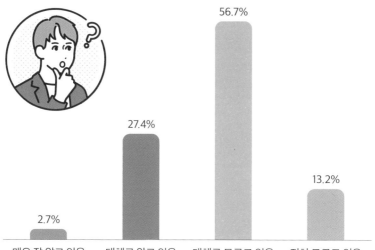

복지혜택 정보 어느 정도 알고 있나

56.7%

27.4%

13.2%

2.7%

매우 잘 알고 있음   대체로 알고 있음   대체로 모르고 있음   전혀 모르고 있음

복지사가 모델"이라고 설명했다.

　여론조사에서도 슈퍼복지사 도입에 긍정적인 의견이 69.0%로 높게 나타났다. 이와 함께 '복지 지원을 많은 기관에서 비슷하게 하니 통합할 필요가 있다'는 의견에 70.1%, '규정된 예산 지원 외 상황의 심각도에 따라 복지사의 의견을 반영해 추가 지원이 가능하도록 해야 한다'는 데 72.6%가 찬성했다. 빈곤층(78.9%), 시설보호 종료 아동(90.2%), 발달장애인(87.9%)에 대한 지원을 확대해야 한다는 주장에는 대부분 동의했으나 기본소득에 대한 긍정적인 의견은 37.9%로 낮게 나타났다.

　여론자사를 진행한 김기수 리서치DNA 대표는 "여론조사에서 나타난 핵심 메시지는 복잡한 복지정책을 통합·정비하고, 어떤 부분에서 얼마나 지원받을 수 있는지 즉시 확인 가능한 '복지 수요자 맞춤 서비스'가 매우 필요하다는 것"이라고 말했다.

- 관련 기사: 이현정 기자, 「"반년째 無소득… 방법 몰라 지원 신청조차 못 했다"」, 《서울신문》, 2021년 10월 5일.
- 여론조사: 리서치DNA, 2021년 9월 7~12일, 월소득 400만 원 미만 522명, 무선 RDD 모바일 온라인 조사, 표본오차는 95% 신뢰수준에서 ±4.3%p.

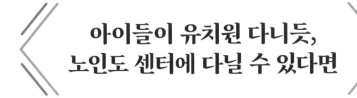

아이들이 유치원 다니듯,
노인도 센터에 다닐 수 있다면

한국의 80세 이상 인구가 2020년 12월에 200만 명을 넘었고, 계속 증가하고 있다. 80세 이상에서는 치매 유병률이 매우 높다. 중앙치매센터의 역학조사 결과 2018년 현재 65~69세에서 약 1%, 70~74세에서 4%, 75~79세 12%, 80~84세 21%, 85세 이상에서 40% 정도의 치매 유병률을 보이고 있다. 연령별 유병률을 보면 대략 연령이 5세 증가할수록 유병률도 2배가량 증가하는 추세를 보인다. 그 외에도 다양한 노인성 질병으로 거동이 불편한 사람이 있다. 이에 따라 '노인 돌봄'이 우리 사회의 중요한 문제로 떠오르게 되었다.

정부는 2008년 장기요양보험제도를 도입해 노인 돌봄을 공공의 영역으로 끌어들였다. 2018년에는 살던 곳에서 노후를 보낼 수 있게 하겠다는 취지에서 '지역사회 통합돌봄(커뮤니티 케어)' 시범사업을 시작했다. 하지만 상당수 노인은 여전히 '살던 곳'이 아닌 요양시설에서 노년을 보내고 있다. 2020년 말 서울대 산학협력단이 발표한 「의료공급체계 개선 이행전략 개별 연구 보고서」에 따르면 시설에 있는 노인 10명 가운데 6명은 지역사회에서 최소한의 돌봄으로 생활할 수 있는데 불필요하게 입원한 사람들이다. 연구를 진행한 김윤 서울대 교수(의료관리학)는 이를 '현대판 고려장'이라고 표현했다.

이러한 시설 중심의 '노인 돌봄'은 노인과 가족들에게 깊은 상처를 주고 있다. 돌봄 서비스가 세분화되지 않고 맞춤형 지원이나 사업을 제공하는 기관도 제각각이다. 결국, 상당수 노인이 시설에서 여생을 보내게 된다. 부모를 시설에 보낸 자녀들은 죄책감을 경험한다.

가족들은 왜 노인들을 시설로 보낼 수밖에 없었을까? 지역사회 돌봄은 왜 제자리걸음일까? 공공의창(휴먼앤데이터)와 《한겨레》, '돌봄과 미래'(가칭)는 아픈 부모님을 모시며 돌봄 서비스를 이용한 40~50대 자녀 5명의 이야기를 들었다.

부모를 시설에 보낸 자녀들은 공통적으로 상처와 죄책감을 토로했다. "어머니를 요양원에 보낸 날 죄책감에 못 이겨 술을 마셨어요. 한 달간 '잘한 짓인가!' 하고 종일 멍하게 보냈어요." 박상수 씨(55세, 가명)의 말이다. "아빠를 보내고 심란한 마음에 '이제 어떻게 해야 하냐'며 엄마와 엉엉 울었어요. 죄책감과 찾아가야 한다는 강박에 시달렸죠." 박희서 씨(56세, 가명)도 아픈 기억을 떠올렸다.

"시아버지가 매일 전화로 협박했죠. 나 약 샀다. 자살하려고 약 샀다. 이렇게 맞다간 죽을 거 같다. 그냥 너네 엄마랑 같이 죽을란다…"

김희원(56, 가명) 씨는 치매를 앓던 시어머니를 요양원에 보내야겠다고 마음먹었던 날을 그렇게 기억했다. 시어머니는 섬망(뇌 기능 저하) 증세가 나타나면 시아버지를 때렸다. 입에 담기 힘든 폭언이 함께 날아들었다. 2년의 사투 끝에 시아버지는 "더는 못 하겠다"고 손을 들었다. 시아버지가 죽을 판이었다.

2014년 시어머니는 결국 요양원에 입소했다. 그것도 잠시, 입소 사흘 만에 사고로 시어머니의 고관절이 부러졌다. 희원 씨는 시어머니를 요양병원으로 옮기고 싶지 않았다. "한 시간이라도 사람들과 어울리는 프로그램이 있는 요양원이 낫다고 생각했어요. 요양병원은 침대에만 누워 연명치료만 받잖아요." 하지만 혼자서 먹는 것도, 걷는 것도, 화장실도 갈 수 없는 치매 환자를 받아주는 곳은 요양병원뿐이었다.

시아버지와 희원 씨는 매일 시어머니를 보러 갔지만, 2020년 코로나19로 상황이 나빠졌다. 면회가 제한됐다. 힘겹게 면회를 가더라도 방호복을 뒤집어쓰고 나타난 가족의 모습은 시어머니의 공포심을 극대화시켰다. 시어머니는 그리움에 울다가, 만나면 소스라치는 일상을 반복했다. "코로나가 시어머니를 더 우울하고 외롭게 만들었던 것 같아요. 더 안 좋아지셨죠." 2021년 12월, 요양시설과 요양병원을 오가던 시어머니는 요양병원에서 세상을 떠났다. 집을 떠난 지

8년째 되던 해였다.

희원 씨 시어머니의 치매는 우울증에서 시작됐다. 서울 강북구에서 4남매를 키우며 살았던 시어머니 양원주(가명, 2021년 사망) 씨는 2011년께 살던 곳이 재개발되면서 한순간에 이웃과 이별했다. 집 근처 시장에서 동네 사람들과 삼삼오오 모여 시간을 보냈던 원주 씨는 이사 뒤 극심한 외로움에 시달렸다. 2012년부터 혼자 놀이터에 쭈그려 앉아 있는 모습이 자주 목격됐다. 외로움은 우울증이 됐고, 치매 초기 증상이 나타나기 시작했다.

"우울증이 치매로 이어질 수 있다고 하더라고요. 어머니와 가족들 설득해 주야간보호센터를 알아봤어요. 사람들과 어울리는 게 필요하다고 생각했거든요." 주야간보호센터는 치매나 거동이 불편한 노인 등을 주·야간으로 돌봐주는 곳이다. 글쓰기, 종이접기, 퍼즐 맞추기 등 인지 능력을 향상시키는 프로그램을 운영하고 있다. 하지만 대기자가 많아 당장 시어머니가 갈 수 있는 센터는 없었다. 4개월 동안은 방문요양사가 집으로 찾아와 원주 씨의 일상을 도왔다. 하루 4시간이었다. 시어머니와 함께 사는 고령의 시아버지는 할 수 있는 집안일이 없었다. 희원 씨가 거의 매일 시부모님 집을 오갔다.

4개월 뒤 어렵사리 주야간보호센터에 들어갔지만, 원주 씨는 센터의 다른 노인들과 어울리지 못했다. "센터를 나온 뒤에야 시어머니가 한글을 쓰지 못한다는 걸 알았어요. 손에 펜이나 색연필을 쥐어주는 프로그램이 스트레스라는 사실을 그제야 안 거죠. 차라리 소규모 센터에서 노인들과 이야기라도 나눴다면 그게 더 좋았을 것 같아요." 센터의 일률적인 프로그램은 원주 씨에게 전혀 도움이 되지 않았다. 치매는 생각보다 빨리 진행됐고, 가족들도 빠르게 지쳐 갔다. 그리고 시아버지의 자살 소동 뒤인 2014년 가족은 원주 씨를 요양원에 보내기로 결심했다.

일률적인 프로그램이 아닌 세분화된 돌봄을 받았다면 시어머니의 상황은 나아졌을까? 집에서 방문요양 서비스를 이용하다 필요할 때 센터를 방문해 다른 노인들과 어울리는 시간을 가졌더라만 말이다. 제도상으로 불가능한 일은 아니지만, 현실적으론 쉽지 않다. 장기요양보험 제도상 방문요양과 주야간·단기보호 서비스를 제공하는 기관들이 나뉘어 있어 각각의 기관을 찾아가 서비스를 신청하기 때문이다. 상황이 이렇다 보니, 돌봄 서비스를 제공하는 장기요양기관 가운데 절반 가까이가 방문요양기관으로 쏠려 있다.

정부가 2016년 통합재가 서비스 시범사업을 시작한 것도 이 때문이다. 통합재가 서비스는 이용자가 장기요양기관에 한 번만 신청하면, 방문요양, 주·야간보호, 방문목욕, 방문간호 등 다양한 서비스를 한 기관에서 받을 수 있다. 보건복지부 자료를 보면, 2016년 ~2018년 시범사업 당시 이용자 10명 가운데 9명(90.4%)이 제도를 계속 이용할 의향이 있다고 답해 높은 만족도를 보였다. 하지만 통합재가 서비스는 흩어져 있는 재가급여기관을 통합해 추진해야 하는 등의 어려움으로 시범사업을 시작한 지 7년이 지나도 본사업으로

장기요양기관 재가급여* 서비스별 비중

*요양시설·병원이 아닌 집에 있는 노인에게 노인장기요양보험에서 방문 요양, 방문 목욕, 방문 간호, 주야간 보호 등을 제공하는 서비스 형태의 급여

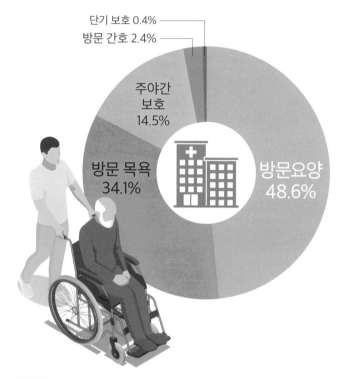

단기 보호 0.4%
방문 간호 2.4%
주야간 보호 14.5%
방문 목욕 34.1%
방문요양 48.6%

자료: 국민건강보험공단

넘어가지 못하고 있다. 2021년 10월부터 2차 예비사업이 시작되어 2023년 12월 31일에 종료된다.

보건복지부는 통합재가 서비스의 장점에 대해 이렇게 말한다. 첫째, 수급자 중심의 맞춤형 서비스를 통해 본인이 살던 곳에서 계속

거주할 수 있도록 지원한다. 둘째, 하나의 기관과 한 번의 계약으로 다양한 재가 서비스를 복합적으로 이용할 수 있는 편의성을 제고한다. 셋째, 전문 인력(사회복지사, 간호(조무)사, 물리·작업치료사, 요양보호사)이 팀워크 체계로 수급자에게 양질의 서비스를 제공한다. 넷째, 공단과 기관 사례 관리자 간 협업 체계 구축으로 급여 제공 계획부터 사후 모니터링까지 서비스 이용에 대한 수급자 체계적 관리를 강화한다. 간호사와 사회복지사가 정기적으로 사례 관리를 시행하여 체계적이고 전문적인 돌봄이 가능하다.

"거쳐야 하는 단계는 다 거쳤어요. 요양병원만 가시지 않으면 했는데 피할 수 없었죠." 한국 사회의 노인 돌봄은 최종적으로 '요양병원'으로 귀결되는 악순환을 반복하고 있다고 말했다. 방문요양, 주야간보호센터, 요양원까지 온갖 종류의 돌봄 서비스를 이용했지만, 시어머니의 상태는 나아지기는커녕 나빠져만 갔다.

희원 씨를 비롯해 가족을 돌본 경험이 있는 자녀들은 모두 요양병원을 "죽으러 가는 최악의 장소"로 꼽았다. 친정아버지를 요양병원에 보낸 경험이 있는 박미라(55세, 가명) 씨는 "사람 대우를 받을 수 없다. 요양병원에 들어가기 전에 죽고 싶다"라고 말했다. 이들은 요양병원이 요양 뒤에 '병원'이 붙지만, 요양도 제대로 된 의료 서비스도 받을 수 없는 곳이라고 입을 모았다.

이런 돌봄의 악순환을 어떻게 해야 끊을 수 있을까? 희원 씨는 "시어머니를 주야간보호센터에 보낼 때 아무런 돌봄을 제공할 수 없는 집보다 기관이라도 가는 게 낫지 않겠냐 생각했다. 근데 이것저것 다 해보니 그래도 가정에 머물며 내 친한 이웃과 함께 있는 게 어떤 전문적인 프로그램보다 나은 거 같다"고 말했다. 이 때문에 희원 씨는 "돌봄 기관이 큰 기업으로 있기 보다는 동네 소규모로 가족처럼 꾸려지는 게 맞다고 본다"고 말했다. 이는 2017년 노인 실태 조사에서 57.6%의 노인들이 "거동이 불편해서 살던 곳에서 여생을 마치고 싶다"고 답한 것과 맥락을 함께 한다. 정부도 이런 상황을 반영해 노인이 요양시설·병원에 가지 않고 살던 집, 동네에서 돌봄을 받을 수 있도록 '지역사회 통합 돌봄(커뮤니티 케어) 기본계획'을 도입하였다.

가족 돌봄 경험자들은 각자 처한 상황은 달랐지만, 공통으로 '주간 돌봄 서비스 의무화'에 공감했다. 현재 주야간보호센터를 이용하려면 노인장기요양보험에서 정한 3~5등급을 받아야 하는데, 등급을 받기 전 비교적 건강한 상태일 때부터 센터에 갈 수 있게 기회를 열어달라는 취지다. 김희원 씨는 "아이들이 유치원에 가듯이 노인들도 센터에 간다면 저항감도 덜 할 것 같다. 등급에 상관없이 하루라도 빨리 가야 치매도 늦추고 건강한 노후를 유지할 수 있다고 생각한다"라고 말했다.

- 관련 기사: 권지담·박준용 기자, 「"아이들 유치원 가듯, 노인도 센터 간다면"…집에서 여생 보낼까」, 《한겨레》, 2022년 9월 16일.
- 포커스그룹인터뷰: 휴먼앤데이터 진행, 아픈 부모님을 모시며 돌봄 서비스를 이용한 40~50대 자녀 5명 대상.

도움 청할 곳 없이
외로운 노인들

행정안전부가 2023년 1월 5일 보도자료를 통해 밝힌 바에 따르면 2022년 12월 31일 기준 한국의 65세 이상 고령 인구는 9,267,290명으로 전체 인구의 18%에 이른다. 그리고 이러한 노인 인구 비중은 점점 더 늘어가고 있다.

초고령사회의 입구에 서 있는 우리나라 노인들의 구체적인 삶의 모습은 어떨까? 공공의창(러서치DNA)과 《한겨레》, '돌봄과 미래'(가칭)는 전국의 60세 이상 남녀를 대상으로 2022년 8월 17~18일 여론 조사를 진행했다.

조사 결과 안타까운 현실이 포착되었다. 응답자 24.1%는 일상에서 어려움을 겪을 때 의논하거나 도움을 요청할 사람이 없다고 말했다. 58%는 자신의 건강 상태가 일상생활에 영향을 주고 있다고

65세 이상 고령자 인구와 전체 인구 중 비율

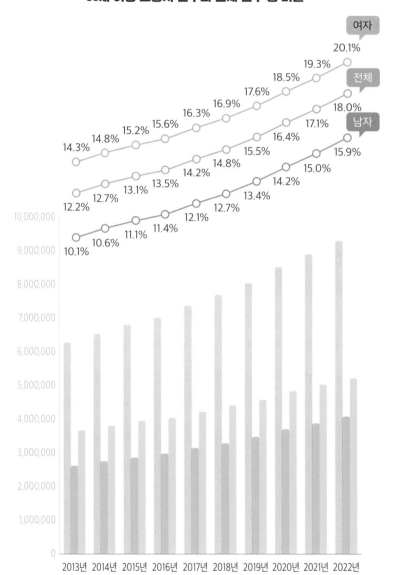

자료: 행정안전부

일상생활 조력자 유무

있다 75.9%   없다 24.1%

답했다.

소득이 적을수록 건강으로 인한 불편함이 컸지만, 주변에서 도움을 받기가 어려운 현실이 드러났다. 월소득 100만 원 미만인 응답자 가운데 70.1%는 건강 상태가 일상에 영향을 미친다고 답했고, 34%는 도움을 요청할 조력자가 없다고 응답했다. 월소득 100만 원 미만인 응답자의 64.1%는 집안일, 장보기 같은 일상생활을 위해 공공기관과 지방정부의 도움이 필요하다고 답했다.

반면, 월소득 500만 원 이상인 응답자의 49.3%만이 자신의 건강이 일상에 영향을 주고 있다고 답했다. 그런데 이러한 고소득층 92%에게는 도움을 요청할 사람이 있었다.

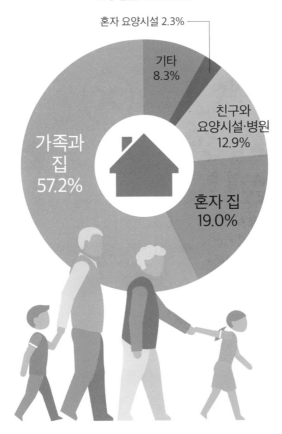

노후생활 희망 형태

혼자 요양시설 2.3%

기타
8.3%

친구와
요양시설·병원
12.9%

가족과
집
57.2%

혼자 집
19.0%

고령층 10명 가운데 7명 이상은 요양병원이나 요양원 같은 시설이 아닌 집에서 생활하길 원했다. 76.2%가 가족과 함께 혹은 혼자 '집'에서 노년을 보내고 싶어 했는데 '요양시설'에서 지내고 싶다고 답한 15.2%보다 5배 이상 많은 비율이다.

• 관련 기사: 박준용 기자, 「일상 불편해져도…어르신 4명 중 1명 "도움 청할 사람 없다"」, 《한겨레》, 2022년 9월 16일.
• 여론조사: 리서치DNA, 2022년 8월 17~18일, 전국 60세 이상 726명, ARS, 표본오차는 95% 신뢰수준에서 ±3.6%p.

공공이 나서야 할
노인 요양 서비스

　통계청 발표에 따르면, 2022년 12월 31일 기준 한국의 65세 이상 고령 인구는 9,267,290명으로 전체 인구의 18%이다. 2024년에는 고령 인구가 1,000만 명을 넘고, 2050년에는 전 국민의 40%를 차지할 전망이다. 또한, 80세 이상의 인구도 2020년에 200만 명을 넘어섰고, 그 증가 폭이 점점 더 커지고 있다. 이런 통계는 요양 서비스 이용이 급속도로 늘어남을 의미한다. 특히, 현장에서 요양 업무를 담당하는 요양보호사의 역할이 매우 중요해질 것이다.

　이렇듯 요양 서비스와 요양보호사의 중요성이 커지는데도, 현실은 매우 열악하며 인식도 나쁘다. 공공의창(우리리서치)·《한국일보》·민주노총 산하 돌봄서비스노조가 2023년 4월 17~20일 수행한 여론조사 결과가 이러한 상황을 여실히 보여준다. 이 여론조사는 일반 국민 1,000명과 요양보호사 1,216명을 나누어 진행했는데, 요양 서비스 이용자와 제공자 모두 부정적인 현실 인식을 보였다.

일반 국민 응답자의 상당수는 자신이나 가족이 미래에 요양시설의 도움을 받을 것으로 보았다. "가족 중 몸이 불편해 보호가 필요하다면 누구의 도움을 받고 싶은가?"를 질문했는데, '요양전문시설 입소'가 36.7%로 가장 많았다. 그다음은 '가정방문 요양 서비스'로 34.2%였다. 두 항목을 합하면 응답자 70.9%가 미래 요양 서비스를 고려하고 있는 셈이다. '자녀나 배우자'의 도움을 원하는 비율은 20.6%였다. 요양시설 이용에 대해서는 응답자의 69.3%가 '입소하겠다', 26.3%가 '입소하지 않겠다'고 했다.

"시설에 입소하게 될 경우 가장 중요하게 보는 요소는 무엇인가?"라는 질문에 대해 '전문적인 간호 서비스'라고 답한 비율이 37%로 가장 많았다. 뒤를 이어 '맞춤형 치료보호' 22.9%, '안전한 환경' 14%, '가족과의 교류 지원' 11.7%로 나타났다.

그런데 요양 서비스 현장의 요양보호사들이 이용자들의 이러한 기대를 충족시킬 수 있을까? 조사 결과를 보면 현재로서는 쉽지 않을 듯하다. 요양보호사들은 저임금과 중노동에 시달려 이용자가 만족할 만한 수준 높은 서비스를 제공하기 어려운 상태로 파악된다.

조사 결과 78.7% 요양보호사들이 야간 근무 때 돌보는 사람이 '11~20명'과 '20명 이상'으로 나타났다. 요양보호사들은 휴식 시간을 제대로 보장받지 못하는 경우가 많다. "야간 근무 시 휴게 시간

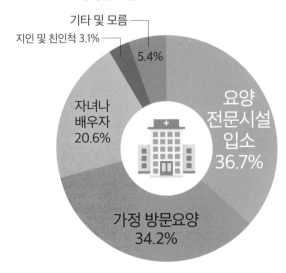

가족에 요양보호 필요 시 누구 도움

기타 및 모름 5.4%
지인 및 친인척 3.1%
자녀나 배우자 20.6%
가정 방문요양 34.2%
요양 전문시설 입소 36.7%

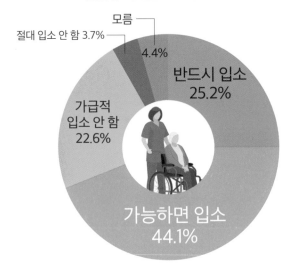

건강상 어려울 때 요양시설 이용

모름 4.4%
절대 입소 안 함 3.7%
반드시 입소 25.2%
가급적 입소 안 함 22.6%
가능하면 입소 44.1%

만약 요양보호시설 입소 시 고려할 점

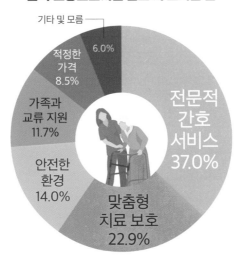

기타 및 모름

6.0%

적정한
가격
8.5%

가족과
교류 지원
11.7%

안전한
환경
14.0%

전문적
간호
서비스
37.0%

맞춤형
치료 보호
22.9%

요양시설 입소 시 걱정되는 부분

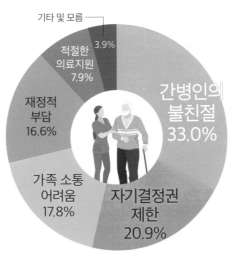

기타 및 모름

3.9%

적절한
의료지원
7.9%

재정적
부담
16.6%

가족 소통
어려움
17.8%

간병인의
불친절
33.0%

자기결정권
제한
20.9%

요양보호사 업무 만족도

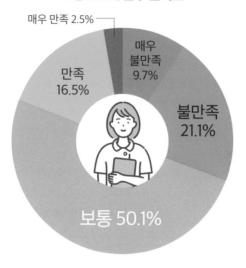

매우 만족 2.5%

매우
불만족
9.7%

만족
16.5%

불만족
21.1%

보통 50.1%

야간근무 시 혼자 돌보는 인원

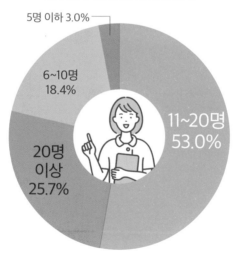

5명 이하 3.0%

6~10명
18.4%

11~20명
53.0%

20명
이상
25.7%

야간근무, 휴게 시간에 일한 경우

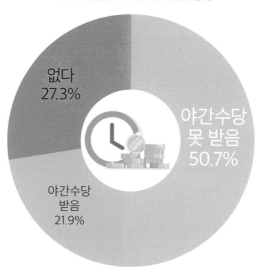

없다
27.3%

야간수당
못 받음
50.7%

야간수당
받음
21.9%

에 근무했느냐"는 질문에 72.6%가 '일한 경우가 있다'고 답했다. 특히 응답자의 50.7%는 '야간근무에 따른 수당을 제대로 받지 못했다'고 답했다. '야간 근무 시 복도 소파나 빈 침상 등에서 겨우 눈을 붙인다'는 응답도 59.4%나 됐다.

이렇듯 열악한 근무 환경으로 인한 피해는 이용자에게 돌아가고, 이 때문에 요양 서비스에 대한 인식이 나빠지는 악순환에 빠질 위험에 처해 있다.

심각한 문제 중 하나는 요양보호사들이 '노인학대' 논란에 시달린다는 것이다. 요양시설을 이용하지 않겠다는 응답자들은 '기관을 신뢰하기 어려움'(29.4%), '학대 등 부정적 인식'(23.7%) 등을 그 이유로 들었다. 그리고 입소 시 우려스러운 점을 묻는 질문에 '간병인의 불친절한 서비스'라는 답변이 33%로 가장 많았다.

그런데 요양보호사들은 "불친절과 학대의 오해를 많이 받는다"라고 토로한다. 치매나 귀가 잘 안 들리는 입소자가 많은 탓에 큰 소리로 말하는 일도 잦고, 변을 먹는 등의 이상 행동을 막으려 자신도 모르게 몸이 먼저 나가는 경우에도 학대 가해자로 몰린다고 한다. 이런 모습이 CCTV 화면에 잡히면 학대를 하는 것처럼 오해를 불러오기도 한다. 입소자들은 대화와 스킨십을 원하지만, 학대 논란을 염려하는 요양보호사들은 입소자에게 가까이 다가가지 않게 된다고 한다.

요양보호사들의 직업 만족도는 매우 낮다. 조사 결과 '만족한다'는 응답이 19%에 그쳤다. 일반 국민에게 "입소자와 요양보호사 간 소통을 위해 어떤 관계를 맺어야 하느냐"고 묻자 38.8%가 '상호존중'이라고 답했다.

요양보호사들이 현장에서 자주 겪는 치명적 고통이 성희롱과 성추행이다. 그런데 이런 피해 사실을 호소해도 구제받는 일은 매우 드물다고 한다. "알아서 조심해야죠"라는 냉랭한 목소리를 듣는 게 일반적이다.

요양보호사들에게 성희롱은 아무렇지 않게 넘겨야 할 일상이 되고 말았다. 입소자들은 신체 특정 부위를 이야기하고 노골적인 성적 발언을 서슴지 않고 한다. 또한, 기저귀를 갈거나, 몸을 닦는 등 신체

접촉을 할 때면 성추행을 당하기에 십상이다.

요양보호사들에게 "입소자에게 성희롱을 당한 적이 있냐"고 질문하자 58.7%가 '있다'고 답했다. 5명 중 1명은 '자주 있다'고 했다. 근무 중 성희롱을 당한 적이 없다고 답한 요양보호사는 28.3%였다. 42.6%는 성폭력을 자주 당하거나 간혹 당한다고 응답했다.

폭행 역시 다반사로 일어난다. 정신질환이 있는 입소자에게 언어맞는 일이 자주 있다. 요양보호사의 65.1%가 신체적 폭력을 겪은 경험이 있다고 했고, 35%는 '자주 당한다'고 답변했다. '전혀 없음'은 27.2%에 불과했다. 언어폭력에 대해서는 80%가 '경험한 적이 있다'고 답했다.

"신체·언어·성폭력 등을 당했을 때 어떻게 대처했느냐"는 질문에 '개인적으로 참고 넘어감'이 36.6%로 가장 많았다. '요양기관에 보고하고 대응조치 요구'는 34.3%로 이보다 적었다. '이용자나 보호자에게 직접 이의 제기'는 5.3%였다. '국민건강보험공단에 신고'는 1%가 되지 않았다. 근무 중 질병·사고로 치료한 경험을 묻자 52.6%가 '있다'고 했는데, 이들 가운데 74.8%는 '개인 비용으로 처리했다'고 답했다.

요양보호사들이 폭력을 참고 넘어가는 현실은 시설과 기관이 상황을 외면하는 데서 기인한다. 문제를 제기하면 "요양보호사가 매뉴얼대로 행동하지 않았다"는 질책이 먼저 나오기 때문에 쉽게 말을 꺼내기 힘든 현실이다.

입소자에게 신체 폭력을 당한 적

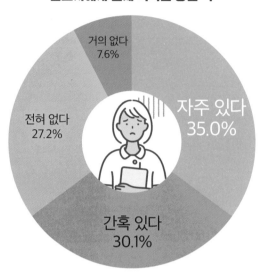

거의 없다
7.6%

자주 있다
35.0%

전혀 없다
27.2%

간혹 있다
30.1%

입소자에게 성폭력을 당한 적

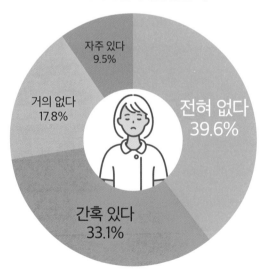

자주 있다
9.5%

거의 없다
17.8%

전혀 없다
39.6%

간혹 있다
33.1%

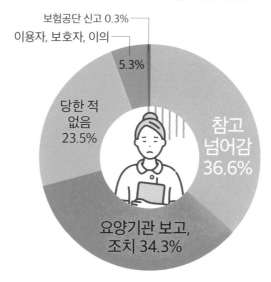

신체적·언어적·성적 폭력, 성희롱 대처

보험공단 신고 0.3%
이용자, 보호자, 이의
5.3%
당한 적 없음 23.5%
참고 넘어감 36.6%
요양기관 보고, 조치 34.3%

　요양 서비스 현장의 현실을 개선하여, 이용자와 요양보호사 모두가 만족할 수 있도록 할 책임은 누구에게 있을까? '공공'이라고 생각하는 사람이 가장 많다. 조사 결과 응답자 86.2%가 '노인 돌봄 서비스의 주체는 정부와 지방자치단체 등 공공'이라고 답했다. '민간이 주체가 돼야 한다'는 의견은 10.8%였다. 돌봄 서비스에 대한 민간 영역을 확대하려는 윤석열정부의 정책 방향과 국민의 생각이 다르다는 것을 확인한 셈이다.

　돌봄이 공공 영역이라는 응답은 전 연령대에서 모두 80%를 넘었다. 40대가 89.6%로 가장 높았고, 가장 낮은 30대도 80.6%였다. 요양시설의 주요 입소자인 70세 이상은 30~40대의 중간인 84.9%로

노인돌봄 서비스 제공해야 할 주체는

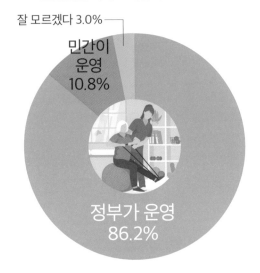

잘 모르겠다 3.0%

민간이
운영
10.8%

정부가 운영
86.2%

국가 노후 보장 책임에 대해

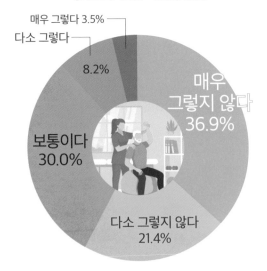

매우 그렇다 3.5%
다소 그렇다
8.2%

매우
그렇지 않다
36.9%

보통이다
30.0%

다소 그렇지 않다
21.4%

나타났다.

과거 요양 서비스 이용 경험이 있는 사람은 그렇지 않은 사람보다 더 공공이 주체가 돼야 한다는 의견이 많았다. 서비스 이용 경험자라고 응답한 사람 중 88.3%가 돌봄을 공적 영역으로 여겼는데, 현재 요양 서비스를 이용 중이라고 답한 이들의 81.2%보다 더 높았다.

요양보호사들은 절반 이상이 국가의 돌봄 정책을 부정적으로 평가했다. "돌봄 현장에서 볼 때 국가가 역량을 갖고 책임을 다하고 있느냐"는 질문에 대해 58.3%가 '그렇지 않다'고 답했다. '그렇다'는 11.7%였다.

"돌봄 서비스를 개선하고 보호사들의 처우를 개선하기 위해 필요한 정책은 무엇이냐"는 질문에는 '표준인건비 기준 마련'이 42.3%로 가장 많았고 '국공립 요양기관 확충'이 26%로 그다음이었다. '휴가권 보장'은 14.7%였다.

• 관련 기사: 류호 기자, 「국민 70% 요양원 입소 생각하지만… "우린 그저 똥 치우는 X, 말벗 꿈도 못 꿔"」, 「국민 86% "노인 돌봄 서비스 주체는 정부"」, 「"와서 키스나 해주고 가" 성추행·폭행 시달려도 혼자 삭이는 요양보호사들」, 《국민일보》, 2023년 6월 3일.
• 여론조사: 우리리서치, 2023년 6월 1일, 일반 국민 1,000명, 요양보호사 1,216명 대상.

4장

코로나를
되돌아보며

코로나가 불러온
급성 빈곤

코로나19는 사회·경제적으로 엄청난 충격을 주었다. 위기가 내부 원인에서 비롯되지 않고 외부에서 갑작스럽게 온 것이기에 전례가 없어 해결책을 찾기도 어려웠다. 극단적 봉쇄조치로 경제가 거의 정지 상태에 들어가 생산과 고용이 급전직하하였다. 저소득층, 서민, 영세 중소상공인, 자영업자 등 기존의 경제적 약자가 가장 큰 상처를 입고 위기를 겪었다. 가계대출 증가 등 서민의 어려움이 가중되고 있다는 지표가 나왔다.

코로나19의 고통이 극심했던 2021년 10월 4일 공공의창(지방자치데이터연구소)은 '복지 사각지대 분석 지도'를 작성하여 언론에 발표했다. 당시 어떤 지역이 만성적인 빈곤 문제를 겪는지, 그리고 코로나19 이후 어느 지역이 급성 빈곤을 겪고 있는지 파악하기 위해서

전국 복지 사각지대 분석 지도

 심각   경계   주의 D~E 관심

※ 2018~2020년 긴급복지지원 수급통계 기반

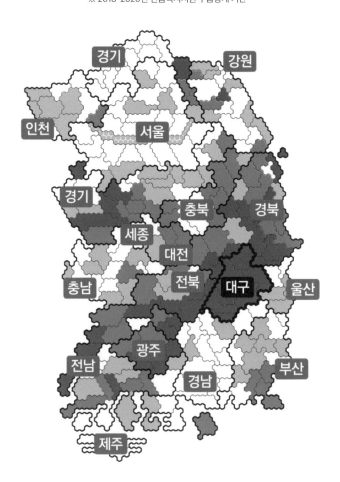

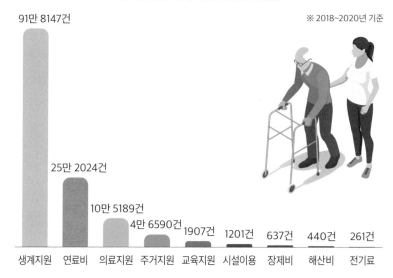

전국 긴급복지지원 분야별 현황

※ 2018~2020년 기준

91만 8147건

25만 2024건

10만 5189건

4만 6590건

1907건

1201건

637건

440건

261건

| 생계지원 | 연료비 | 의료지원 | 주거지원 | 교육지원 | 시설이용 | 장제비 | 해산비 | 전기료 |

였다. 2018~2020년 '긴급복지지원' 현황을 읍면동 단위까지 분석해 복지 사각지대 발생 위험도에 따라 전국을 A(심각)~E(관심) 등급으로 나누고 지도에 표시했다.

긴급복지지원제도란 갑작스러운 위기 상황으로 생계 유지가 곤란한 저소득 위기 가구에 생계·의료·주거 지원 등 필요한 복지 서비스를 신속하게 지원해 위기 상황에서 벗어날 수 있도록 돕는 제도이다. 갑작스럽게 위기를 겪는 가구가 대상이어서 하루아침에 빈곤층으로 추락한 수급자가 많다.

긴급복지 수급자가 늘었다는 지표는 지방정부가 열심히 홍보하며 일했다는 방증이기도 하지만, 긴급복지지원을 받아야 하는 위기

가구가 그만큼 많다는 의미이기도 하다. 즉 사각지대 발굴과 지원 속도가 위기 가구 발생 속도를 따라가지 못하면 숨은 사각지대가 더 넓어질 위험도 존재한다.

전국의 긴급복지지원은 코로나19 시기에 크게 늘었다. 2018년 21만 3,616건, 2019년 32만 1,172건이었는데 2020년 79만 1,946건의 지원이 이뤄졌다. 긴급복지지원 분야별 현황을 보면 생계비 지원이 69.2%로 가장 많았고 그다음으로 연료비 19.0%, 의료 지원 7.9%, 주거 지원 3.5%, 교육 지원 0.1%이었다.

코로나19 이후 복지 사각지대의 지역별 분포가 크게 바뀌었다. 시도 단위로 볼 때 코로나19 이전에는 긴급복지지원을 받는 사람이 많은 복지 사각 위험 지역 1위는 광주광역시였다. 그런데 코로나19 이후 대구광역시로 바뀌었다. 짧은 기간 코로나19가 급격히 확산하면서 소득계층의 중간지대가 무너졌기 때문이다.

코로나19 이전인 2018~2019년 전국 시도별 긴급복지지원 건수 평균치로 인구 10만 명당 순위를 매겼을 때 광주·전북·전남·대구·대전·부산·충북·인천·충남·강원 순이었다. 반면 2020년 국내 코로나19 확산 이후에는 대구·경북·광주·전북·인천·대전·부산·충남·전남·경기 순으로 바뀌었다. 2018~2020년 3년치 통계를 모두 활용해 전국 시도별 종합순위를 매겼을 때는 대구·경북·광주·전북·전남·대전·인천·부산·충남·충북·강원·경기·울산·경남·서울·세종·제주 순으로 나타났다. 그리고 이후 코로나19 장기화 국면에서 확산 지역을 중심으로 위기 지역이 이동하는 모습을 보였다.

대구는 코로나19로 빈곤의 '급성질환'을 앓았다. 2018년까지는 긴급복지지원 건수가 1만 2,286건이었는데, 2020년 21만 3,212건으로 20만 926건이나 늘었다. 구 단위로 봤을 때 남구·서구·달서구·수성구·동구의 위기가 상대적으로 더 심했다. 대구 남구는 2021년 9월 30일 기준 코로나19 누적 발생률이 인구 10만 명당 1693.4명으로 전국 시군구 중 두 번째로 높았다. 가장 높은 곳은 서울 중구로 2729.2명이었다.

대구 남구에는 코로나 전염이 심했던 종교의 신자가 많아 피해가 집중됐다. 서구는 서민 밀집 지역인데 남구 옆에 있어 연쇄적인 피해를 입었다. 동구도 특정 종교 교회가 있어 피해가 컸다. 그리고 달서구는 대구 임대주택의 54%가 있으며 저소득 기초생활수급자가 많은 서민 지역이다. 또한, 교통의 요충지여서 코로나19 유행의 영향을 크게 받았다. 전국 3,505개 읍면동 중 긴급복지지원이 가장 많이 이뤄진 달서구 송현1동 또한 인구가 많고 서민이 많이 사는 지역이다.

제주와 세종을 포함한 228개 시군구 중 긴급복지지원 발생 2위는 경기 부천시였다. 부천시에는 중소 규모 공장이 많은데, 이 중 가동을 중단한 곳이 많아 근로자와 자영업자 등의 피해가 심했다.

경북에서는 청도·울진·울릉이 긴급복지지원 발생 시군구별 4, 6, 7위에 올랐다. 대구의 코로나19 급증이 인근의 경북에 타격을 준 것이다. 경북은 긴급복지예산을 평년의 6배 이상 책정해 투입했다.

대구 복지사각지대 분석지도(141개 읍면동)

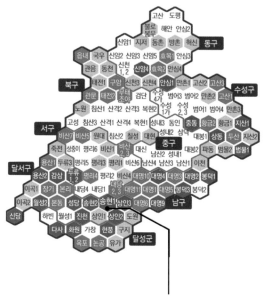

대구 달서구 송현1동

송현1동은 전국 3505개 읍면동 중 최근 3년간 긴급복지지원이 가장 많이 이뤄진 곳

송현1동

질병과 가난으로 인해 도움이 절실한 지역을 찾아서 긴급하고 집중적인 복지 지원을 하면 안타까운 죽음을 줄일 수 있다. 3년간의 데이터 통계를 활용해 자살 사망자 발생 지역과 긴급복지지원 발생 지역의 상관관계를 분석했을 때 순위 상관관계 값은 0.820으로 높았다. 2017~2019년 10만 명당 자살자는 충남, 강원, 전북 순으로 높았다. 인구 비례를 적용하지 않은 수치를 보면 경기, 서울, 부산 등 대도시에 자살자들이 몰렸다. 공공의창(리서치DNA)과 《서울신문》이 2021년 9월 7~12일 가구소득 월 400만 원 미만의 성인 522명을 대상으로 시행한 여론조사에서 자살 위기자들의 특징은 '월 가구 소득 200만 원 미만의 20평 이하 거주자', '1인 가구'로 나타났다. 또한, 응답자의 42.9%가 '최근 1년 사이 자살을 생각해본 적이 있다'고 답해 상황의 심각성과 긴급 대응의 필요성을 드러내었다.

《서울신문》과의 인터뷰에서 백종우 경희대병원 정신건강의학과 교수는 "자살은 경제·복지·건강·정신건강 문제가 복합적으로 위기를 초래한 최악의 결과로 봐야 한다"며 "절망에 빠진 사람들은 먼저 도움을 요청하지 못한다. 위기에 처한 국민을 다양한 방식으로 먼저 찾아가 희망과 연결하는 서비스가 절실한 시점"이라고 말했다.

조사에서 긴급복지지원 발생이 많았던 지역들은 가가호호 방문을 통해 사각지대 발굴 노력을 적극적으로 기울인 곳이기도 하다. 사각지대 발굴이 늘수록 긴급복지지원도 증가한다. 이렇게 발굴한 사람들을 위기에서 벗어날 때까지 얼마나 더 지속 가능하게 지원할 수 있느냐가 중요한 과제가 된다.

　조사를 수행한 최정묵 지방자치데이터연구소 대표는 "도움의 손길이 필요한 시민은 복지정책에 대한 정보가 부족하고 도움을 거절당할 두려움 때문에 쉽게 도움을 요청하지 못한다. 시도 차원에서 골목으로 '찾아가는 복지 주권 해설사'를 모집해 교육하고 활동할 수 있도록 조례 제정을 검토해야 한다"고 말했다. 그리고 "지도를 활용해 A등급 구군 또는 읍면동에서 시범사업을 먼저 시행하는 것이 바람직하다. 아울러 사회·경제적 취약 계층에 한해 지역 화폐와 상품권을 통신비, 교육비, 주거비, 지역 병·의원 비용 등에도 사용할 수 있도록 정책 확대를 검토해야 한다"고 제안했다.

• 관련 기사: 이현정 기자, 「코로나發 '급성 빈곤층' 늘어… "찾아가는 복지 서비스 필요"」, 《서울신문》, 2021년 10월 5일.
• 데이터 지도: 지방자치데이터연구소, 2021년 10월 4일 발표.

코로나 감염 예측과
찾아가는 방역

2020년 9월, 코로나19 감염이 확산되던 때 지역별 발생 예측 자료를 확보하고 그 활용 방안을 모색하기 위해 코로나19 발생 규모 순위를 예측한 지도를 발표하였다. 중부권(서울·경기·인천·강원)을 대상으로 삼았다.

공공의창(지방자치데이터연구소, 리서치DNA)과 《서울신문》은 2016~2018년의 596만 명 독감 빅데이터와 코로나19 환자 1만 2,836명(2020년 7월 9일 기준)의 데이터를 비교 분석했다. 그 결과 독감과 코로나19 발생 지역 순위가 20대와 50대 환자에게서 80% 이상 겹친다는 사실이 드러났다. 그래서 이 자료를 바탕으로 지역의 독감 발생 순위로 코로나19 지역별 발생 규모 순위를 예측했다.

분석 모델을 바탕으로 코로나19가 많이 발생할 위험 지역 순위를 예측한 결과 1위로 경기 부천이 꼽혔다. 2위와 3위는 서울 송파·강서, 4위는 인천 부평, 5위는 서울 강남으로 예측됐다.

코로나19 등 염증성 호흡기질환의 지역 방역 필요를 점검하는 차원에서 여론조사도 병행하였다. 코로나19 상황의 사회 가치 지향 전망, 사회정책 및 방역정책 인식 등을 물었고 코로나19와 건강, 위드 코로나 정책 과제 방향을 찾고자 했다.

지도상으로 높은 위험 등급이 나온 지역에는 서울에서 가까운 수도권의 대도시, 그리고 그 대도시와 가까운 서울의 구(區)가 많았다. 서울 남쪽과 경기 남부에 위험 등급 지역이 몰려 있다. 도시 간 이동량이 많은 지역일수록 독감뿐만 아니라 코로나19 발생 위험도 큰 것으로 보였다.

코로나19 발생 위험이 높은 A등급 지역 중에서도 우선 여성, 20대와 50대의 개인 방역에 집중할 필요성이 제기되었다. 여론조사 결과 독감 등 호흡기질환에 잘 걸린다는 응답은 여성이 34.7%로 22.3%인 남성보다 많았다. 사람과의 접촉 횟수(활동력)가 많다는 응답자의 비율은 20대와 50대에서 높게 나타났다. 각각 54.5%와 55.3%였다. 독감과 코로나19처럼 호흡기 비말을 통해 전파되는 감염병은 사람 간 접촉이 잦을수록 더 잘 전파될 수 있다. 실제 코로나19 환자도 여성, 20대와 50대가 상대적으로 많다. 중앙방역대책본부에 따르면 2020년 9월 31일 0시 기준 전체 코로나19 환자 1만 9,947명 가운데 54.8%(1만 922명)가 여성이다. 또 20대 확진자 비율

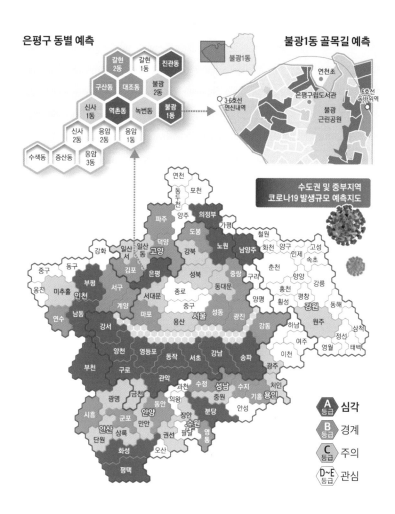

은평구 동별 예측

갈현2동	갈현1동	진관동
구산동	대조동	불광2동
신사1동	역촌동	녹번동	불광1동
신사2동	응암2동	응암1동
수색동	증산동	응암3동

불광1동 골목길 예측

연천초
은평구립도서관
3·6호선 연신내역
6호선 독바위역
불광근린공원

수도권 및 중부지역
코로나19 발생규모 예측지도

연천
동두천 포천
파주 양주 의정부 가평
덕양 도봉 철원 양구 고성
강화 일산서 일산동 고양 강북 노원 남양주 화천 인제
동구 김포 은평 성북 중랑 구리 춘천 양양 강릉
중구 부평 서구 서대문 종로 동대문 양평 홍천 평창 강원 동해
옹진 미추홀 인천 계양 중구 성동 광진 황성
남동 마포 용산 서울 강동 하남 원주 삼척
연수 강서 영등포 동작 서초 강남 송파 여주 정선
양천 구로 관악 광주 이천 영월 태백
부천 금천 과천 수정 성남 수지 처인
광명 동안 의왕 중원 용인 안성
시흥 안양 군포 만안 장안 수원 분당 기흥
안산 상록 권선 팔달 영통
단원 화성 오산
평택

A등급 심각
B등급 경계
C등급 주의
D~E등급 관심

수도권 및 강원 95개 지역 '코로나19' 발생 예측 순위

	1	2	3	4	5	6	7	8	9
A 등급	경기 부천시	서울 송파구	서울 강서구	인천 부평구	서울 강남구	서울 관악구	경기 남양주시	경기 성남시 분당구	서울 서초구
	20	21	22	23	24	25	26	27	28
B 등급	경기 고양시 덕양구	경기 시흥시	인천 서구	서울 강동구	경기 용인시 기흥구	경기 안양시 동안구	서울 도봉구	서울 마포구	인천 계양구
	39	40	41	42	43	44	45	46	47
C 등급	경기 광명시	서울 성북구	인천 미추홀구	경기 안산시 상록구	경기 수원시 권선구	서울 동대문구	경기 광주시	강원 원주시	경기 성남시 중원구
	58	59	60	61	62	63	64	65	66
D 등급	서울 종로구	경기 양주시	강원 춘천시	경기 하남시	경기 의왕시	경기 이천시	경기 오산시	경기 포천시	경기 수원시 팔달구
	77	78	79	80	81	82	83	84	85
E 등급	경기 여주시	인천 동구	인천 강화군	강원 삼척시	강원 속초시	강원 동해시	강원 홍천군	강원 평창군	강원 태백시

10	11	12	13	14	15	16	17	18	19
인천 남도구	서울 양천구	경기 화성시	서울 동작구	서울 은평구	서울 노원구	경기 의정부시	서울 영등포구	서울 구로구	경기 평택시
29	30	31	32	33	34	35	36	37	38
경기 수원시 영통구	인천 연수구	경기 군포시	경기 김포시	경기 파주시	서울 중랑구	서울 광진구	경기 용인시 수지구	서울 성동구	경기 성남시 수정구
48	49	50	51	52	53	54	55	56	57
경기 안산시 단원구	서울 서대문구	서울 용산구	경기 수원시 장안구	서울 강북구	서울 금천구	경기 고양시 일산동구	경기 고양시 일산서구	경기 안양시 만안구	경기 용인시 처인구
67	68	69	70	71	72	73	74	75	76
경기 구리시	서울 중구	인천 중구	경기 안성시	강원 강릉시	경기 양평군	경기 동두천시	경기 과천시	강원 철원군	경기 가평군
86	87	88	89	90	91	92	93	94	95
강원 영월군	강원 인제군	강원 횡성군	인천 옹진군	경기 연천군	강원 정선군	강원 화천군	강원 양양군	강원 고성군	강원 양구군

은 21.7%(4,320명), 50대는 18.2%(3,639명)로 전 연령대를 통틀어 가장 많은 비중을 차지했다. 30대(12.5%)와 40대(13.5%) 환자 비율은 이보다 낮았다. 30~40대는 20세 미만의 자녀를 뒀을 가능성이 크기에 코로나19 감염을 우려해 스스로 모임 참석 등을 자제하고 있는 것으로 추측된다.

2020년 9월 서울·경기·인천·강원 중부권 대상 독감 기반 코로나19 지역 발생 예측 상관계수는 0.829이며 발생 예측 데이터와 2021년 1월 확진자 발생 현황 데이터 간 상관계수는 0.858로 나타났다. 매우 높은 예측률을 보인 것이다.

그리고 2021년 1월에는 감기 기반으로 전국 대상의 코로나19 지역 발생 예측을 했는데 상관계수는 0.862였다. 2020년 9월 모델 그대로 적용하였는데, 전국으로 확대했음에도 예측률이 더 높아졌다.

특정 집단과 지역을 중심으로 감염병이 확산할 때는 감염 고리를 서둘러 끊는 방역이 최선이다. 하지만 장기전으로 접어들며 산발적 지역 감염이 늘면 지방자치단체의 방역 역량을 집중하는 '골목 방역'이 중요해진다. 이럴 때 위험 지역을 예측하고 방역 타깃을 정한다면 더 필요한 곳에 제한된 재원을 효과적으로 사용할 수 있다.

구체적인 방역 방법으로는 '찾아가는 방역'을 들 수 있다. 주민이 병원을 찾아오는 방식과 반대로 의료팀이나 행정팀이 주민을 찾아가는 적극 방역이다. 서울시가 시행 중인 '찾아가는 동주민센터'(찾동)의 복지전달 체계를 방역에 적용해 '찾아가는 보건소'를 운영하는 식의 시스템 전환이 필요하다.

A등급 지역의 통장에게 보건에 취약한 주민을 찾아 보건용품을 지급하고 코로나19로 인한 주민 불편과 여론을 청취하는 역할을 맡길 수도 있다. 무료 검진, 방역용품 전달, 이동식 소독 시스템의 위험 등급 골목 배치, 야외 무료 검진, 취약 계층의 면역력을 높일 수 있는 식품 지원 등도 방법이 될 수 있다. 여론조사에서 면역력을 강화하는 영양 보충을 하지 않고 있다는 응답은 36.2%로 나타났으며 이런 경향은 경제적 형편이 어려울수록 두드러졌음을 볼 때 이러한 지원은 필요성이 높다.

심리 방역을 가족, 친구 등 개인에게 떠넘길 게 아니라 위험 지역을 중심으로 지자체가 나서는 것이 바람직하다. 당시 여론조사에서 '몇 달 전과 비교해 개인위생과 생활방역에 좀 지쳤다'고 한 응답자는 51.6%로 과반을 차지했다. 방역 피로도가 쌓인 상태로 파악되었다. 서울과 경기·인천의 방역 피로도가 특히 높았다. 각각 56.7%와 56.1%를 나타냈다.

'코로나19 이후 우울하다'는 응답은 40.9%로 나타났다. 오피스텔·원룸·고시원 거주자에게서 '우울하다'는 응답이 48.0%로 가장 높았고, 아파트 거주자는 39.2%로 주택 유형을 통틀어 가장 낮았다. '코로나19 이후 (사람 간) 여가생활 수준에 차이가 생겼다'는 응답이 73.8%로 높게 나타나 상대적 박탈감을 느끼는 이들에 대한 고민도 필요한 것으로 조사됐다.

시·도 단위 코로나 예측 등급

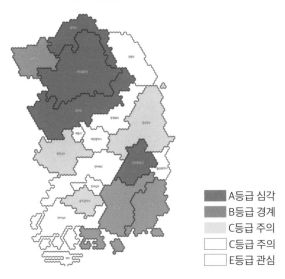

- A등급 심각
- B등급 경계
- C등급 주의
- C등급 주의
- E등급 관심

시·군·구 단위 코로나 예측 등급

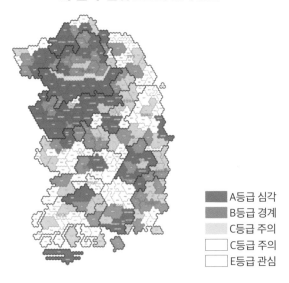

- A등급 심각
- B등급 경계
- C등급 주의
- C등급 주의
- E등급 관심

전국 읍·면·동 단위 코로나19 발생 예측

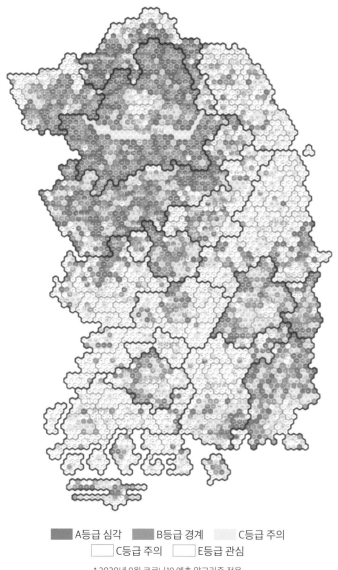

■ A등급 심각   ■ B등급 경계   □ C등급 주의
□ C등급 주의   □ E등급 관심

* 2020년 9월 코로나19 예측 알고리즘 적용

여론조사를 수행한 김기수 리서치DNA 대표는 "상관계수를 분석한 결과 여가의 차이가 우울증을 증가시키고 이는 생활방역 피로도를 높이는 것으로 나타났다"고 말했다. 코로나19 위험 등급이 높은 지역의 심리 방역을 위해 매주 요일을 지정하여 방역 수칙을 지키며 30여 분간 골목에서 작은 음악회 등 문화행사를 하는 것도 '코로나 블루'를 극복하는 방법으로 제안되었다.

• 관련 기사: 이현정 기자, 「부천·서울 송파·강서 '코로나 고위험'… "찾아가는 골목 방역을"」, 《서울신문》, 2020년 9월 1일.
• 여론조사: 리서치DNA, 2020년 8월 11일, 전국 19세 이상 1,000명, ARS, 표본오차는 95% 신뢰수준에서 ±4.3%p.
• 데이터 지도: 지방자치데이터연구소

코로나19 위기의식과
정부 신뢰도

2020년 2월부터 우리나라는 코로나19 감염의 1차 유행 시기를 맞이하였다. 2월 18일부터 3월 15일 사이에는 대구에서 특정 종교집단을 중심으로 대규모 집단감염이 발생하였다. 또한, 수도권과 전국으로 코로나19 감염이 확산하였다. 특히 60세 이상 고령층의 발생률이 높아 우려를 자아냈다.

코로나19가 확산되던 초기인 2022년 2월 22일, 공공의창(우리리서치)과 《경향신문》은 한국인이 코로나19에 대해 얼마나 심각하게 보고 있는지, 그리고 정부의 초기 대응을 신뢰하는지 등에 대해 여론조사를 진행하였다.

"코로나19의 확산 수준을 어떻게 판단하느냐"는 질문에 '매우 심각한 단계'라는 답변이 59.2%, '다소 심각한 단계'라는 답변이

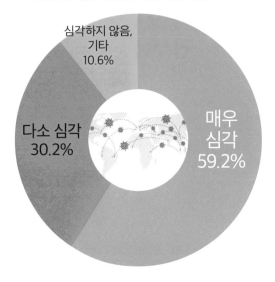

코로나 확산 수준을 어떻게 평가합니까?

심각하지 않음, 기타 10.6%

다소 심각 30.2%

매우 심각 59.2%

30.2%로 심각하다고 느끼는 이들이 전체의 89.4%로 나타났다.

지역별로 보면, 당시 확진자가 집단 발생한 대구·경북 지역에선 응답자 중 66.7%가 상황을 매우 심각한 단계로 보고 있었다. 직업별로는 자영업이 포함된 생산·서비스직의 91.5%가 심각한 상황 인식을 하고 있었다. 성별로는 남성(88.3%)보다 여성(90.4%)의 체감 심각도가 조금 더 높았다.

코로나19로 인해 일상생활에 영향을 받았는지를 물었는데, 전체 응답자의 90.9%가 영향을 받았다고 답했다. 특히 전업주부의 94.9%가 일상생활에 변화를 느끼고 있다고 답했다. 코로나19 사태로 아이들의 보육에 큰 어려움을 겪은 것으로 보인다.

코로나19 정부 대응 신뢰도

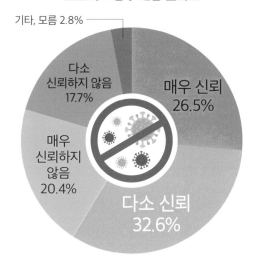

기타, 모름 2.8%

다소 신뢰하지 않음 17.7%

매우 신뢰 26.5%

매우 신뢰하지 않음 20.4%

다소 신뢰 32.6%

안전수칙 준수 여부

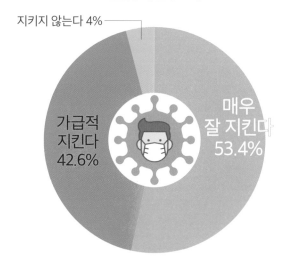

지키지 않는다 4%

가급적 지킨다 42.6%

매우 잘 지킨다 53.4%

코로나19 정부 대응에 대해서는 '매우 신뢰한다'가 26.5%, '다소 신뢰한다'가 32.6%로 나타나 긍정 평가가 59.1%였다. 반면 '매우 신뢰하지 않는다'는 응답은 20.4%이며 '다소 신뢰하지 않는다'는 응답이 17.7%로 전체 부정 평가는 38.1%였다.

지역별로 정부 신뢰도를 보면 광주·전남이 가장 높았고 대구·경북이 가장 낮았다. 조사를 진행한 우리리서치는 "조사 당시 확진자가 늘어난 대구·경북의 상황과 응답자의 정치적 성향이 영향을 미친 것으로 보인다. 조사 이후 확진자가 폭증한 만큼 여론은 다시 바뀔 수 있다"라고 설명했다.

감염 예방을 위해 안전수칙을 얼마나 지키는지도 물었다. 응답자의 53.4%가 '매우 잘 지키고 있다'고 답했고, 42.6%는 '가급적 지킨다'고 했다. 4%는 안전수칙을 지키지 않는 것으로 나타났다.

• 관련 기사: 박용하 기자, 「정부 대응, 신뢰 59%·불신 38%…대구·경북 66%가 "매우 심각"」, 《경향신문》, 2020년 2월 26일.
• 여론조사: 우리리서치, 2020년 2월 22일, 19세 이상 2,000명, 표본오차는 95% 신뢰수준에서 ± 2.2%p.

온라인 수업과
교육 격차

코로나19는 교육 현장에도 큰 변화를 몰고 왔다. 집단감염으로 학교가 문을 열지 못하게 되어 모든 학교가 온라인으로 수업을 진행하게 되었다. 갑작스러운 상황 변화에 교사와 학생, 학부모 모두가 낯설어했지만, 점차 적응해갔다. 높은 교육열과 발전한 정보기술(IT) 수준이 이것을 가능하게 했다.

온라인 수업이 시작된 지 2개월이 지난 2020년 5월 15~18일 공공의창(피앰아이)과 《경향신문》이 학부모들을 대상으로 온라인 등교에 대한 인식과 의견을 물었다.

응답자들은 개학 연기와 온라인 개학 등 단계적 개학에 대체로 찬성했다. 온라인 개학에 찬성하는 의견은 85.8%(매우 찬성 15.5%, 찬성 70.3%)로 반대 14.3(매우 반대 2%, 반대 12.3%)보다 압도적으로 높았

온라인 등교에 대한 인식과 의견

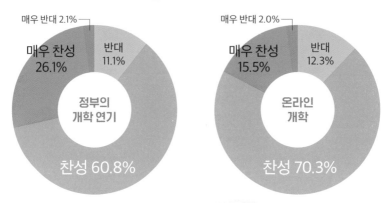

매우 반대 2.1%
매우 찬성 26.1%
반대 11.1%
정부의 개학 연기
찬성 60.8%

매우 반대 2.0%
매우 찬성 15.5%
반대 12.3%
온라인 개학
찬성 70.3%

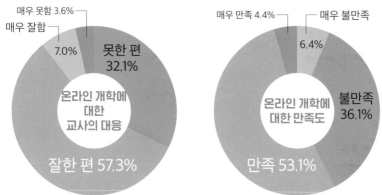

매우 못함 3.6%
매우 잘함 7.0%
못한 편 32.1%
온라인 개학에 대한 교사의 대응
잘한 편 57.3%

매우 만족 4.4%
매우 불만족 6.4%
온라인 개학에 대한 만족도
불만족 36.1%
만족 53.1%

다. 개학 연기에 대해서도 찬성한다는 응답이 86.9%(매우 찬성 26.1%, 찬성 60.8%)로 반대 13.2(매우 반대 2.1%, 반대 11.1%)보다 훨씬 높게 나타났다.

그러나 온라인 교육을 위한 학교와 교사의 준비 정도에는 크게 높은 점수를 주지 않았다. 학교 준비가 긍정적이라는 답변은 68.5%, 교사 준비에 대한 긍정적 답변은 64.3%였다. 온라인 교육의 질이 높다는 답변은 40.8%이며 온라인 교육에 대한 전반적 만족도는 57.5%로 나타났다.

학부모들에게 자녀의 온라인 수업을 직접 지켜보거나 지도해준 적이 있는지를 물었다. 73.1%가 있다고 답했다. 그런데 부모의 온라인 수업 참관과 지도 정도는 소득에 따라 차이가 있었다. 월소득 1,000만 원 이상의 고소득층은 87.8%가 있다고 응답한 반면, 200만 원 이하 저소득층은 그 비율이 53.3%에 그쳤다. 자녀 입장에서 보면 저소득층은 10명 가운데 4~5명, 고소득층은 10명 가운데 1명이 '방치된 채' 학습을 했다는 의미다. 이것은 온라인 등교와 인터넷을 기반으로 한 수업이 교육 격차를 더욱 심화시킬 우려가 있음을 나타낸다.

실제로 학부모들은 온라인 수업으로 인해 교육 격차 발생을 우려하고 있었다. '교육 격차가 매우 커질 것'이라는 응답이 11.6%, '커질 것'이라는 응답이 60.8%였다. 반면 '작아질 것'과 '매우 작아질 것'이라는 응답은 각각 25.0%와 2.6%였다.

자녀의 온라인 수업을 직접 지켜보거나 지도해준 적이 있나

없다
26.9%

전체 응답

있다
73.1%

월소득 기준 학부모 응답

■ 있다 ■ 없다

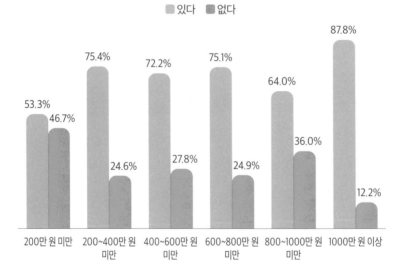

	있다	없다
200만 원 미만	53.3%	46.7%
200~400만 원 미만	75.4%	24.6%
400~600만 원 미만	72.2%	27.8%
600~800만 원 미만	75.1%	24.9%
800~1000만 원 미만	64.0%	36.0%
1000만 원 이상	87.8%	12.2%

학교가 문을 닫는 동안 학원에서 사교육이 진행됐다는 점은 교육 격차를 키우는 요인으로 분석됐다. 교육 당국은 코로나19 집단 감염을 우려해 학교는 문을 닫으면서도 학원 개원은 강제 규정 등이 없다는 이유로 사실상 자율에 맡겼다. 학부모들은 큰 틀에서 학원에 대한 정부 통제가 필요하다고 봤다. 전염병 확산을 이유로 학교가 문을 닫는 상황인데, 학원에서 사교육이 이뤄지는 것은 문제가 있다는 것이다. 학부모들은 강제 휴원 등 학원에 대한 정부 통제에 '매우 찬성' 24.5%, '찬성' 55.1%로 통제가 필요하다는 의견이 79.6%였다.

그런데 학원 개원과 관련한 학부모들의 의견은 소득에 따라 차이를 보였다. 고소득층 학부모는 48.7%가 반대했지만, 저소득층은 60.0%가 반대했다. 강제 휴원 등 사교육 기관에 정부 통제가 필요하다는 응답 비율도 저소득층일수록 높았다.

개학 연기로 인한 우려(복수 응답)로 학부모들은 '친구와의 유대감 형성 부족'(66.4%), '학력 저하'(64.1%), '운동시간 부족'(50.3%) 등을 말했다. 또 교실 수업이 온라인으로 대체되면서 겪은 불편 사항(복수 응답)으로는 '학생들의 공부 패턴, 리듬의 변화'(61.4%), '수업 통제 불능으로 인한 자녀의 집중력 저하'(60.9%), '오프라인 교육 대비 교육의 질'(57.5%) 등을 들었다. '인터넷 접근 환경에 대한 어려움'은 21.0%였다.

온라인 수업 진행 경험은 코로나19 이후의 학교 교육 발전에 긍

온라인 개학으로 인한 교육 격차

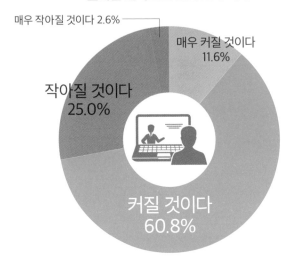

매우 작아질 것이다 2.6%

매우 커질 것이다
11.6%

작아질 것이다
25.0%

커질 것이다
60.8%

학원에 대한 정부 통제(강제 휴원)

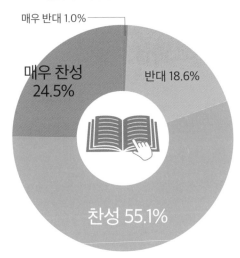

매우 반대 1.0%

반대 18.6%

매우 찬성
24.5%

찬성 55.1%

정적인 영향을 미칠 것으로 보인다. 온라인 수업을 위한 기반과 역량을 갖추어 놓으면 교실 수업과 온라인 수업을 병행하여 교육 효과를 높일 수 있다. 학생 개인의 학습에도 온라인 수업의 장점이 있다. 온라인 수업은 강의를 무한정 반복해서 들을 수 있다. 스스로 계획을 세워 공부할 수도 있다. 그러나 부모나 교사로부터 방치된 학생이나 특수교육 대상자들은 배움에서 완전히 소외될 우려가 있다.

따라서 온라인과 오프라인 교육을 잘 병행해야 한다. 학부모들 역시 같은 생각이었다. 설문 결과 학부모의 76.4%는 "향후 학교 교육과 관련해 개념 설명이나 지식 전달을 위한 강의는 온라인으로 하고 개별화·심화 수업이나 토론은 오프라인(교실)에서 진행하는 식의 학교 교육으로 바뀌어야 한다"고 답했다.

또한, 학부모들은 이번 기회에 수업 외에도 그동안 할 수 없었던 각종 교육 개혁이 이뤄져야 한다고 답했다. 특히 "9월 학기제를 도입해야 한다"는 의견에 학부모의 64.9%가 찬성했다. 9월 학기제는 미국과 유럽은 물론이고 중국까지 시행하고 있어 전 세계 기준으로 자리 잡았다. 9월 학기제가 도입되면 '학제의 국제 통용성' 효과가 있다. 학부모들은 또 유사 상황을 대비한 교육 시스템의 도입이 모색돼야 한다는 의견에 76.4%가 찬성했다.

온라인 개학은 한국 사회에서 학교의 역할을 다시 생각하게 하는 계기가 되었다. 학부모들은 학교가 단순히 지식을 전달하고 습득하는 공간이 아니라고 받아들였다. 학부모의 83.8%는 교육 외에 돌

온라인 개학으로 인해 불편·우려했던 부분

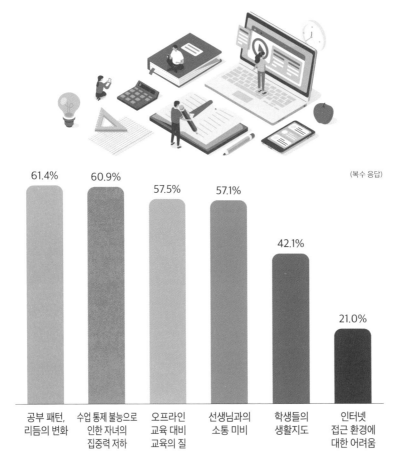

(복수 응답)

61.4%	60.9%	57.5%	57.1%	42.1%	21.0%
공부 패턴, 리듬의 변화	수업 통제 불능으로 인한 자녀의 집중력 저하	오프라인 교육 대비 교육의 질	선생님과의 소통 미비	학생들의 생활지도	인터넷 접근 환경에 대한 어려움

봄 등으로 학교의 기능이 확대돼야 한다고 응답했다. 특히 월소득 200만 원 이하에서는 이 응답률이 93.4%였다. 이에 따라 교사의 역할도 재정립돼야 할 것으로 보인다.

코로나19 사태로 인한 경제 위기는 새로운 교육 약자들을 양산할 우려가 있다. 박남기 광주교대 교수는 《경향신문》과의 인터뷰에서 "이번에 가장 큰 이슈로 부각된 것은 온라인 학습의 효율성과 방치 학생 문제"라며 "취약 계층 자녀, 특수교육 대상자를 비롯한 학습 장애 학생, 학습 흥미도가 낮은 학생, 기초학력 미달 학생, 초등학교 저학년 등 교육 약자를 위해 아직은 대면 교육이 중요하다는 것을 사회가 깨달았다"고 밝혔다. 그리고 조한혜정 연세대 명예교수는 "학교는 재난의 시대에 마을 주민의 대피소이자 아이들과 함께 주민들이 시대 공부를 하는 플랫폼이 돼야 한다"고 말했다.

- 관련 기사: 오창민 기자, 「학부모 10명 중 7명 "온라인수업으로 교육 격차 커질 것"」, 《경향신문》, 2020년 5월 21일.
- 여론조사: 피앰아이, 2020년 5월 15~18일, 전국 학부모 800명 대상 온라인 패널 조사, 초등학교 저학년(1~3학년)과 고학년(4~6학년), 중학교, 고등학교 학부모 각 200명씩 응답.

코로나가 바꾼
장례문화

한국 사회는 경조사를 중시하는 문화를 가지고 있다. 과거에는 형편을 넘는 예식으로 경제적 부담을 지는 일이 잦았다. 과거 권위주의 정부 때는 이를 법률로 세세히 제한하기도 했다. 1999년 2월까지 존재했던 「가정의례에 관한 법률」이 그것이다. 이후 「건전가정의례의 정착 및 지원에 관한 법률」이 제정되었고 2008년에 일부 개정한 후 이어지고 있다. 현재는 과거처럼 가정의례를 '규제'하지는 않고 '권고'하는 수준이다. 개인의 자유로운 선택 영역에 대해 국가가 개입해온 것은 그만큼 폐단을 낳았기 때문이다.

어쨌든 경조사문화는 공동체의 오랜 미풍양속이자 전통으로 받아들여졌다. 장례식이나 결혼식은 가족 범위를 넘어 친척, 이웃, 동료, 친구 등 많은 지인이 함께하는 성대한 행사여야 했다. 청첩장이

코로나 이후 장례문화 변화에 대한 평가

잘 모름
15.2%

부정적
21.1%

긍정적
63.7%

나 부고를 받은 사람은 크게 가까운 사이가 아니더라도 축의금이나 부의금 봉투를 들고 직접 식장에 가서 예식에 참여하는 것이 혼주나 유가족에 대한 기본적인 예의라고 생각해왔다. 상황이 여의치 않으면 식장에 가는 사람에게 봉투를 대신 전달하도록 부탁하는 것이 허용되는 최소한이었다. 계좌번호를 알려주고 송금하는 것을 비난하는 사람도 있었다.

이렇듯 견고한 경조사문화에 균열이 생기기 시작했다. 코로나19는 한국인의 생활문화 깊숙한 곳까지 들어와 변화를 강요하고 압박했다. 감염이 확산되자 정부는 '사회적 거리 두기'와 '집합 금지'를 시행했다. 심지어 5인 이상의 가족이 모이는 것을 금지하던 때도 있

상주 입장에서의 장례문화 변화

모름, 기타
23.4%

계좌이체 등
조의금문화
31.9%

가족장
14%

문상객
방문 자제
16.1%

접객문화 변화
14.6%

조문객 입장에서의 장례문화 변화

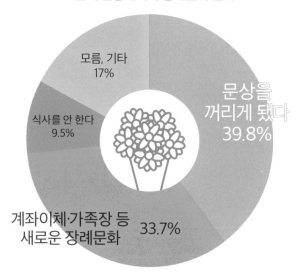

모름, 기타
17%

문상을
꺼리게 됐다
39.8%

식사를 안 한다
9.5%

계좌이체·가족장 등
새로운 장례문화 33.7%

었다. 결혼식과 장례식은 제한적으로 치를 수 있었다. 4m²당 1인 등의 제한을 두었다가, 예식 참석자 수를 100명 이내, 50명 이내와 같이 제한하기도 했다. 좌석 배치 등도 엄격히 규정했다. 회갑이나 칠순연, 돌잔치 등은 친목을 목적으로 하는 행사라고 판단해 아예 금지했다.

또한, 정부의 규제가 아니더라도 결혼식이나 장례식에 사람을 초청하는 것을 꺼리게 되었다. 감염병이 유행하는 상황에서 많은 사람이 모이는 자리를 만드는 것을 부담스럽게 느꼈다. 그리고 감염 우려 때문에 예식 참여를 피하는 사람도 늘었다. 점차 이런 결정이 불가피하며 예의에 어긋나지 않는다는 인식이 커졌다. 강제된 변화였지만, 이로 인해 기존 경조사문화와 인간관계에 대해 돌아보는 계기가 마련되었다. 코로나19는 경조사문화와 인식에 변화를 불러왔다.

코로나19가 불러온 이러한 경조사문화 변화, 그중에서도 장례문화의 변화에 대해 한국인들은 어떤 생각을 가지고 있는지를 여론조사를 통해 살펴보았다. 공공의창(리서치뷰)·《한겨레》·웰다잉시민운동·한국엠바밍은 2021년 3월 10~11일 코로나19 이후 장례문화 변화에 대한 의견을 물었다.

응답자의 58.2%는 "코로나19로 한국 장례 문화에 변화가 생겼다"고 답했다. 특히 전통 장례문화에 익숙한 세대인 50대와 60대에서 '변화가 있다'는 답변이 평균보다 높게 나왔다. 각각 64.6%와 63.2%였다. '변화가 있다'고 답한 응답자들은 상주 입장에서 가장

가장 긍정적인 변화

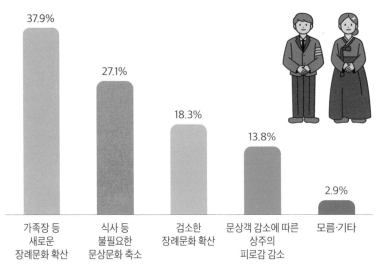

가족장 등 새로운 장례문화 확산	식사 등 불필요한 문상문화 축소	검소한 장례문화 확산	문상객 감소에 따른 상주의 피로감 감소	모름·기타
37.9%	27.1%	18.3%	13.8%	2.9%

한국 장례문화 변화 방향

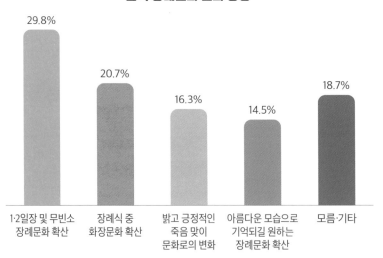

1·2일장 및 무빈소 장례문화 확산	장례식 중 화장문화 확산	밝고 긍정적인 죽음 맞이 문화로의 변화	아름다운 모습으로 기억되길 원하는 장례문화 확산	모름·기타
29.8%	20.7%	16.3%	14.5%	18.7%

큰 변화로 '계좌이체 등 조의금문화(31.9%)'를 꼽았다. 그다음은 문상객 방문 자제(16.1%), 접객문화 변화(14.6%), 가족장(14%) 등이었다. 조문객 입장에서 가장 큰 변화는 '문상을 꺼리게 됐다(39.8%)'였고, '계좌이체·가족장 등 새로운 장례문화(33.7%)', '식사를 안 한다(9.5%)' 등이 뒤를 이었다.

그리고 응답자의 63.7%가 이 같은 장례문화 변화를 긍정적으로 평가했다.

전체 응답자의 76.8%는 문상 이후 장례식장에 머무는 시간이 코로나19 이전보다 줄었다고 답했다. 장례문화 변화에 긍정 평가를 내린 응답자들은 그 이유로 '가족장 등 새로운 장례문화 확산(37.9%)', '식사 등 불필요한 문상문화 축소(27.1%)', '검소한 장례문화 확산(18.3%)', '문상객 감소에 따른 상주의 피로감 감소(13.8%)' 등을 꼽았다.

반면 부정적이라고 답한 응답자(21.1%)들은 '고인과 상주를 위로해주지 못하는 삭막함(62.5%)', '죽음을 통한 사회적 교류의 구심점이 사라짐(17.5%)' 등을 장례문화 변화의 부작용으로 들었다.

응답자 대부분은 코로나19가 종식되더라도 장례문화는 이전으로 돌아가지 않을 것이라고 전망했다. "코로나 이후 한국 장례문화가 어떻게 변화될 것으로 전망하냐"는 질문에 응답자들은 '1·2일장 및 무빈소 장례문화 확산(29.8%)', '장례식 중 화장문화 확산(20.7%)', '밝고 긍정적인 죽음 맞이 문화로의 변화(16.3%)', '아름다운 모습으로 기억되길 원하는 장례문화 확산(14.5%)' 등을 장례문화의 '뉴노멀'

로 꼽았다.

조사에 참여한 황규성 한국엠바밍 대표는 "앞으로도 비대면 장례문화로의 전환이 이루어지고, 문상·식사 대접 등 유족 중심에서 가족장·사전 장례 준비 등 고인 중심 문화로 바뀔 것"이라고 내다봤다. 그리고 원혜영 웰다잉시민운동 대표는 "기존의 우리 장례문화는 고인 추모보다는 자녀 등 연고자 중심의 문화였다. 코로나19가 이에 대한 성찰과 변화의 계기가 된 것"이라고 짚었다.

• 관련 기사: 김윤주 기자, 「문상 줄고 가족 중심 추모로 "코로나가 바꾼 장례문화 바람직"」, 《한겨레》, 2021년 3월 19일.
• 여론조사: 리서치뷰, 2021년 3월 10~11일, 전국 19세 이상 1,000명, ARS, 표본오차는 95% 신뢰수준에서 ±3.1%p.

코로나19와
쓰레기 문제

'코로나 트래쉬(Corona Trash)'라는 신조어가 있다. 코로나19 기간에 생긴 엄청난 쓰레기를 뜻한다. 사회적 거리 두기가 시행되면서 매장이나 식당을 방문하는 대신 택배와 배달 음식을 이용하는 경향이 크게 증가했다. 그리고 커피숍 등에서도 다른 사람이 사용했던 컵을 쓰는 것을 꺼림칙하게 여겨 일회용 컵을 사용하는 일이 잦았다. 일회용품의 주된 재료인 플라스틱 쓰레기가 늘 수밖에 없는 구조다. 2023년 3월 22일 그린피스가 발표한 「플라스틱 대한민국 2.0 보고서」에 따르면 2021년에만 총 1,193만 2,000톤의 플라스틱 폐기물이 발생했다. 2017년보다 49.5% 증가한 양이다.

코로나19 이후에도 일회용 플라스틱 제품을 사용하는 생활문화가 그대로 유지된다면, 플라스틱 쓰레기 증가는 걷잡을 수 없을 것

코로나19에 따른 쓰레기 문제

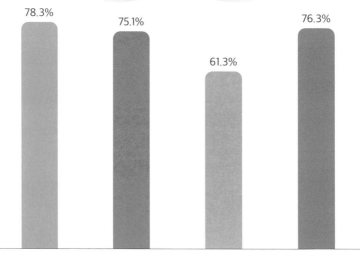

78.3%
코로나19 이전보다
환경오염이나
쓰레기 문제에 대한
관심이 커졌다

75.1%
코로나19 이후
쓰레기 문제 해결을
위해 더
노력하고 있다

61.3%
우리 집의
쓰레기 배출량이
코로나19 전보다
늘었다

76.3%
코로나19 이전보다
쓰레기 문제가
심각해졌다

이다. 플라스틱은 자연 분해가 어렵다. 그래서 토양과 해양을 오염시키는 주된 원인으로 꼽힌다. 코로나19의 고통을 겪으며 일회용품 사용을 느슨히 푼 것이 사실이다. 하지만 플라스틱 쓰레기를 줄이려는 공공과 개인 차원의 적극적인 노력이 전개되어야 할 것이다.

물론 코로나19 기간에도 쓰레기 절감 노력이 없지는 않았다. 예를 들어 행정복지센터(동주민센터)에 페트병을 가지고 오면 쓰레기 종량제봉투를 주는 식의 캠페인을 하기도 했다. 장바구니 대신 에코백을 쓰고 텀블러를 챙기는 등 생활 속에서 쓰레기를 줄이려는 시민의 움직임도 있었다.

코로나19 확산으로 일회용품 사용이 늘어난 상황에서 쓰레기 절감에 대해 어떻게 생각하는지를 조사했다. 2021년 9월 11~12일, 공공의창(조원씨앤아이)·쓰레기센터·《한겨레》가 여론조사를 진행했다.

응답자들 대부분이 코로나19 장기화 속에서 쓰레기 문제가 심각해졌다는 인식을 하고 있었다. "코로나19 발생 전과 비교했을 때 쓰레기 문제가 심화됐다고 생각하나"라는 질문에 응답자의 76.3%가 '그렇다'고 답했다. 그리고 응답자의 61.3%는 실제로 자신의 가구에서 코로나19 전보다 쓰레기 배출량이 늘어났다고 답했다.

쓰레기 문제의 심각성을 자신의 주변에서 느끼는 응답자들은 쓰레기 문제 해결 노력에도 적극적이었다. 응답자의 75.1%가 '코로나19 이후 쓰레기 문제 해결을 위해 더 노력하고 있다'고 답한 것이다. 코로나19 발생 전과 비교했을 때 환경오염이나 쓰레기 문제에 대한

평소 물건을 구매할 때 쓰레기 처리에 대한 여부도 고민하나?

그렇다 80.6%   아니다 19.4%

제조사의 친환경정책 추진·쓰레기 절감 노력 여부가 평소 제품 구매에 영향을 미치는가?

그렇다 73.2%   아니다 26.8%

쓰레기 관련 정보를 전하는 정부나 지자체 등의 홍보나 교육은 충분한가?

부족하다 65.2%   충분하다 29.5%

모름 5.3%

관심도가 높아졌다는 응답자도 78.3%였다.

쓰레기 문제는 시민들의 소비에도 영향을 미치는 것으로 나타났다. "평소 물건을 구매할 때 쓰레기 처리에 대한 여부도 고민하나"라는 질문에 80.6%가 '그렇다'고 답했다. 제조사의 친환경 정책 추진·쓰레기 절감 노력 여부가 평소 제품 구매에 영향을 미친다고 답한 응답자도 73.2%에 달했다.

일상생활에서 쓰레기 분리배출 시 어떤 부분이 가장 불편했는지를 묻자 '분리배출 기준'이라는 응답이 26.0%로 가장 많이 나왔다. 쓰레기 관련 정보를 전하는 정부나 지자체 등의 홍보나 교육이 '부족하다'는 응답이 '65.2%', '충분하다'는 응답은 29.5%로 조사되었다. 시민들이 복잡한 쓰레기 분리 배출 방법에 혼란스러워하는 모습이 느껴진다.

조사에 참여한 이동학 쓰레기센터 대표는 "코로나19 이후 쓰레기 문제에 대한 시민들의 관심이 커졌는데, 관련 홍보나 교육은 부족한 상황이다. 정부가 환경 관련 교육이나 홍보를 확대할 필요가 있다"며 "기업도 시민들의 친환경 요구에 맞춰 발 빠르게 움직여야 한다"고 말했다.

- 관련 기사: 김윤주 기자, 「시민들 일상이 된 쓰레기 절감 노력…기업은 얼마나 하고 있나요?」, 《한겨레》, 2021년 9월 23일.
- 여론조사: 조원씨앤아이, 2021년 9월 11~12일, 전국 19세 이상 1,000명, ARS, 표본오차는 95% 신뢰 수준에서 ±3.1%P.

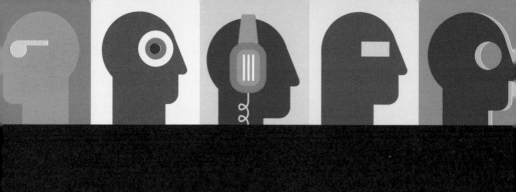

5장
한국의 청춘들

마음의 문을 닫고
고립된 청년들

2009년에 개봉한 〈김씨 표류기〉라는 영화가 있다. 이해준이 감독을, 정재영과 정려원이 주연을 맡았다. 자살 시도를 했다가 한강 밤섬에 불시착한 후 그곳에서 살기로 결심한 중년 남성을 멀리서 한 청년 여성이 지켜본다. 그런데 그녀는 좁고 어두운 방을 온 세상으로 삼고 살아간다. 문밖으로 나오지 않고 어머니와의 대화도 문자 메시지로만 한다. 영화 속 그녀를 통해 고립 청년의 삶이 세상에 널리 알려졌다. 그보다 앞선 2005년에도 KBS 〈추적 60분〉에서 연락을 두절한 채 스스로 방 안에 자신을 가두는 고립 청년을 이야기를 다루었었다.

안타깝게도 고립 청년은 점점 더 늘어나는 추세이다. 학창 시절부터 무한경쟁에 내몰려 살아남아야 한다는 압박감을 느끼고 학교

가족 외에는 만나지 않는 고립 상태를 경험한 적 있나

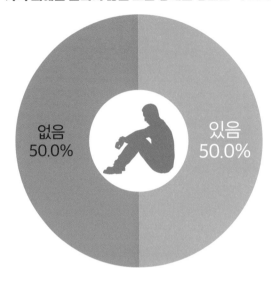

정서적으로 의지할 사람 없거나 심리적 고립감을 경험한 적 있나

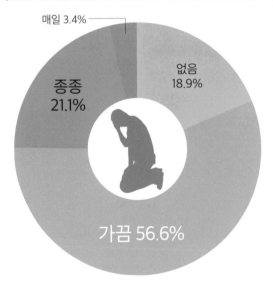

폭력, 가정폭력, 진학 실패 등 부정적 경험의 그림자 속에 있는 청년들이 주변의 도움조차 기대하지 못하게 되자 '마음의 문'을 닫아버린 것으로 분석된다.

많은 청년이 초반에는 주변의 연락이 뜸해져 정서적으로 고립감을 느끼다가 서서히 집 밖을 나가지 않으면서 물리적 고립의 소용돌이에 빠져들었다. 일부 청년은 고립 기간이 길어져 사회적 관계가 끊어진 '은둔 청년'이 됐다.

고립 청년의 실태를 알고 원인을 분석하며 해결책을 찾기 위해 공공의창(서던포스트)과 《서울신문》이 2022년 7월 6~13일, 20~39세 청년 500명을 대상으로 온라인 설문조사를 진행했다.

먼저 가족 외 타인과 직접적인 접촉 없이 생활 유지에 필요한 최소한의 외출만을 하거나 전혀 외출하지 않는 상태인 물리적 고립을 경험한 적이 있는지를 물었다. 응답자의 50%가 물리적 고립을 경험한 적이 있다고 대답했다. 고립을 경험한 적이 있는 응답자 중 고립 기간은 '1개월 이내'가 36.1%로 가장 많았고 '1개월 이상~3개월 이내' 31.3%, '3개월 이상~1년 이내' 19.8% 순이었다. 1년 이상 고립 상태를 경험했다는 비율도 12.8%였다.

"정서적으로 의지할 사람이 없거나 혼자뿐이라는 심리적 고립감을 느낀 적이 있느냐는 질문"에는 81.1%가 '그렇다'고 답했다. 그렇다고 답한 응답자 중에는 '가끔 고립감을 느낀다'는 비율이 56.6%로 가장 많았고 '종종 느낀다'(21.1%), '매일 느낀다'(3.4%)가 뒤를 이었다.

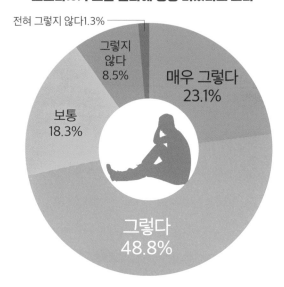

코로나19가 고립 심화에 영향 미쳤다고 보나

전혀 그렇지 않다 1.3%

그렇지 않다 8.5%

매우 그렇다 23.1%

보통 18.3%

그렇다 48.8%

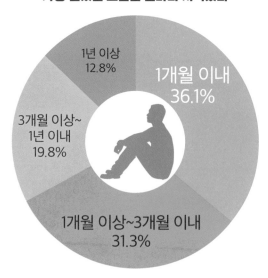

가장 길었던 고립은 얼마나 지속됐나

1년 이상 12.8%

1개월 이내 36.1%

3개월 이상~1년 이내 19.8%

1개월 이상~3개월 이내 31.3%

응답자의 26.7%가 고립의 원인으로 '성격 등 개인 문제'를 꼽았다. 그다음 순위는 '대학·취업 등 실패 경험'(19.4%), '소득·주거 등 경제적 문제'(14.2%), '따돌림·폭력 경험'(12.9%) 등이었다.

코로나19가 고립을 심화시키는 데 영향을 미쳤느냐는 질문에 71.9%가 그렇다고 했다. 이 중 '매우 그렇다'는 답변도 23.1%나 됐다. 코로나19는 아슬아슬하게 버텨온 청년들의 일상을 흔든 것으로 보인다. 일자리가 사라지고 대면 활동이 줄어든 게 결정적이었을 것이다. 코로나19가 고립을 심화시키는 데 영향을 미쳤다는 비율은 연령이 낮아질수록 더 높게 나타났다. 20~24세 여성의 경우 이 비율이 85.5%까지 치솟았다.

물리적 고립을 경험했다는 응답은 여성(53.1%)이 남성(47.1%)보다 더 많지만, 1년 이상 고립 기간을 겪은 응답자는 남성(14.7%)이 여성(11.0%)보다 많았다. 비영리 사단법인 '오늘은'은 고립 기간에 따라 일시적 고립(1주일 미만), 경계성 고립(1주일 이상~3개월 미만), 고위험 고립(3개월 이상)으로 구분한다. 이 단체의 강국현 사무국장은 《서울신문》과의 인터뷰에서 "일주일 또는 한 달가량 고립에 빠졌다가 나온 뒤 다시 고립에 빠지면서 길어지는 경우가 많은데 이때 더 심각해지지 않도록 해야 한다"면서 "가족의 역할이 작동하거나 정부나 지방자치단체의 지원이 효과를 낼 수 있는 것도 이 시기"라고 말했다. 연령대별로는 30~34세의 경우 '1개월 이내 고립'(32.8%)보다 '1개월 이상~3개월 이내 고립'(39.7%)이 더 높게 나왔다. 특히 30~34세 남성

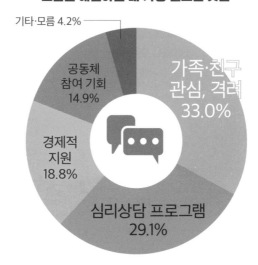

고립을 해결하는 데 가장 필요한 것은

기타·모름 4.2%

공동체
참여 기회
14.9%

가족·친구
관심, 격려
33.0%

경제적
지원
18.8%

심리상담 프로그램
29.1%

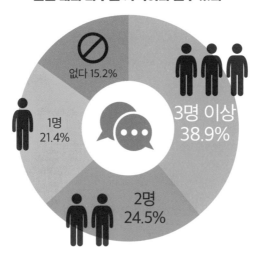

깊은 대화 나누는 가족이나 친구 있나

없다 15.2%

1명
21.4%

3명 이상
38.9%

2명
24.5%

은 1년 이상 고립 비율도 18.5%에 달했다.

고립 기간이 길어질수록 고립 상태에서 벗어나기도 어렵고 삶에 대한 만족도가 떨어질 수밖에 없다. 일본은 사회적 참여 없이 6개월 이상 집에 머문 상태를 은둔형 외톨이(히키코모리)로 정의하지만 우리나라는 아직 통일된 기준이 없다.

청년들에게 "깊은 대화가 가능한 가족이나 친구·지인이 있는지"를 물었다. '3명 이상'이라고 응답한 비율은 38.9%였다. '1명'은 21.4%, '없다'는 응답은 15.2%였다. 깊은 대화가 가능한 주변 사람이 없다는 응답은 20대(12.0%)보다 30대(18.3%)가 더 많았다. 도시 규모가 커질수록(농어촌→중소도시→대도시→서울) 주변에 대화할 사람이 없다는 응답 비율이 높아지는 경향도 보였다.

"고립의 원인에 사회 구조적 영향이 있는지"에 대해서도 질문했다. '그렇다'는 답변이 76.1%나 되었다. 경쟁 사회가 고립을 부추긴다는 뜻으로 해석된다. 그러면서도 응답자 중 가장 많은 26.7%는 고립의 내적 원인으로 성격 등 개인 문제를 꼽았다는 점이 눈에 띈다. 취업을 준비할 시기인 25~29세에서만 '실패 경험'(26.5%)이 성격 등 개인 문제(19.6%)보다 높게 나왔다. 조사를 진행한 서던포스트 정우성 대표는 "정부 차원의 예방·해결책이 필요한데 오히려 청년들이 고립을 개인의 문제로 인식하고 있었다"고 했다.

고립 해결에 가장 필요한 것으로 가족이나 친구의 관심·격려를 꼽은 비율이 33.0%로 가장 많았다. 심리 상담 프로그램(29.1%), 경제

현재 삶의 상태에 대해 어떻게 생각하나

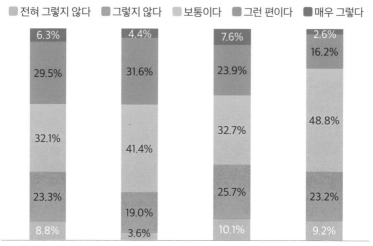

불안하고 막막하다 · 자유롭고 편안하다 · 외롭고 무기력하다 · 활기차고 기대된다

■ 전혀 그렇지 않다 ■ 그렇지 않다 ■ 보통이다 ■ 그런 편이다 ■ 매우 그렇다

고립의 원인은 무엇이라고 생각하나

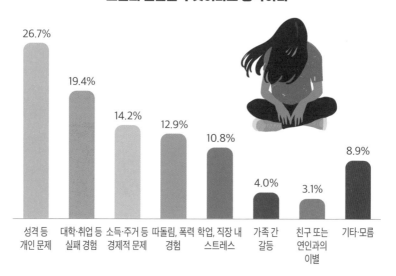

성격 등 개인 문제 26.7% · 대학·취업 등 실패 경험 19.4% · 소득·주거 등 경제적 문제 14.2% · 따돌림, 폭력 경험 12.9% · 학업, 직장 내 스트레스 10.8% · 가족 간 갈등 4.0% · 친구 또는 연인과의 이별 3.1% · 기타·모름 8.9%

적 지원(18.8%), 공동체 참여 기회(14.9%) 등이 뒤를 이었다.

전문가들은 청년 고립을 막으려면 아동·청소년기부터 관심과 관리가 필요하다고 말한다. 조사에서 고립 경험 청년 중 75.8%는 첫 고립 시기로 20세 이후를 꼽았다. 사회에 첫발을 내딛는 시기인 청년기에 여러 요인으로 혼자가 돼 버리는 고립 증상이 발현되기 시작했다는 것이다. 10대 때 고립을 처음 경험했다는 청년은 23.4%였다. 그런데 전문가들은 청년기 고립이 발생하는 건 아동·청소년기 혹은 그전부터 어떤 문제가 쌓여왔기 때문이라고 지적한다. 청년 고립을 예방하려면 오히려 청년에게 초점을 맞추지 않아야 한다는 설명이다.

유민상 한국청소년정책연구원 연구위원은 《서울신문》과의 인터뷰에서 "고립은 특정한 '상태'이며 부정적 경험이 누적되다가 마지막 단계에 나타나는 것이지 어느 순간 갑자기 고립되는 게 아니다. 고립이 심화되기 전 단계에서 취약한 특성을 지닌 아동·청소년에게 지원을 해야 한다"고 말했다.

고립·은둔청년 상담 지원 등을 하는 사단법인 '씨즈'의 오오쿠사 미노루 고립청년지원팀장은 《서울신문》과의 인터뷰에서 "무한경쟁의 교육 시스템과 평가를 통해 자존감이 바닥으로 치닫는 환경이 사람들을 고립과 은둔으로 내몰기 때문에 은둔 자체에만 관심을 갖고 사후적으로 대응해서는 근본적 문제 해결이 안 된다. 교육제도 및 학교 현장, 가족 지원, 직업의 다양성 인정 등 분야별 구체적인 개입을 해야 한다"고 지적했다. 그리고 고립 기간만큼 회복이 필요하기 때문에 힘든 상황이 길어지더라도 "기다려줄 수 있다"는 믿음을 주는 게 중요하다는 게 전문가들의 지적이다.

• 관련 기사: 신융아·김헌주 기자, 「학폭·가족 갈등·입시 실패로 시작된 '은둔'… 관심·격려가 절실했다」, 《서울신문》, 2022년 7월 18일.
• 여론조사: 서던포스트, 2022년 7월 6~13일, 20~29세 청년 500명, 온라인 설문조사.

청년,
정치를 말하다

선거 때는 우리 사회의 다양한 요구와 정치적 목소리가 분출된다. 이때 나온 이야기들을 귀담아들을 필요가 있다. 제20대 대통령 선거(2022년 3월 9일)를 목전에 둔 2022년 2월 26일 공공의창(코리아스픽스)과 《한겨레》는 '청년 5일장 메타버스 토론회'를 열고 청년들의 목소리를 경청했다.

메타버스(Metaverse)는 가공을 뜻하는 메타(Meta)와 현실 세계를 의미하는 유니버스(Universe)를 합친 말이다. 사람들이 가상 공간에서 아바타 등을 활용해 만나고 대화를 이어가며 소통하는 것을 뜻한다. 메타버스 공간은 코로나19 확산으로 원격수업과 재택근무 등이 일상화되면서 각종 회의나 공식 행사, 뒤풀이 등을 벌이는 가상 모임 공간으로 주목을 받았다.

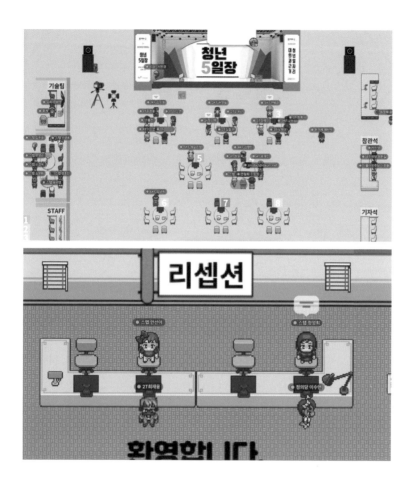

　'청년 5일장 메타버스 토론장'은 '게더타운'이라는 메타버스 플랫폼을 활용했다. 토론 참여자들은 1990년대 후반 유행했던 '롤 플레잉 게임'(Role Playing Game, RPG)과 유사한 디자인의 2D 캐릭터를 직접 꾸미며 토론장에 입장했다. 사용자는 컴퓨터의 방향키와 마우스로 캐릭터를 직접 이동시키며 토론장 곳곳을 둘러보거나, 다른 참여자

시간	T	구분	청년유권자가 말하는 대선 청년일자리 쟁점
4:25	2T	불균형 해소	이중 노동시장이 가장 문제이다. 청년들이 비정규직으로 시작하게 되면 이후 정규직으로의 전환이 어렵기 때문이다.
4:27	1T	취업지원	전공과 일자리 매칭이 중요하다. 졸업한 후 전공을 살릴 방법이 없다. 친환경정책으로 흐름이 바뀌면서 공대도 요즘 갈 곳이 없다. 전공과 무관한 일자리를 찾게 되고 전공과 무관한 일자리로 인해 교육에 들어가는 시간이 많아지면서 사회로 나가는 시간이 점점 늦어지고 있다.
4:28	2T	불균형 해소	중앙과 지방의 일자리 격차해소가 가장 큰 문제라고 생각한다. 인프라, 교육, 일자리에 이르기까지 수도권에 집중화가 되어있기 때문이다. 지역에 다양한 창업이나 주요기업 등 양질의 일자리가

들과 소통했다. 캐릭터가 상대방 캐릭터에 가까이 가면 '화상' 화면 창이 열려 화면을 보면서 대화도 가능했다.

'청년 5일장 메타버스 토론장'은 실제 토론이 주요하게 이뤄지는 주 토론장을 중심으로, 참가자 출석 확인과 토론장 안내를 담당하는 안내 데스크, 민주당·국민의힘·정의당·국민의당 등 원내 4개 정

당들의 사무소, 대선 후보의 공약을 확인할 수 있는 공약 게시판 등으로 구성됐다. 그 외에 기자석, 다과 공간 등 실제 현실의 토론장 모습과 유사하게 재현됐다.

　권지웅 더불어민주당 청년선대위 공동선대위원장, 이주형 민주당 정책본부 청년팀장, 박민영 국민의힘 청년보좌역, 이수연 정의당 청년 정책 담당자, 최한길 국민의당 20대 특위 총괄본부장 등 대선 후보 캠프 관계자들이 참석했다.

역대 대선 처음으로 청년 유권자와 대선 후보 캠프가 메타버스(Metaverse) 공간을 활용해 토론을 벌였다. 청년들과 원내 4개 정당(더불어민주당·국민의힘·정의당·국민의당) 대통령선거 후보 캠프 관계자 등 50여 명이 모여 '청년 일자리 문제'를 주제로 숙의토론을 진행했다. 후보 캠프에서 청년 일자리 정책을 소개한 뒤 청년 참여자들이 소그룹과 전체 토론을 벌였고, 토론 이후엔 참여자들이 메타버스 토론장에 마련된 정당별 사무소로 찾아가 개별 질의응답을 이어가는 방식이었다.

토론에서는 '일자리 관련 불균형 해소'가 가장 시급한 과제라는 의견을 제시되었다. 불균형 해소, 디지털 대전환, 취업 지원, 노동환경 개선, 중소기업 지원, 청년 창업 지원 강화, 일과 삶의 균형 등 대선 후보들의 주요 청년 일자리 정책 가운데 '불균형 해소'를 중요한 과제로 가장 많이 언급했다. 정규직과 비정규직, 서울과 지역, 대기업과 중소기업 간 일자리 격차 해결이 우선시돼야 한다는 주장이 많이 나왔다.

한번 비정규직이 되면 정규직이 되기 어렵다. 정규직 전환이 어려운 이중 노동시장 문제를 해결해야 한다. (참가 청년)

서울과 지방의 일자리 격차가 심하다. 지역 일자리 창출 기업에 지원을 강화해야 한다. (참가 청년)

일자리 양극화 해소가 필요하다. 고용의 90% 이상은 중소기업이 담당하는데 최저임금과 근로조건이 좋지 않은 문제가 있다. (참가 청년)

청년 일자리 문제를 해결하겠다는 정치적 수사들은 적어도 10년은 넘게 들었던 것 같지만 여전히 답은 마땅치 않은 상황. (온라인 댓글)

(많은 사람이) 중소기업에서 일하는데, 일자리를 창출하는 것보다 일터를 어떻게 좋게 만들 것인지 신경 써야 한다는 지적에 공감했다. … 질문이 상세하게 나오는 것에서 참고할 게 많았다. (이주형 민주당 정책본부 청년팀장)

일자리가 풀타임뿐만 아니라 '알바 자리'도 줄었다. 정치인들이 언론에 보이지 않는 청년들의 삶을 들여다보고 목소리를 대신 내주었으면 좋겠다. (참가자)

대선 주자가 해줄 수 있는 최고의 약속은 청년들에게 일시적이고 단기적인 이전소득의 제공이 아니라 미래 청년들이 어려움을 겪지 않을 수 있는 교육 개혁이다. (참가자)

정당별 사무소로 찾아온 분들과 개별적으로 이야기를 나눈 게 유익했다. … 자신의 전공을 써먹고 싶다는 이들은 많은데 교육정책과 일자리정책이 분리되어 있다는 것을 새롭게 느꼈다. (이수연 정의당 정책 담당자)

'좋소'가 무엇인지 아는가? 인터넷에서 열악한 처우 등을 이유로 중소기업을 혐오하는 의미로 많이 쓰이는 단어이다. '좋소'라고 비아냥 받는, 하지만 실제 일자리 상당 비중을 차지하는 게 중소기업 일자리이다. 일자리 몇 개를 창출하겠다는 논의보다는 '좋은 일자리' 숫자가 부족하다로 관점을 바꿔야 한다. (참가자)

• 관련 기사: 이완·채반석 기자, 「청년이 '메타버스 대선 토론장'서 말했다…"한번 비정규직 되면…"」, 《한겨레》, 2022년 3월 2일.
• 토론 진행: 코리아스픽스, 2022년 2월 26일.

기존 조사

일자리 정책에 관한 청년들의 인식을 살펴볼 수 있는 기존 조사가 있다. 2018년 9월 12~13일, 공공의창(우리리서치)과《한겨레》, LAB2050은 전국 성인 850명을 세대별로 나누어 모바일 웹조사를 진행했다.

20~30대가 생각하는 실효성 높은 일자리 정책은?(2개 선택)

취약 계층 공공근로 일자리를 늘린다	
시장 규제를 줄여 기업의 불편을 해소해준다	
구직자에게 교육을 지원한다	
창업하려는 사람을 지원한다	
공무원 또는 공공기관 일자리를 늘린다	
채용을 장려하기 위해 기업에 지원금을 준다	
구직자에게 조건 없이 일정 기간 현금을 지원한다	

청년 일자리 정책의 바람직한 방향은?

장기근속할 수 있는
일자리에 더 많은
청년이 들어가도록
해야 한다
62.4%

학력과 경력과 관계없이
원하는 일을 하는 데
차별받지 않도록
해야 한다
48.1%

청년이 구직 중
생계 위협을 느끼지
않도록 안전망을
강화해야 한다
30.0%

시장 원리에 따라
취업과 창업이
이뤄지도록, 정부는
개입하지 말아야 한다
18.5%

청년이 졸업 후나
퇴사 후 최대한
공백 기간 없이
취업하도록 해야 한다
14.3%

청년이 구직
활동을 중단하거나
포기하지 않도록
관리해야 한다
11.6%

이대남과 이대녀의
다른 시각

역대 선거에서 20대는 전통적으로 민주당계 정당의 지지가 강했다. 남녀 차이도 크지 않았다. 노년 층이 보수 정당에 젊은 층이 진보적인 성격의 정당에 더 많은 표를 주는 것은 자연스럽게 받아들여졌다. 세대별 투표 경향에서 남녀의 성별 차이가 중요하게 부각되지 않았다. 그런데 우리 사회에 페미니즘 열풍이 강하게 불어닥친 2018년, 20대의 정치적 입장에 성별 차이가 감지되기 시작했다.

2018년 12월 10~14일, 여론조사업체 리얼미터가 YTN 의뢰로 시행한 여론조사 결과에서 특이한 경향이 감지되었다. 성인 2,509명을 대상으로 진행한 조사에서 문재인 대통령의 국정 수행 지지율은 48.5%로 한 주 전보다 1.0%P 하락한 수치를 보였다. 그런데 연령과 성별 지지율에서 뚜렷한 변화가 나타났다.

20대에서 남녀 간 지지율이 극명하게 엇갈리고 있다는 조사 결과가 나왔다. 20대 남성의 문 대통령 국정 수행 긍정 평가는 29.4%로 모든 연령층 가운데 가장 낮았다. 반면 부정 평가는 64.1%로 전 연령층 중 가장 높았다. 하지만 20대 여성들은 응답자의 63.5%가 긍정 평가를 했다. 이에 대해 리얼미터는 "20대 중에서 남성은 더 이상 핵심 지지층이 아니고 오히려 핵심 반대층으로 돌아섰다. 종교적 병역 거부자에 대한 대체복무제 논란, 청년세대의 남성과 여성 간 혐오가 심화되는 현실과 무관치 않다"라고 분석을 내놓았다.

이른바 '이대남'과 '이대녀'의 정치적 갈등 양상이 보이기 시작한 것이다. 이런 경향을 더 자세히 살펴보기 위해 2018년 12월 2~3일 성인 1,018명을 대상으로 공공의창(리얼미터)과 《국민일보》가 여론조사를 진행했다.

한국 사회에서 가장 심각한 사회 갈등 요인이 무엇이냐는 질문에 20대의 56.5%가 '성 갈등'이라고 답했다. 이는 50대의 6.7%, 60대 이상의 8.3%보다 월등하게 높은 수치이며 인접한 연령층인 30대의 28.3%, 40대의 13.3%보다도 매우 높다. 20대가 남녀 간 갈등에 대해 예민하게 받아들이고 있음을 알 수 있다.

"페미니즘 운동을 지지합니까"라는 질문에 20대 남성의 75.9%가 반대한다고 답했고 20대 여성의 64%가 지지한다고 응답했다. 30대 남성은 66.1%가 반대, 14.1%가 지지 의견을 밝혔다. 30대 여성은 44%가 지지, 30.4%가 반대한다고 답했다. 30대와 비교할 때 20대의

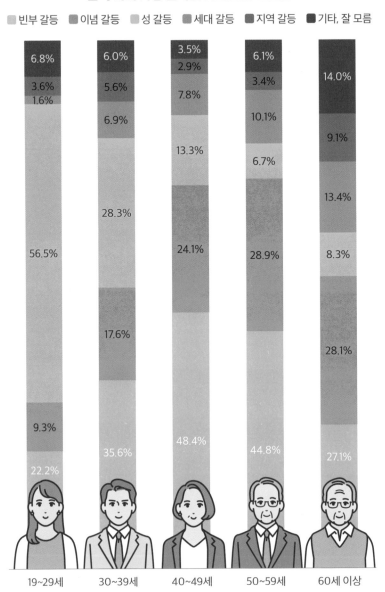

한국 사회 가장 심각한 사회 갈등 요인은

빈부 갈등　이념 갈등　성 갈등　세대 갈등　지역 갈등　기타, 잘 모름

19~29세
- 6.8%
- 3.6%
- 1.6%
- 56.5%
- 9.3%
- 22.2%

30~39세
- 6.0%
- 5.6%
- 6.9%
- 28.3%
- 17.6%
- 35.6%

40~49세
- 3.5%
- 2.9%
- 7.8%
- 13.3%
- 24.1%
- 48.4%

50~59세
- 6.1%
- 3.4%
- 10.1%
- 6.7%
- 28.9%
- 44.8%

60세 이상
- 14.0%
- 9.1%
- 13.4%
- 8.3%
- 28.1%
- 27.1%

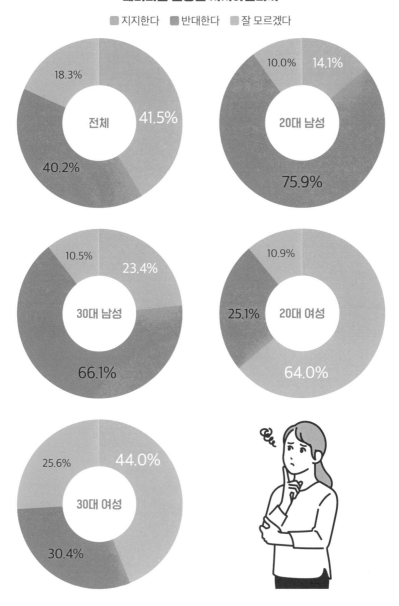

페미니즘 운동을 지지하십니까

지지한다 반대한다 잘 모르겠다

전체
41.5%
40.2%
18.3%

20대 남성
14.1%
75.9%
10.0%

30대 남성
23.4%
66.1%
10.5%

20대 여성
64.0%
25.1%
10.9%

30대 여성
44.0%
30.4%
25.6%

페미니즘 운동을 지지하는 이유는 무엇입니까

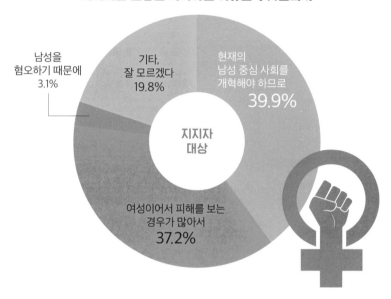

남성을
혐오하기 때문에
3.1%

기타,
잘 모르겠다
19.8%

현재의
남성 중심 사회를
개혁해야 하므로
39.9%

지지자
대상

여성이어서 피해를 보는
경우가 많아서
37.2%

페미니즘 운동을 반대하는 이유는 무엇입니까

기타,
잘 모르겠다
13.6%

사실상
일방적인
남성 혐오이기
때문에
38.2%

고유의 문화나
가치관에
맞지 않기 때문에
18.3%

반대자
대상

남녀 차이를 인정하지 않는
여성의 태도이므로
29.9%

20대 남성의 투표 결과

정당	민주당계 정당	보수정당
2020 총선	47.70%	40.50%
2022 대선	36.30%	58.70%
2022 지선	32.90%	65.10%

성별 인식 격차가 훨씬 컸다.

　페미니즘을 지지한다고 밝힌 응답자들은 그 이유로 "현재의 남성 중심 사회를 개혁해야 하므로"(39.9%), "여성이어서 피해를 보는 경우가 많아서"(37.2%)를 꼽았다. 반면 페미니즘을 반대한다는 응답자들은 그 이유로 "사실상 일방적으로 남성을 혐오하기 때문에", "남녀 차이를 인정하지 않는 여성의 태도이므로", "고유의 문화나 가치관에 맞지 않기 때문에"를 들었다.

　20대 남녀의 정치적 의견 차이는 이후로도 계속 커졌다. 특히 20대 남성의 보수 정당 지지 경향이 굳어지는 분위기이다. 2020년 총선까지만 해도 민주당계 정당에 대한 지지가 더 높았만, 2022년 대통령 선거와 지방 선거에서는 보수 정당에 더 많은 표를 주었다.

• 관련 기사: 백상진 기자, 「가속화되는 '이남자(20대·남성·자영업자 지지율 하락)' 현상」, 《국민일보》, 2018년 12월 20일.
• 여론조사: 리얼미터, 2018년 12월 2~3일, 전국 18세 이상 1,018명, 표본오차는 95% 신뢰수준에서 ± 3.1%P.

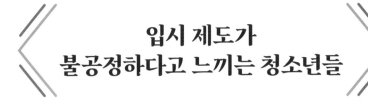

입시 제도가
불공정하다고 느끼는 청소년들

　　2019년 하반기에 들어서면서 조국 전 법무부 장관 자녀의 입시 특혜 논란이 불거졌다. 이는 우리나라 입시 전반의 불공정 문제로 이어지며 사회적인 쟁점으로 번졌다. 2019년 11월 28일 정부는 '대입제도 공정성 강화 방안'을 발표했다. 서울 주요 대학 16곳의 정시 비중을 40% 이상으로 늘리는 '수능 강화'가 골자였다. 여기에는 '수능 중심의 정시가 더 공정하다'는 기성세대의 인식이 반영되었다. 그렇다면 입시 당사자인 청소년들은 어떤 생각을 갖고 있을까? 이것을 살펴보기 위해 여론조사를 진행했다. 공공의창(피플네트웍스)·한국청소년재단·《국민일보》는 2019년 12월 20일부터 2020년 1월 11일까지 서울 지역 초·중·고등학생 500명을 대상으로 온라인 및 면접 조사를 했다.

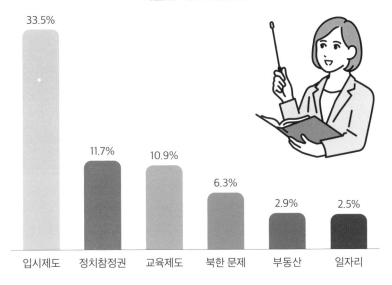

시급한 국가 과제는?

33.5%
11.7%
10.9%
6.3%
2.9%
2.5%

입시제도　정치참정권　교육제도　북한 문제　부동산　일자리

　학생들에게 해결되어야 할 시급한 국가 과제가 무엇인지(중복 응답)를 물었다. '입시제도'(33.5%)가 1위로 꼽혔다. 이어 '정치참정권'(11.7%), '교육제도'(10.9%) 순이었다. '북한 문제'(6.3%), '부동산'(2.9%), '일자리'(2.5%) 등 사회 현안에 대한 관심은 낮았다. 자신의 진로와 직접 관련된 관심사가 가장 높게 나타나는 것은 예상된 일이었다.

　다만, 입시에 치중되어 환경, 노동, 저출산 등 거시적 이슈에는 관심이 부족한 것이 아쉽다는 게 전문가들의 분석이었다.

　"우리나라 입시제도는 공정한가?"라는 질문에 대해 고등학생 응답자의 78%, 중학생의 61.9%가 부정적인 대답을 했다. 고등학생

대입 제도 공정성 등에 대한 중·고교생 응답

■ 매우 그렇다 ■ 어느 정도 그렇다 □ 별로 그렇지 않다 ■ 전혀 그렇지 않다

20명

105명

123명

우리나라
입시제도가
공정하다고
생각하나

176명

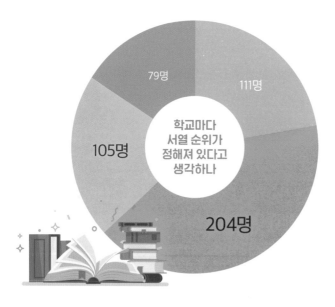

79명

111명

105명

학교마다
서열 순위가
정해져 있다고
생각하나

204명

은 입시 공정성에 대해 '전혀 그렇지 않다'(37%), '별로 그렇지 않다'(41%)로 답했다. 입시 공정성에 대한 고등학생과 중학생의 의견 차이가 다소 존재하는 것은 입시가 내 일로 닥칠수록 제도가 불공정하다고 느낀다는 의미로 보인다. 그리고 여학생(78.3%)이 남학생(59.6%)보다는 더 입시제도가 불공정하다고 생각했다.

입시제도의 공정성 문항과 별개로 "입시제도에 문제가 있다고 보느냐?"는 질문을 했다. 고등학생 92.6%, 중학생 85.0%, 초등학생 50.7%가 '그렇다'고 답했다. 교육 전문가들은 아직 입시가 코앞에 닥치지 않은 중학생 상당수가 입시제도에 문제가 있다고 답한 데 주목했다.

교육 시민단체 미래와균형의 김현국 연구소장은 《국민일보》 인터뷰에서 "한국 학생들은 중학교 때까지 여러 분야에서 세계 최상위권의 학업 능력을 가진 것으로 평가받지만 결국 4년제 190개 대학에 진학하기 위해 같은 공부를 하고 치열한 경쟁을 한다. 이른바 좋은 대학에 갈 능력을 갖춘 학생이 10명인데 이 중 1명밖에 못 가는 현실 때문에 일찍부터 입시제도에 문제가 있다고 느끼는 것"이라고 설명했다.

교육부가 2019년 11월 28일 대입제도 공정성 방안으로 발표한 정시 확대에 대해서는 중·고등학생의 평가가 엇갈렸다. 교육부 방안은 당시 중3 학생이 대입을 치르는 2023학년도부터 본격 적용된다. 고등학생 응답자 중에서는 찬성이 54.6%로 많았지만, 중학생 응답

대입 정시 확대 방안 관련 중·고교생 응답

■ 매우 찬성한다 　 ■ 어느 정도는 찬성한다
■ 별로 찬성하지 않는다 　 ■ 전혀 찬성하지 않는다

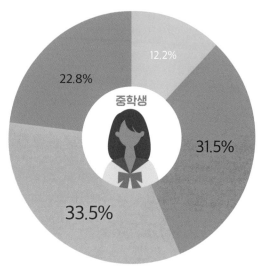

중학생

12.2%
31.5%
33.5%
22.8%

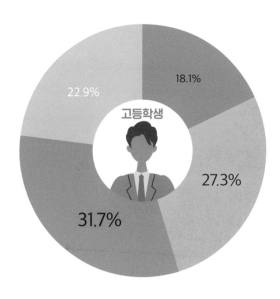

고등학생

18.1%
27.3%
31.7%
22.9%

자 중에서는 반대가 56.3%로 더 높았다. 중학생은 고등학생에 비해 대입에 필요한 학교 내신과 생활기록부 활동을 준비할 시간적 여력이 있기 때문으로 분석된다.

정시 확대에 찬성하는 이유로는 '내신 성적이 나빠도 수능으로 대입 준비가 가능해서'라는 응답이 32%로 가장 많았다. '수능이 수시보다 더 공정하다고 생각해서'라는 답변은 26.7%에 그쳤다. 수시·정시 등 전형 자체의 공정성보다는 대입 기회 측면에서 긍정적으로 평가한 답변이 많았다.

정시 확대에 반대하는 학생들은 '하나의 기준으로 학생을 평가하는 건 다양성을 해친다고 생각해서'(37.5%), '수능 하나로 평가받는 게 오히려 더 공정하지 못해서'(26.1%), '사교육비 부담이 늘어날 것 같아서'(24.7%)라고 이유를 들었다. 중고등학생은 정부의 대입 정시 확대 방침에 대해 '공정성'보다 '학생 평가의 다양성 훼손'이라는 점을 더 인식하고 있었다.

김현국 연구소장은 "정시 확대에 대한 응답 결과를 보면 학생들은 학생 평가의 다양성이 훼손될 수 있다는 점을 우려하는 것 같다. 학생들을 성적 기준으로 수직선상에 순서대로 나열하는 게 그나마 공정하다는 것이 기성세대의 생각이다. 하지만 교육학적 측면에서 학생들이 기성세대보다 더 정확한 판단을 하고 있다"라고 설문 결과를 분석했다.

이밖에 진보 교육감의 상징으로 꼽히는 혁신학교에 대한 학생들

정시 확대에 찬성하는 이유는

112명

134명

수능시험이
수시보다 더
공정하다고
생각해서

내신 성적이 나빠도
수능으로 대입
준비가 가능해서

85명

내신은 외고,
일반고 등 학교에
따라 편차가 있지만
수능은 그렇지
않아서

88명

정시는 각종 대회
수상 기록 등
학교생활기록부를
준비할 부담이
없어져서

정시 확대에 반대하는 이유는

104명

158명

입시학원 등
사교육비 부담이
늘어날 것 같아서

학생들의 흥미나
재능을 수능이라는
하나의 기준으로
평가하는 건 다양성을
해친다고 생각해서

110명

수능이라는
하나의 기준으로
평가받는 게
오히려 더
공정하지 못해서

49명

학생들이
학교 수업에
집중하지 않아
학업 분위기를
망칠 것 같아서

의 평가는 비교적 긍정적이었다.

초등학생의 85.7%, 중학생의 79.5%, 고등학생의 75.0%가 '혁신학교가 늘어나면 좋다'고 답했다.

• 관련 기사: 박구인 기자, 「고교생 10명 중 8명 "입시제도 불공정"」, 「학생들, 정시 확대='공정성' 대신 '다양성 훼손'으로 인식」, 《국민일보》, 2020년 1월 21일.
• 여론조사: 피플네트웍스, 2019년 12월 19일~2020년 1월 11일, 서울 지역 초·중·고등학생 500명을 대상 온라인 및 면접 조사, 표본오차는 95% 신뢰수준에 ±4.4%p.

청소년에게 더 많은
정치 참여권을

2019년 12월 27일에 투표에 참여할 수 있는 선거권 연령을 기존 19세에서 18세로 낮추는 「공직선거법」 일부 개정 법률안이 통과되었다. 2020년 4월 15일 제21대 국회의원 선거부터 18세 청소년이 유권자로 투표권을 행사하고 있다. 법률 개정에 앞서 공공의창은 한국청소년재단과 함께 2017년 1월 16~17일 '청소년 정치와 일생생활 의식 조사'를 진행하여 의견을 물었다. 이때 85.5%의 청소년이 선거권 연령을 낮추는 데 찬성했다. 그리고 정치 참여에 관해서도 자신감과 의지를 표현했다.

청소년들의 정치 참여에 관한 관심은 선거 연령을 낮추는 쟁점 때문에 일시적으로 증가한 것일까, 아니면 계속 존재하는 것일까? 청소년들에게 참여권이 허락된다면 어떤 부분에 참여하고 싶어할

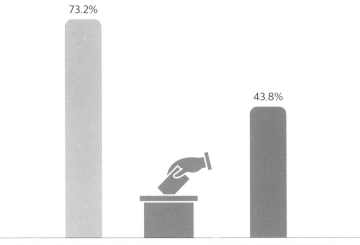

민주시민교육에 관한 의견

73.2%

43.8%

민주시민교육에 참여할 의사가 있다   민주시민교육을 받은 적이 있다

까? 공공의창·한국청소년재단·《국민일보》는 2020년 1월 청소년들의 정치 참여에 대한 의견을 물었다.

"청소년 민주시민교육에 참여할 의사가 있는지"를 질문했다. 청소년 민주시민교육은 정치나 투표에 참여하는 의미, 민주시민으로서 어떻게 경제활동을 하거나 선거 등에 참여해야 하는지 등을 주요 내용으로 한다. 73.2%의 응답자가 '민주시민교육에 참여할 의사가 있다'고 답했다. 반면 민주시민교육을 받아본 적이 있다고 답한 초·중·고생은 43.8%에 그쳐 학생들의 교육 참여 의사에 비해 실제 교육 현황은 부족한 것으로 나타났다. 2017년 조사에서도 민주시민교육이 잘 이뤄지지 않는다는 의견이 61.3%였는데, 상황이 개선되지

학생이 직접 결정해야 한다고 생각하는 것

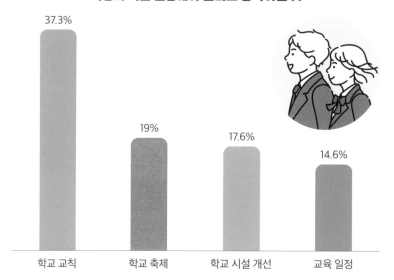

37.3%
학교 교칙

19%
학교 축제

17.6%
학교 시설 개선

14.6%
교육 일정

초등학생이 친구를 선택하는 기준

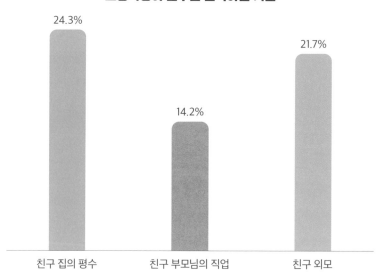

24.3%
친구 집의 평수

14.2%
친구 부모님의 직업

21.7%
친구 외모

않은 것으로 분석된다. 교육을 받고 싶은 분야는 정치와 법 분야가 동일하게 17.8%로 가장 높았다. 경제 부문 희망률은 17%, 인권 부문이 16.2%였다.

중학생과 고교생은 교육감 선거에 관심이 높았다. 고교생 95.2%, 중학생 86.5%는 "투표권을 준다면 교육감 선거에 참여할 것인지"를 묻는 질문에 '그렇다'고 답했다. 김현국 미래와균형 연구소장은 《국민일보》 인터뷰에서 "2016년 총선부터 2017년 대선, 2018년 지방선거 모두 20대가 40대보다 투표율이 높았다"며 "특히 20대 초반 투표율이 높았는데, 이런 흐름이 10대에게도 영향을 미치고 있는 것"이라고 분석했다.

"10대의 의견, 요구사항이 정책·제도에 잘 반영되고 있는지"를 묻는 항목에는 초·중·고생 71.7%가 부정적으로 답했다. 응답자의 학년이 높을수록 부정적인 의견이 많았다.

초·중·고생들은 '학생이 직접 결정해야 한다고 생각하는 것'으로 '학교 교칙'(37.3%)을 1위로 꼽았다. 학교 축제(19%), 학교 시설 개선(17.6%), 교육 일정(14.6%) 등이 그다음 순위였다.

초등학생들은 친구가 사는 집의 평수(24.3%), 친구 부모님 직업(14.2%), 친구 외모(21.7%)가 친구를 결정하는 하나의 잣대라고 답했다. 안타까운 조사 결과다. 하지만 동일하게 답한 응답자 비율은 중·고교생일수록 각각 11.5%·7%·18.9%(중학생), 3.1%·3.5%·14%(고교생)로 낮아졌다. 김현국 연구소장은 "초등학생은 가족, 어른들의 '친구를 가려서 사귀라'는 말에 큰 영향을 받는다. 중학생만 돼도 자신이 친구를 사귀어본 경험을 바탕으로 주체적인 판단을 하게 된다"고 설명했다.

- 관련 기사: 안규영 기자, 「고교생 95% "교육감 직접 뽑고싶다"」, 《국민일보》, 2020년 1월 21일.
- 여론조사: 피플네트웍스, 2019년 12월 19일~2020년 1월 11일, 서울지역 초·중·고등학생 500명을 대상 온라인 및 면접 조사, 표본오차는 95% 신뢰수준에 ±4.4%p.

교육정책 일관성부터
확보해주세요

2020년 4·15 총선부터 18세 이상이 투표권을 갖게 되면서 청소년 유권자의 의견이 영향력을 갖게 되었다. 이른바 '교복 입은 유권자'는 어떤 정치적 의견을 가지고 있을까? 특히 자신들의 직접적인 문제에 대해서는 어떤 정책을 요구할까? 청소년 모의국회를 통해 목소리를 들어보았다.

2020년 6월 6일, 4·15 총선으로 첫 선거를 경험한 만 18세 청소년을 비롯해 전국 청소년 54명이 참여하여 '청소년 모의국회'를 열었다. 이 행사는 공공의창(코리아스피크스)·한국청소년재단·《서울신문》이 주최했다. 당초 오프라인에서 진행할 계획이었지만 코로나19 사태가 장기화되면서 비대면 모의국회를 열었다.

회의 진행을 도운 오퍼레이터 등 10여 명은 비말 가림막이 설치

된 세미나실에서 마스크를 착용하고 화상회의 프로그램 '줌' 등을 점검했다. 회의 시간이 다가오자 각자의 컴퓨터와 휴대전화로 접속한 참석자들이 한 명씩 '입장'했고 소그룹 토론을 위한 '방'으로 안내됐다. 이들은 역시 자택 등에서 접속한 각 방 '퍼실리테이터'(진행촉진자)의 도움을 받아 각자가 준비해온 청소년정책을 꺼내 토론했다. 이어진 전체회의(본회의)에서는 54명 전원이 소그룹 토론 결과를 토대로 다시 의견을 나눴다. 한 주제에 대해 참석자들 간 이견이 나와서 서로 대립하는 등 열띤 토론이 벌어지기도 했다.

3시간 가까이 진행된 회의가 끝날 무렵 21대 국회가 가장 먼저 처리했으면 하는 핵심 정책들에 대해 의견이 모였다. 여섯 가지 핵심 정책을 대상으로 진행한 투표에서 응답자 38.9%는 '교육정책 재정비를 통한 일관성 강화'를 최우선 과제로 꼽았다.

매번 바뀌는 교육정책 때문에 교직원·학생·학부모가 혼란을 겪는다. 이 때문에 사교육 의존도가 높아지는 부작용도 있다. (이지민)

코로나19로 생활기록부 작성을 준비할 시간이 줄었다. (김가을)

온라인 수업 만족도가 떨어진다. (김채은)

또한, 응답자의 22.2%는 '청소년국회 상설화 등 청소년 참정권 보장'이 다른 정책보다 먼저 추진돼야 한다고 답했다.

고등학생이 되면 옳고 그름을 판단할 수 있다고 생각한다. 국회가 만 16세로 선거 연령을 낮춰달라. (하수민)

대부분의 친구들은 정치에 관심이 별로 없어 공약 등 정보를 알기 힘들다. 정치에 대한 학교 교육이 필요하다. (김민주)

학교폭력 등 '모든 폭력으로부터의 청소년 보호'와 '직업 선택의 창의성과 다양성 보장'은 각각 응답자 11.1%의 선택을 받았다.

학교폭력 가해자를 전학도 안 보내고 봉사시간으로 때운다. (황서정)

입시를 앞두고 진로를 정하지 못해 혼란스러워하는 일들이 있다. 직업 체험 확대를 통해 자기 진로를 정할 수 있게 도와주어야 한다. (한승현)

회의에서 나온 청소년정책 발언들을 분야별로 종합하면 교육 분야에서는 코로나19로 피해를 본 고3 학생들에 대한 대책 마련의 공감대가 컸다. 청소년법 분야에서는 학교폭력 방지를 주장하면서 소년법 개정 등을 통해 가해자 처벌을 강화해야 한다는 의견이 많았다. 교육감 선거 연령을 낮추자는 의견과 청소년 통학비를 지원하자는 의견 등도 많은 공감을 얻어 우선 정책으로 선정됐다. 학생인권 보장을 요구하는 목소리도 나왔다.

 교무실 청소를 학생들에게 강요하고 학생인권보장조례가 있음에도 학생들에게 모욕감을 주는 언사를 쓰는 선생님들이 있다. 학생들이 교육감 등 교육 당국 관계자들과 만나 대화하는 채널이 있으면 좋겠다. (변윤상)

그 밖에 청소년의 생활과 직결된 다양한 목소리가 나왔다.

 코로나19로 현재 고3은 재수생과의 경쟁에서 불리해졌습니다. 2002년생끼리만 경쟁하는 제도 마련이 필요합니다. (김민서)

 장거리 통학을 하는데 교통비가 많이 듭니다. 통학버스를 운영해 줬으면 좋겠습니다. (최정민)

전문가 질의 시간에는 더불어민주당 장경태 의원이 청소년들과 화상으로 만났다. 장 의원은 "청년위원장 활동을 하면서 청소년을 주변인으로 규정짓는 말을 많이 들었다. 청소년이 주체가 돼 스스로 목소리를 내고 대변해야 한다"라고 조언했다.

회의 진행을 맡은 이병덕 코리아스픽스 대표는 "참가자들이 높은 집중력과 솔직함을 보였다. 원거리 참가자들끼리의 소통 강점이 있는 등 비대면 숙의민주주의를 위한 새로운 시도였다"고 자평했다. 최

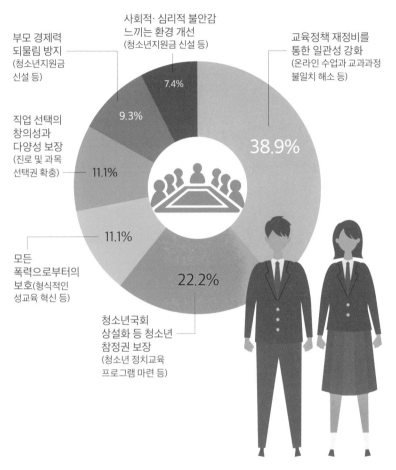

'청소년 모의국회' 만 18~19세 유권자들이 21대 국회에 바라는 정책

사회적· 심리적 불안감
느끼는 환경 개선
(청소년지원금 신설 등)

부모 경제력
되물림 방지
(청소년지원금
신설 등)

교육정책 재정비를
통한 일관성 강화
(온라인 수업과 교과과정
불일치 해소 등)

7.4%

9.3%

직업 선택의
창의성과
다양성 보장
(진로 및 과목
선택권 확충)

11.1%

38.9%

11.1%

모든
폭력으로부터의
보호(형식적인
성교육 혁신 등)

22.2%

청소년국회
상설화 등 청소년
참정권 보장
(청소년 정치교육
프로그램 마련 등)

21대 국회에 대한 기대감

- 기대하지 않는 편이다 13.0%
- 보통이다 9.3%
- 기대가 큰 편이다 33.3%
- 기대하는 편이다 44.4%

대한민국 국회

청소년 모의국회 참석자들이 뽑은 분야별 우선 정책

교육	코로나 19로 피해를 본 **고3에 대한 대책**
청소년법	소년법 개정 등을 통한 **가해자 처벌 강화**
자치와 참여	**교육감 선거 투표 연령**을 청소년이 참여할 수 있게 하향
청소년 생활환경	통학버스 운영 등 **청소년 통학비 지원**

정묵 공공의창 간사는 "청소년 인권 등 근본 문제가 후순위인 건 아프다"며 "일상적인 참정권부터 확대돼야 한다"고 말했다.

- 관련 기사: 이정수 기자, 「청소년 유권자 "오락가락 교육정책, 일관성부터 확보해 달라"」, 《서울신문》, 2020년 6월 8일.
- 토론 진행: 코리아스픽스, 2020년 6월 6일, 비대면 온라인 방식 모의국회 진행.

교복 입은
유권자의 선택

「공직선거법」이 2019년 12월에 개정됨에 따라 선거권 연령이 기존 19세에서 18세로 낮추어졌다. 그래서 2020년 4월 15일 제21대 국회의원 선거에서는 18세 청소년이 유권자로 투표권을 갖게 되었다. 선거법 개정으로 첫 투표권을 갖게 된 18세 유권자는 약 53만 명이다. 이들의 어떤 생각을 가지고 있으며, 어떤 선택을 할까? 공공의창·한국청소년재단·《한국일보》는 2020년 3월 21일, 생애 첫 투표를 앞둔 18세 유권자를 대상으로 '교복 입은 유권자가 바라본 첫 총선' 심층 좌담회를 열어 이들의 생각을 물어보았다.

2020년 4·15 총선에서는 이른바 '영파워'의 중요성이 커졌다. 18세 유권자 53만 명과 19세 유권자(61만 명)으로 10대 유권자가 114만 명에 이르렀다. 이들의 선택에 큰 의미가 부여되었다. 그러나 생애 첫 투표를 앞둔 만 18세 유권자들은 기대 못지않게 걱정이 앞서는 분위기였다. 어떻게 해야 자신의 권리를 올바르게 행사하는 것인지 학교나 정치권 그 누구도 알려주지 않았기에 막막한 마음을 생긴다고 했다.

> 학교에서 비밀투표의 원칙은 숱하게 배웠지만, 막상 투표를 하려고 하니 와 닿지 않네요. 각 정당의 정체성과 정책을 판단할 수 있는 체계적인 교육이 필요합니다.
> 역사를 보면 유관순 열사처럼 사회 개혁엔 늘 고딩(고등학생)이 있었습니다. 이번 투표로 사회에 좋은 영향을 끼치고 싶습니다
> (박선영, 고3)

참여자들은 청소년 인권운동을 하는 학생들로 평소 정치에 관심이 많은 축에 속한다. 하지만 이들조차 자세한 교육 없이 선거가 진행되는 것에 불안감을 내비쳤다. 학생들의 정치적 편향화에 대한 우려로 선거 교육에 제동이 걸리면서 정작 선거에 필요한 정보까지도 얻지 못하는 상황이었다.

> 학교에선 정치 성향을 드러내면 안 된다는 이유로 선거에 대해 잘 알려주지 않습니다. (송민혁, 고3)

> 어떤 공약이 좋은지 생각하는 과정을 잘 모르겠는데 물어볼 곳이 없습니다. (박지은, 고3)

이들에 대한 선거 교육은 선거 자체뿐 아니라 결과에도 영향을 미칠 수 있다는 점에서 중요하다. 전체 4,400만여 명의 유권자 중 10대는 2.6%에 불과하다. 하지만 과거 총선을 보면 수도권을 중심으로 5%P 안팎에서 당락이 갈리는 접전 지역이 많아 경우에 따라서는 이들의 표심이 적지 않은 영향력을 발휘할 가능성이 충분하다.

더구나 이들은 선거를 통해 관철시키고자 하는 생각도 뚜렷했다. 이날 참석한 학생들은 아직 제도권 교육의 언저리에 있기에 주로 교육정책에 대해 의견을 많이 피력했다.

정치인들은 자신의 자녀가 대학 입시에서 벗어나면 학생들은 고려하지 않고 (입시정책을) 마음대로 바꾸는 것 같습니다. 학생들의 편에서 정책을 펴는 정당이나 후보를 지켜볼 겁니다. (이지민)

선관위가 선거 교육 전문가를 파견하는 등 보다 적극적으로 나서주면 좋겠습니다. 정치도 성교육이나 금융 교육처럼 전문가들이 주기적으로 가르쳐주면 어떨까요? (황준석)

• 관련 기사: 류호 기자, 「만18세 新유권자 "누가 좋은 후보인지 막막해요" 하소연」, 《한국일보》, 2020년 4월 11일.
• 토론 진행: 한국청소년재단·공공의창, 2020년 3월 17일, 만 17~19세 청소년 8명 참석.

기존 조사

2017년 1월 16~17일, 공공의창과 한국청소년재단은 개인정보 제공에 동의한 한국청소년재단 소속 2,639명의 청소년을 대상으로 청소년 정치와 일상생활 의식 조사를 모바일 웹 방식으로 진행했다. 표본오차는 95% 신뢰수준에 ±5.7%p다.

선거 연령을 18세로 낮추자는 데 찬성하는가?

찬성
85.5%

반대, 잘 모른다
14.5%

선거 연령을 낮추는 데 찬성하는 이유는 무엇인가?

정치적
판단이
가능하기 때문
57.1%

기타, 잘 모른다
13.2%

헌법이
보장하는
권리이기 때문
29.7%

청소년은 정치적 의사 표현을 잘할 수 있다고 생각하는가?

잘할 수 있다
82.8%

잘하지 못한다, 모른다
17.2%

정치권이 청소년의 입장을 잘 대변하고 있는가?

그렇지 않다
92.2%

그렇다, 모른다
7.8%

학교에서 투표와 선거 등에 관한 교육이 잘 이뤄지는가?

잘
이뤄지지
않는다
61.3%

잘 이뤄진다
모른다
38.7%

다양한 청소년 참여 활동에 관심이 있는가?

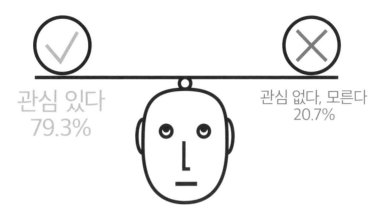

관심 있다
79.3%

관심 없다, 모른다
20.7%

청소년 참여 활동을 활성화하는 방안은?(중복 선택)

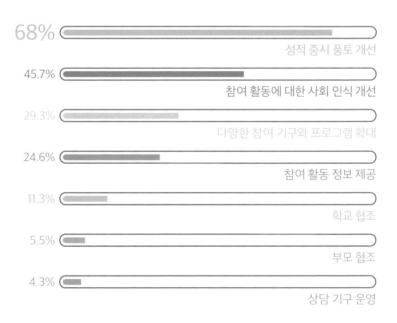

68% 성적 중시 풍토 개선

45.7% 참여 활동에 대한 사회 인식 개선

29.3% 다양한 참여 기구와 프로그램 확대

24.6% 참여 활동 정보 제공

11.3% 학교 협조

5.5% 부모 협조

4.3% 상담 기구 운영

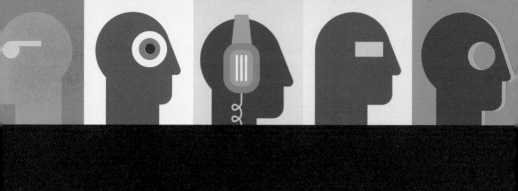

6장

약자와의 연대

여성으로
산다는 것의 공포

2016년 5월 17일, 30대 남성이 서울 강남역 근처의 한 건물 공용 화장실에서 일면식 없는 여성을 살해했다. 이른바 '강남역 살인사건'이다. 이 끔찍한 사건이 알려지자 여성들이 강남역 10번 출구 앞에 모여들었다. 그리고 "나는 우연히 살아남았다"라고 외쳤다. 그녀들이 여성이라는 이유만으로 범죄의 표적이 될 수 있다는 두려움을 호소했다.

이후 여성을 대상으로 한 범죄를 예방하기 위해 정부와 지자체 단위의 여러 대책이 마련되고 시행되었다. 하지만 그것이 여성 안전의 강화로 이어졌는지는 미지수이다. 이 사건이 일어난 후 7년이 더 지난 2023년 8월 17일에는 경악할 만한 일이 일어났다. 서울 신림동 관악산 등산로에서 30대 남성이 30대 여성을 너클로 때리고 성폭행

강남역 살인사건 후 여성 폭력 위험 여부

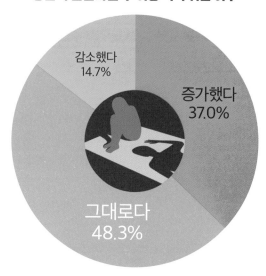

감소했다
14.7%

증가했다
37.0%

그대로다
48.3%

범죄 발생 두려운 주된 장소

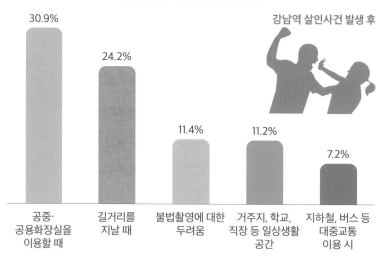

강남역 살인사건 발생 후

30.9%

24.2%

11.4%

11.2%

7.2%

공중·
공용화장실을
이용할 때

길거리를
지날 때

불법촬영에 대한
두려움

거주지, 학교,
직장 등 일상생활
공간

지하철, 버스 등
대중교통
이용 시

하여 숨지게 했다. 여성에 대한 위협은 여전히 곳곳에 남아 있다.

한국 여성들은 자신의 안전에 대해 어떻게 느끼고 있을까? 강남역 살인사건이 일어난 지 5년이 지난 2021년 5월 18일에 이에 대한 여론조사를 진행했다. 공공의창(피플네트웍스)과 《서울신문》은 전국 18세 여성 718명에게 안전과 혐오에 대한 인식을 물었다.

강남역 살인사건 이후 여성 대상 폭력 발생 위험이 줄어들었는지를 질문했다. 응답자의 48.3%는 변함이 없다고 했고, 37%는 여성폭력 발생 위험이 오히려 더 증가했다고 했다. 위험이 감소했다는 의견은 14.7%에 그쳤다. 85.3%의 여성이 우리 사회 여성 안전이 답보 중이거나 퇴보했다고 느끼고 있었다. 안타까운 조사 결과이다.

여성들이 주로 언제 범죄 피해의 공포를 느낄까? 조사 결과 그런 상황은 다양하게 나타났다. 강남역 사건처럼 공중·공용화장실을 이용할 때(30.9%)가 가장 많았다. 그다음은 길거리를 지날 때(24.2%), 불법촬영 피해에 대한 두려움(11.4%) 순이었다.

응답자의 절반에 가까운 48.5%는 스토킹 피해를 당한 적이 있다고 답했다. 가해자의 56.7%는 '모르는 사람'이었고 '친구 또는 연인'(13.7%), '직장 동료 또는 상사'(13.4%)가 그 뒤를 이었다. 스토킹은 과거 경범죄로 분류돼 처벌 수위가 최고 벌금 10만 원에 그쳤지만 2021년 10월부터는 가해자를 최고 징역 5년에 처하는 「스토킹 범죄 처벌법」이 시행되었다.

실제 생활공간이나 온라인에서 여성 혐오 표현을 접한 적이 있는

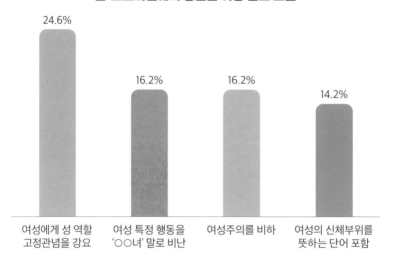

온·오프라인에서 경험한 여성 혐오 표현

24.6%
16.2%
16.2%
14.2%

여성에게 성 역할
고정관념을 강요

여성 특정 행동을
'○○녀' 말로 비난

여성주의를 비하

여성의 신체부위를
뜻하는 단어 포함

지를 물었다. 응답자의 91.3%가 온·오프라인을 통틀어 여성 혐오 표현을 접한 적이 있다고 답했다. 우리 사회 여성들의 혐오 표현 노출 정도가 심각한 수준임을 알 수 있다.

권김현영 여성현실연구소장은《서울신문》과의 인터뷰에서 "유튜브 등 소셜미디어와 '남초 커뮤니티'의 영향력이 커지면서 여성을 성적 대상화하거나 비하하는 혐오 표현이 만연한 상황이다. 표현 하나하나를 규제해봤자 여성 혐오를 드러내는 표현은 새로 계속 나올 것이다. 페미니즘에 대한 백래시(반발 심리)를 동반하는 가짜 뉴스부터 성범죄를 모의하는 글 등 기존 법령에서 충분히 범법이라고 할 만한 문제부터 정부가 강력하게 대응해야 한다"고 지적했다.

여성 폭력이 근절되지 않는 이유로 '여성 폭력 가해자에 대한 미약한 처벌'을 꼽은 의견이 37.1%로 가장 많았다. 이어 '남성 중심적인 성차별적 사회 구조'(20.1%), '여성을 성적 대상화 또는 상품화하는 왜곡된 성 인식'(17.3%)도 주된 이유로 꼽혔다.

신지예 한국여성정치네트워크 대표는 인터뷰에서 "여성폭력 가해자에게 그 죄에 합당한 엄중한 처벌을 하는 것이 피해자 입장에서는 사법 정의의 시작을 알리는 일이다. 여성을 성적 대상화하는 문제뿐만 아니라 임금 격차 등 노동시장에서의 성차별 문제를 해결하고 여성의 재생산권을 보장하는 등 성 평등한 사회를 만들기 위한 노력이 계속돼야 한다"고 말했다.

- 관련 기사: 오세진·손지민 기자, 「여성 91% "혐오표현 접해"… 37% "미약한 처벌에 폭력 반복"」, 《서울신문》, 2021년 5월 19일.
- 여론조사: 피플네트웍스, 2021년 5월 18일, 전국 18세 이상 여성 718명.

한국 사회가 '미투'로 뜨거웠던 2018년, 여성이 겪는 대표적인 공포인 '성폭력' 대응에 관한 인식을 조사했다. 공공의창(세종리서치)과 《국민일보》가 전국 성인 1,036명을 대상으로 조사했다. 표본오차는 95% 신뢰수준에서 ±3.04%p다.

성폭력을 경험하거나 주변에서 본 적이 있습니까?

내 주변에서 성폭력 사건이 벌어졌었다 44.5%

내 주변에서 성폭력 사건이 벌어지지 않았다 55.5%

성폭력 문제의 본질은 무엇인가요?

지위·권력을
이용한 문제
62.5%

이성 간 문제
22.6%

?
잘 모름
14.9%

본인이나 지인이 성폭력을 당했다면 어떻게 하시겠습니까?

혼자만
알고 있다
9.1%

?
기타 또는
잘 모른다
12.9%

경찰에
신고
55.1%

주변 지인에게
알린다
22.9%

성폭력을 당해 사법기관에 신고하면, 얼마나 공정하게 다룰 것으로 보십니까?

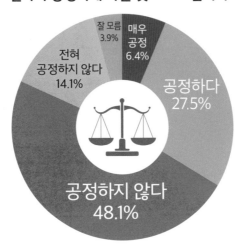

- 잘 모름 3.9%
- 매우 공정 6.4%
- 공정하다 27.5%
- 전혀 공정하지 않다 14.1%
- 공정하지 않다 48.1%

성폭력 피해 사실 폭로 후 가해자로부터 명예훼손으로 고소당하는 경우가 많습니다. 이를 막기 위해 명예훼손죄 개정이 추진되는 것에 대해 어떻게 생각하십니까?

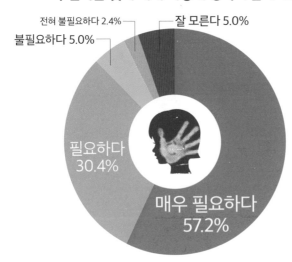

- 전혀 불필요하다 2.4%
- 불필요하다 5.0%
- 잘 모른다 5.0%
- 필요하다 30.4%
- 매우 필요하다 57.2%

위안부 운동,
어떻게 생각하세요?

2020년 5월 7일, 일본군 위안부 피해자이며 영화 〈아이캔스피크〉의 실제 모델로 알려진 이용수 전 정대협 공동대표가 기자회견에서 정의기억연대 전 이사장인 윤미향 국회의원 당선인의 기부금 횡령 의혹을 제기하며 수요집회 불참을 선언했다. 그리고 "수요집회 성금·기금 등을 위안부 피해자들에게 쓴 적이 없었다"고 지적하며 윤미향 당선인이 국회의원이 돼서는 안 된다고 주장했다. 이후 정의기억연대의 후원금 사용처에 대한 극한 논란이 일었고 지금도 계속되고 있다. 2023년 2월 10일 후원금을 사적으로 유용한 혐의로 재판에 넘겨진 윤미향 의원은 1심에서 대부분 혐의를 무죄로 인정받고 벌금 1,500만 원을 선고받았다.

이용수 할머니의 '고발'로 촉발된 정의연 논란은 우리 사회에 큰

정의연 후원금 어떻게 써야 하나

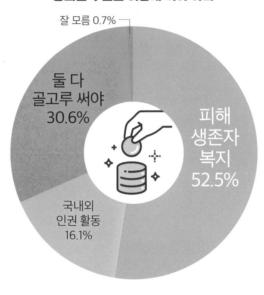

잘 모름 0.7%

둘 다
골고루 써야
30.6%

피해
생존자
복지
52.5%

국내외
인권 활동
16.1%

수요집회 계속해야 하나

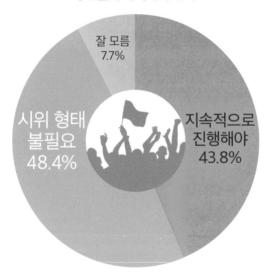

잘 모름
7.7%

시위 형태
불필요
48.4%

지속적으로
진행해야
43.8%

충격을 불러왔을 뿐만 아니라 위안부 피해자 운동의 성과와 앞으로의 운동 방향에 대해 성찰할 필요성을 제기했다. 여기에 대한 국민 여론이 어떤지 인식을 조사해보았다. 공공의창(우리리서치)과 《서울신문》은 2020년 5월 20일 전국 20세 이상 남녀 800명을 대상으로 정의연 사태에 대한 의견을 물었다.

먼저 해당 이슈에 대해 아는지를 물었다. 28.9%가 '매우 잘 안다', 52.8%가 '조금 알고 있다'고 답했다. 81.6%가 해당 이슈에 대한 관심도를 표명한 셈이다. 여성(77.5%)보다는 남성(85.8%)이, 연령별로는 40대(87.7%)와 50대(86.6%)에서 '안다'고 대답한 비율이 높았다. 권역별로는 서울(89.3%) 거주자의 인지도가 평균을 웃돌았다.

또한, 전체 응답자의 85.0%는 '추가 검증이 필요하다'고 했으며, 43.4%는 '외부 수사기관의 검증이 이뤄져야 한다'고 답했다.

응답자들은 정의연의 지금까지의 운동 방식에 대해서도 의문을 표했다. 정의연 성금 사용처와 관련해 절반이 넘는 52.5%는 '생존한 위안부 할머니의 복지에 주로 사용돼야 한다'고 응답했다. 기존의 '생존자 복지와 인권운동 병행' 방식에 대해서는 30.6%만이 동의했다. 인권운동에 치중해야 한다는 답변은 16.1%에 그쳤다.

이날 1440회를 맞은 수요집회에 대해서도 다른 방식의 운영이 필요하다는 의견이 나왔다. 48.4%는 '더 이상 시위 형태로 계속될 필요는 없다'고 응답했다. '지속적으로 진행해야 한다'는 의견은 이에 조금 못 미친 43.8%였다. 수요집회 등 기존 위안부 피해자 운동 방

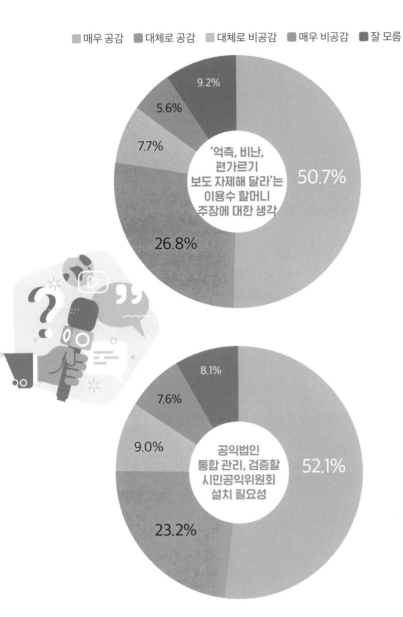

매우 공감　대체로 공감　대체로 비공감　매우 비공감　잘 모름

'억측, 비난,
편가르기
보도 자제해 달라'는
이용수 할머니
주장에 대한 생각

50.7%

26.8%

7.7%

5.6%

9.2%

공익법인
통합 관리, 검증할
시민공익위원회
설치 필요성

52.1%

23.2%

9.0%

7.6%

8.1%

식에 대한 사회적 논의가 필요하다고 볼 수 있는 대목이다.

최근 논란을 반영하듯 정의연 활동에 대한 비판 여론도 나왔다. 위안부 피해자 문제 해결을 위한 정의연의 활동에 대해 절반을 조금 넘는 51.9%가 '중요한 역할을 하지 못했다'고 응답했다. 세부적으로는 '별로 중요한 역할을 하지 못했다'가 28.9%, '거의 중요한 역할을 하지 못했다'가 23.0%였다. '중요한 역할을 했다'는 응답은 40.4%였다.

정의연 논란이 확대 재생산되는 데 대해서는 우려의 목소리가 많았다. '진보와 보수 등 이념 문제와 친일, 민족 문제로 다뤄지는 데 대해 어떻게 생각하냐'는 물음에 56.7%는 '부정적', 23.6%는 '긍정적'이라고 응답했다.

관련 언론 보도와 관련해서는 상반된 입장을 드러냈다. 정의연 논란 관련 보도에 대해서는 60.0%는 '신뢰한다', 34.2%는 '신뢰하지 않는다'고 답했다. '보수 진영의 공격'이라는 윤미향 당선자(정의연 전 이사장)의 주장에 국민 여론이 대체로 동의하지 않는다고 볼 수 있는 대목이다.

다만 이용수 할머니가 마녀사냥식 '묻지마 보도'를 이어가는 일부 언론을 겨냥해 '근거 없는 억측과 비난, 편 가르기 등이 우리를 위해 기여할 것은 없다'고 지적한 데 대해 77.5%가 '공감한다'고 답했다. '공감하지 않는다'는 응답은 13.4%에 불과했다. 후원금 유용과 회계 부정 등 정의연을 둘러싼 의혹은 해소돼야 하지만 그렇다고 위안부 피해자 운동의 정당성을 훼손하려는 움직임은 용납할 수 없다는 여론이 반영된 결과로 보인다. 75.3%가 '공익법인을 통합 관리할 시민 공익위원회 설치가 필요하다'고 답한 것도 비슷한 취지로 보인다.

• 관련 기사: 이두결·오달란 기자, 「"성금, 할머니 위해 써야"… 위안부 운동 정당성 훼손 우려」, 《서울신문》, 2020년 5월 21일.
• 여론조사: 우리리서치, 2020년 5월 19일, 전국 20세 이상 800명, 표본오차는 95% 신뢰수준에서 ± 3.5%p.

장애인
이동권 실태

전국장애인차별철폐연대(전장연)가 2021년 12월부터 주요 지하철 역에서 교통약자의 이동권 보장 시위를 벌이면서 장애인을 비롯한 한국 교통약자들의 이동권 실태에 대한 사회적 관심이 모였다. 공공 의창(코리아스픽스)과 장애인협동조합 '무의', 《서울신문》은 장애인 이 동권 실태를 파악하고 대안을 모색하기 위해 2022년 6월 25일, 장 애인(14명)과 비장애인 참가자(22명) 총 36명을 화상으로 연결하여 장애인 이동권 숙의토론회를 열었다.

숙의토론은 참여자 사전 인식조사 → 소그룹·전체 토론 → 최종 의사결정 순으로 진행돼 사전조사에 드러난 인식이 상호 토론을 거 쳐 어떻게 변화했는지를 확인하는 방식으로 진행되었다.

한국 사회의 장애인 이동권은 전반적으로 열악한 상태인데, 그

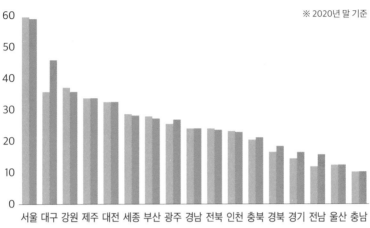

지역별 장애인 교통 여건

■ 장애인 콜택시 보급률　■ 대중교통 저상버스 도입률

※ 2020년 말 기준

서울 대구 강원 제주 대전 세종 부산 광주 경남 전북 인천 충북 경북 경기 전남 울산 충남

자료: 국토교통부

마저 지역에 따른 장애인 이동권 격차가 심각하다. 장애인 1만 5,058명이 사는 경산시는 장애인 콜택시가 21대뿐이지만 장애인 인구가 경산시보다 1.2배(1만 8,394명) 많은 김포시에는 장애인 콜택시가 40대 있다. 경북 울진군에서 대구로 가려면 두 달 전에 콜택시를 예약해야 한다. 이러한 장애인 이동권 격차를 해소하기 위해선 광역자치단체의 적극적인 예산 투입이 필요하다. 그렇지만 지방정부의 관심은 부족한 현실이다. 각종 고속도로나 철도, 지하철 연장 등 '교통 공약'을 내면서도 장애인 이동권 공약이 없거나 선언적 수준에 그치는 경우가 적지 않다.

　숙의토론 결과 이동권 보장과 관련해 시급히 해결해야 할 우선 과제로 장애인 콜택시 이용 불편이 압도적 지지를 받았다. 사전 인식 조사에서는 참가자 32.4%가 장애인 콜택시를, 각각 24.3%가 시내버스 이용, 지하철과 역사 이용 불편을 우선 해소해야 한다고 답했는데 토론 후 조사에서는 장애인 콜택시를 우선 해결 과제로 꼽은 비율이 무려 42.9%까지 올라갔다. 전국장애인차별철폐연대의 지하철 탑승 시위로 인해 지하철 이용 불편 문제가 사회적 주목을 받았던 것과는 사뭇 다른 결과다.

숙의토론을 진행한 이병덕 코리아스픽스 대표는 "지하철이나 버스를 탔더라도 내려서 집까지 이동하는 것 역시 큰 어려움"이라며 장애인 콜택시에 대해 "가장 문제가 많으면서도 해결되면 이동권 수준을 올릴 수 있는 수단"이라고 분석했다.

장애인 콜택시 이용 불편의 근본 원인은 차량 부족이다. 현행법상 장애인 150명당 1명꼴로 차량을 확보해야 하는데 실제로는 180명당 1대가 운영 중이다. 턱없이 부족한데도 3년째 제자리다.

장애인 콜택시 대기 시간이 불규칙해 1시간 전에 예약했는데도 40분을 기다려야 배차가 이뤄진다. 택시가 오는 데도 20분이 걸려 약속에 늦는 일이 다반사이다. 많게는 배차까지 3시간이 걸린 적도 있다.
(장애인 황지혜 씨)

지방자치단체 간 장애인 콜택시가 연계돼 있지 않고 각각 다른 방식으로 운영하다 보니 차량에 탑승해 인접 시군구를 한 번에 이

장애인 이동권 관련 예산 및 인원

■ 예산 ■ 등록 장애인 수(명)

※ 2021년 기준, 국고보조금 포함

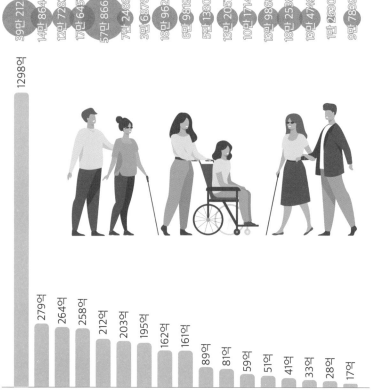

서울	인천	대구	부산	경기	대전	제주	경남	광주	울산	전북	강원	전남	경북	충남	세종	충북
39만 2123	14만 8646	12만 7282	17만 6451	57만 8668	7만 2489	3만 6876	18만 9621	6만 9819	5만 1390	13만 2057	10만 1714	13만 9868	18만 2538	13만 4749	1만 2630	9만 7839
1298억	279억	264억	258억	212억	203억	195억	162억	161억	89억	81억	59억	51억	41억	33억	28억	17억

자료: 더미래연구소·보건복지부

동하기가 어렵다는 지적도 나왔다.

속초에서 KTX역이 있는 강릉으로 가려면 일주일 전에 장애인 콜택시를 예약해야 한다. 급한 일로 갑자기 지역을 이동해야 할 땐 장애인 콜택시를 예약할 수 없어 대처할 방법이 없다. (지체장애인 권오욱 씨)

장애인 콜택시를 부르려고 전화해도 연결이 안 된다. (장애인 신희은 씨)

콜택시를 이용하려 해도 지자체별 회원 가입 기준이 각각 달라 불편하다. (장애인 정현희 씨)

장애인 콜택시 대란을 해결할 대안으로는 장애 유무와 관계없이 모두가 이용할 수 있는 '유니버설 디자인' 택시 도입을 꼽았다. 미국 뉴욕 옐로캡처럼 휠체어가 들어갈 수 있는 택시다. 홍윤희 무의 이 사장은 "우리나라 택시 일부는 LPG 가스통이 장착돼 휠체어가 들어갈 공간이 없다"고 지적했다. 택시 차량 구조 개선이 필요한 것이다. 이와 함께 지자체별 장벽을 없애고 전국 단위로 시스템을 통합해 장애인 콜택시를 타고 어디든 자유롭게 이동할 수 있도록 체계를 개선해야 한다는 의견이 나왔다.

시내버스 이용도 불편하긴 마찬가지다. 2021년 기준 저상버스 도입은 27.8%에 그쳤다.

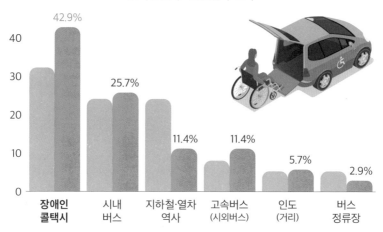

가장 심각한 장애인 이동권 문제

■ 사전 조사 　■ 토론 후 조사

42.9%
25.7%
11.4%
11.4%
5.7%
2.9%

| 장애인 콜택시 | 시내 버스 | 지하철·열차 역사 | 고속버스 (시외버스) | 인도 (거리) | 버스 정류장 |

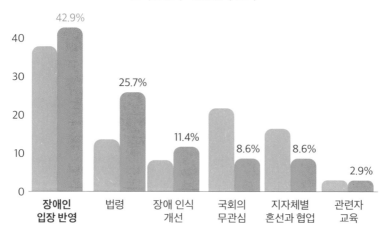

개선이 시급한 정책과 제도, 문화

■ 사전 조사 　■ 토론 후 조사

42.9%
25.7%
11.4%
8.6%
8.6%
2.9%

| 장애인 입장 반영 | 법령 | 장애 인식 개선 | 국회의 무관심 | 지자체별 혼선과 협업 | 관련자 교육 |

몇 대 있는 저상버스마저 휠체어 이용자를 보고도 지나치거나 장애인 승객에게 따가운 시선을 보낼 때가 있다. (지체장애인 김영미 씨)

 버스 도착 안내방송이 나와도 한 정류장에 여러 대가 정차하면 내가 탈 버스가 무엇인지 알 수 없다. 버스 단말기·하차벨·좌석 위치도 알기 어려워 기사님에게 물으려 가다 다친 적도 있다. (시각장애인 한혜경 씨)

 3개 면이 막힌 부스형 버스정류장이 많아 휠체어나 유모차가 진입하기 어렵다. 저상버스가 있어도 무용지물이다. (지체장애인 남정우 씨)

 마을버스는 교통약자 편의시설이 전무해 휠체어 이용자는 물론 목발 이용자도 탑승이 어렵다. (비장애인 신경숙 씨)

마을버스는 골목을 잇는 모세혈관인데도 저상 도입률이 0%에 가깝다. 전장연 시위에서 문제가 된 지하철 문제도 심각하다.

 서울에서 하남까지 가는데 지하철 장애인 환승 개찰구가 일반 개찰구와 다른 곳에 있어 헤맸고, 환승구에 엘리베이터가 없어 리프트를 탔다. 2시간 일찍 출발했는데 겨우 약속 시간을 맞췄다. (지체장애인 임재원 씨)

장애인 이동권 제한으로 인해 침해받는 권리로 참여자들은 안전 (37.1%)과 노동권(34.3%)을 꼽았다.

 누군가 사각지대에서 힘겹게 외치며 힘겨운 삶을 이야기할 때 정책 입안자는 마땅히 관심을 가져야 한다. (비장애인 신경숙 씨)

숙의토론에 참여한 36명은 "장애인 이동권은 기본권인데도 날이
선 소수 의견이 다수처럼 보이는 게 안타까웠다", "장애인과 비장애
인으로 나누지 않고 이동권 보장에 힘써야 한다"고 입을 모았다.

상대방을 설득해야 한다는 부담감을 느끼며 왔는데, 오히려 응원을 받
고 가게 돼 든든하다. (휠체어 이용 장애인 김강민 씨)

참여자의 42.9%는 '장애인 이동권 정책 개선에 당사자 의견이 제
대로 반영되지 않는다'는 데 공감했다.

나와 닮은 사람들, 비슷한 생각을 하는 사람들을 찾고 싶었기에 이 자
리가 소중하다. 오늘 나눈 이야기가 정책으로 반영됐으면 좋겠다.
(뇌병변 장애인 황지혜 씨)

숙의토론 기회가 많아지고 장애인에게 널리 알려지기를 바란다. 서로
도움을 주고받을 기회도 많아질 것이다. (청각장애인 조은영 씨)

집 밖을 나서 이동하기조차 어려운 장애인에게 여행은 꿈같은 일
이다. 숙의토론에서 '이동권 제한으로 침해받는 권리' 중 5위로 여행
이 꼽혔다. 《서울신문》은 뇌병변 장애인 이규식 씨의 마라도행을 동
행 취재하면서 장애인 이동권의 현실을 짚어보았다.

이규식 씨는 TV에서 본 '마라도 짜장면'에 깊은 인상을 받았고,

마라도를 목적지로 삼았다. 마라도로 가기 위해서는 제주도를 거쳐야 한다. 휠체어로 대중교통과 비행기를 여러 차례 갈아타며 제주도에 도착하는 것만으로도 쉽지 않았다.

제주 도착한 후 '유니버설 디자인'을 내세운 게스트하우스 제주 '삼달다방'에서 마라도로 떠날 준비를 했다. 출발은 순조로웠다. 삼달다방은 손님용 리프트 승합차를 운행한다. 그래서 언제 도착할지 모르는 장애인 콜택시를 기다리지 않아도 된다. 차에는 전동과 반자동 휠체어 두 대를 실었다. 규식 씨는 전동 휠체어를 주로 사용하지만, 폭이 넓고 무거워 마라도행 여객선을 타기 전 반자동 휠체어로 갈아타기로 했다.

마라도로 가는 배 앞에서 계획이 꼬이기 시작했다. 배와 선착장을 잇는 다리 폭이 좁아 휠체어가 이동하기 어렵다. 도움을 많아 휠체어를 밀고 당겨 겨우 배에 올랐다. 3m 갑판을 오르는 데 5분이 걸렸다. 뒤따라 탄 승객들의 시선이 예사롭지 않았다. 배 안에는 교통약자석이 앞머리 쪽에 있지만 휠체어석은 따로 없었다. 규식 씨는 배 안에 어정쩡하게 자리를 잡았다.

25분 후 배가 마라도에 도착했다. 문턱을 넘어 입구로 나왔다. 그런데 마라도 선착장이 계단이었다. 동행한 세 사람이 휠체어를 들어 땅에 내려놓았다. 그리고 돌길이 이어진 데다 군데군데 깨져 반자동 휠체어도 수동으로 밀 수밖에 없다. 울퉁불퉁한 길 때문에 휠체어가 심하게 덜컹거렸다. 걸어서 10분이면 갈 거리를 30분 만에 다다

랐다.

지도 애플리케이션의 '휠체어 사용' 표시를 보고 찾아간 짜장면 가게 앞에는 턱이 있었다. 안으로 들어가지 못하고 테라스 한켠에서 식사해야 했다. 장애인 화장실에는 각종 쓰레기와 박스가 방치돼 있었다.

규식씨는 "너무 힘들다. 다신 못 오겠다"며 고개를 내저었다. 장애인 이동권 보장을 위해 끊임없이 싸워온 단단한 규식 씨지만 여행의 끝에 기운이 빠져 버렸다.

• 관련 기사: 이현정·김주연 기자, 「"일주일전 예약해야 속초서 강릉행… 장애인 콜택시부터 늘려야"」, 《서울신문》, 2022년 7월 11일.
 : 김주연 기자, 「휠체어가 마라도에 가기까지…」, 《서울신문》, 2022년 7월 14일
• 숙의토론 진행: 코리아스픽스, 2022년 6월 25일, 장애인과 비장애인 참가자 36명.
• 여론조사: 우리리서치, 2022년 7월 10일, 전국 성인 800명 대상. 표본오차는 95% 신뢰수준에서 ± 3.5%p.

장애인 이동권,
갈등 넘어 연대로

전국장애인차별철폐연대(전장연)는 2021년 12월부터 서울 지하철 4호선 삼각지역, 5호선 왕십리역 등에서 수십 차례에 걸쳐 장애인을 비롯한 교통약자의 이동권 보장 시위를 벌였다. 사람들이 붐비는 출근 시간에 휠체어에 탄 승객이 지하철에 연이어 탑승하거나 지하철 문에 휠체어 바퀴를 꽂아 운행을 지연시키는 방식으로 시위를 시위를 진행했다. 이런 방식의 시위가 장기화되면서 전장연에 불만을 제기하는 사람들이 많아졌고, 시위에 대한 정당성 논의도 생겼다.

전장연의 시위는 한국 교통약자들의 이동권 실태에 대한 사회적 관심을 이끌었지만, 한 집단의 시위에 대해 시민이 불편을 감수하면서 연대할 수 있느냐에 대한 쟁점을 불러왔다.

이준석 당시 국민의힘 대표는 "최근 이슈가 되고 있는 전장연이

장애인 이동권 시위에 따른 불편 감수 여부

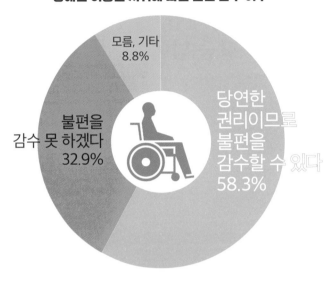

모름, 기타
8.8%

불편을
감수 못 하겠다
32.9%

당연한
권리이므로
불편을
감수할 수 있다
58.3%

장애인 이동권 이슈가 우리 사회에 미치는 영향

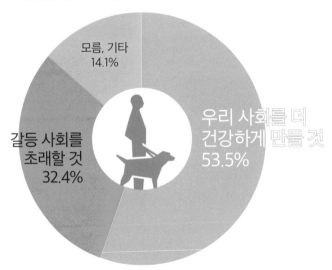

모름, 기타
14.1%

갈등 사회를
초래할 것
32.4%

우리 사회를 더
건강하게 만들 것
53.5%

란 단체는 최대 다수의 불행과 불편을 야기해야 본인들의 주장이 관철된다는 비문명적인 관점으로 불법 시위를 지속하고 있습니다"라고 말하며 반대 입장을 분명히 했다.

박경석 전장연 대표는 "다른 전략을 안 썼다면 다른 전략을 고민할 수 있습니다. 저희가 22년을 외쳤는데 이 사회는 무관심했고 방치했습니다"라고 항변했다.

전장연이 2022년 6월 20일 이동권 보장을 외치며 지하철 탑승 시위를 재개하자, 서울경찰청장은 "지구 끝까지 찾아가서라도 반드시 사법처리하겠다"고 밝혔다. 그렇다면 과연 시민들도 장애인 시위를 '엄단할 범죄'로 여기고 있을까.

공공의창(우리리서치)과 《서울신문》은 2022년 6월 29일 시민 800명에게 장애인 이동권과 시위에 대한 의견을 물었다.

장애인 이동권 시위의 불편 감수에 대해 응답자의 58.3%가 '장애인의 대중교통 탑승은 당연한 일이다. 개인 일정에 차질이 생겨도 감수할 수 있다'고 답했다. '불편을 감수 못 하겠다'는 32.9%였다.

더 나아가 응답자의 53.5%는 '장애인 이동권 이슈가 우리 사회를 더 건강하게 만들 것'이라고 평가했다. '갈등 사회로 만들 것'이라는 응답은 32.4%에 그쳤다.

또한 '장애인이 되거나 거동이 불편해졌을' 상황을 전제로 현 이동권 보장 수준에 만족하는지 물었더니 67.6%가 '만족하지 못할 것 같다'고 답했다. 장애인 생활·활동 여건 수준에 대해서는 65.5%가

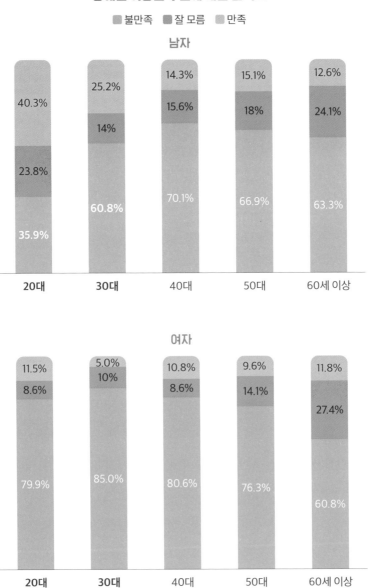

장애인 이동권 수준에 대한 만족도

■ 불만족　■ 잘 모름　■ 만족

남자

	20대	30대	40대	50대	60세 이상
불만족	40.3%	25.2%	14.3%	15.1%	12.6%
잘 모름	23.8%	14%	15.6%	18%	24.1%
만족	35.9%	60.8%	70.1%	66.9%	63.3%

여자

	20대	30대	40대	50대	60세 이상
불만족	11.5%	5.0%	10.8%	9.6%	11.8%
잘 모름	8.6%	10%	8.6%	14.1%	27.4%
만족	79.9%	85.0%	80.6%	76.3%	60.8%

'좋지 않다'고 진단했다.

장애인 지하철 탑승 시위 중 여러 시민이 불편을 겪자 정치권은 '시민을 볼모 삼는다'며 갈등을 야기했지만 시민 상당수는 시위의 배경을 이해하고, 이동권 보장에 공감하고 있었다.

장애인 이동권 관련 갈등의 근본적 책임이 있는 집단으로는 가장 많은 응답자가 정치권(29.6%)과 정부(27.6%)를 꼽았다.

그런데 2022년 4월부터 장애인 이동권 시위를 두고 온라인에서 장애인을 조롱하고 공격하는 혐오 표현이 쏟아진 것은 여론조사 결과와는 분위기가 달랐다. 이런 결과는 노골적인 장애인 혐오가 사회 전반에 걸친 현상이 아니라는 것을 의미한다. 그렇다면 혐오와 조롱은 어디에서 비롯된 것일까?

응답자를 성별·연령별·정치 성향으로 나눠 분석했고, 성·연령 분류에서 실마리를 찾을 수 있었다. '장애인 시위로 일정에 차질이 생기는 것을 감수할 수 없다'를 더 많이 선택한 집단은 20·30대 남성이 유일했다. 같은 연령대라도 성별에 따라 차이가 커서 세대의 특징이라고 볼 수도 없다. 20대 남성의 46.9%가 '감수할 수 있다', 48.2%가 '감수 못 한다'고 답했다. 30대 남성은 47.6%가 '감수', 50.5%가 '감수 못 함'이라고 답변했다. 반면 여성의 경우 '감수 못 함'을 선택한 비율이 20대 26.3%, 30대 22.2%로 같은 연령대 남성보다 매우 낮았다.

장애인 이동권 갈등의 책임 소재를 묻는 문항에도 20·30대 남성은 타 연령대와는 다른 답을 내놨다. 전체 응답자가 책임 집단으로 정치권(29.6%)에 이어 정부(27.6%), 언론(11.8%), 장애인(10.3%)을 꼽은 반면, 20대 남성은 정치권(30.5%), 장애인(21.6%) 정부(18.4%) 순으로 선택했다. 30대 남성 역시 정치권(29.8%), 장애인(23.7%), 정부(22.9%) 순으로 책임 집단을 지목했다.

아울러 장애인 이동권 수준에 대한 만족도 질문에 전체 응답자의 67.6%가 '만족하지 못할 것 같다'고 답했지만 20대 남성만 '만족할 것 같다'가 40.3%로 '만족하지 못할 것 같다'(35.9%)보다 많았다. 또한, 20대 남성(56.0%)과 30대 남성(50.5%)의 절반 이상이 '장애인 이동권 이슈가 우리 사회를 갈등 사회로 만들 것'이라고 답변했다. 이 두 그룹을 제외한 나머지 응답자들은 '우리 사회를 건강하게 만들 것'이라는 데 더 많은 공감(53.5%)을 표시했다.

종합하면 20·30대 남성 응답자에게서 '장애인의 이동권은 현재도 만족스러운데 장애인들의 이기적 행동으로 인해 우리 사회는 갈등 사회가 될 것이며, 불편도 감수할 수 없다'는 의식의 흐름이 엿보인다.

연령과 성별 외의 다른 변수는 크게 작용하지 않았다. 지역별로 보면 장애인 지하철 시위가 집중된 서울은 이동권 이슈가 사회를 더 건강하게 만들 것이란 응답이 57.4%로 절반을 넘었고, 정치 성향에 따라 조금씩 차이는 있었지만, 자신을 진보·중도·보수라고 답한 사람 모두 절반 이상이 '장애인 이동권 보장 수준이 불만족스럽다'

고 했다. 시위 방식엔 이견이 있어도 시위의 배경에 대해선 공감한다는 의미로 읽힌다.

여론조사를 진행한 유봉환 우리리서치 대표는 이에 대해 "20·30대 남성의 경우 이준석 국민의힘 대표의 영향이 크지 않았을까 한다. 이 대표와 전장연의 대립이 큰 이슈를 만들었고, 20·30대 남성의 상당수가 '시민을 볼모로 한 투쟁 방식'이라는 이 대표의 입장에 동조한 것으로 보인다"고 분석했다.

한편 장애인 이동권 보장을 위해 우선 개선해야 할 사항으로는 응답자 중 가장 많은 32.3%가 경사면 등 인도 보행을 꼽았고, 버스·정류장(18.4%), 지하철(10.8%), 장애인 콜택시(9.8%), 지하철 역사(9.5%)가 뒤를 이었다. 앞에서 말했듯이 숙의토론에서는 장애인 콜택시 해결이 시급하다는 의견이 가장 많았다.

• 관련 기사: 이현정·김주연 기자, 「이대남 절반 "시위 불편 못 참아"··· 전장연 저격한 이준석에 동조」, 《서울신문》, 2022년 7월 12일.
• 숙의토론 진행: 코리아스픽스, 2022년 6월 25일, 장애인과 비장애인 참가자 36명.
• 여론조사: 우리리서치, 2022년 7월 10일, 전국 성인 800명 대상. 표본오차는 95% 신뢰수준에서 ± 3.5%p.

공공의창(리서치DNA)과 《서울신문》, 장애인인권포럼은 2019년 4월 16일 전국 성인 1,001명을 대상으로 '장애인 인권에 대한 국민 인식조사'를 진행했다. 표본오차는 95% 신뢰수준에서 ±3.1%p다.

장애인·비장애인 구분 없이 함께 생활하는 게 지역과 사회 발전에 더 이로운가?

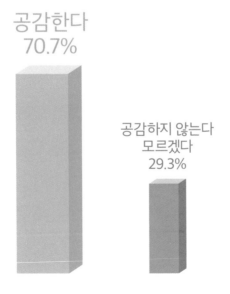

공감한다
70.7%

공감하지 않는다
모르겠다
29.3%

거주하는 지역에 장애인 생활 공간이 들어오는 것을 찬성하는가?

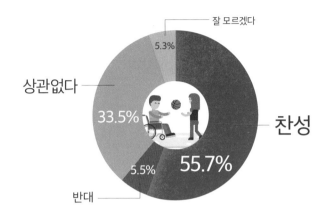

잘 모르겠다
5.3%

상관없다
33.5%

찬성
55.7%

5.5%

반대

자녀가 다니는 어린이집이나 학교에 특수교사의 도움을 받는 발달장애인이 함께 다니는 것을 찬성하는가?

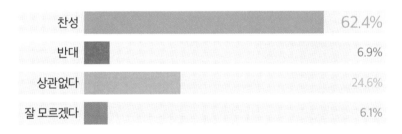

찬성	62.4%
반대	6.9%
상관없다	24.6%
잘 모르겠다	6.1%

장애인 이해와 인권 감수성

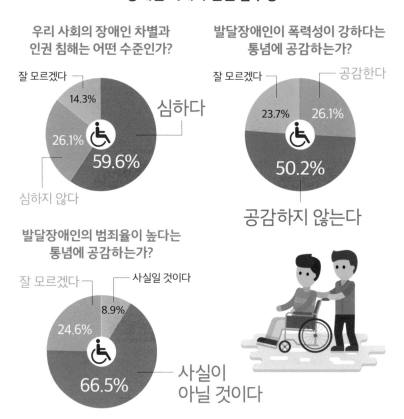

우리 사회의 장애인 차별과 인권 침해는 어떤 수준인가?

잘 모르겠다 14.3%

심하지 않다 26.1%

심하다 59.6%

발달장애인이 폭력성이 강하다는 통념에 공감하는가?

잘 모르겠다 23.7%

공감한다 26.1%

공감하지 않는다 50.2%

발달장애인의 범죄율이 높다는 통념에 공감하는가?

잘 모르겠다 24.6%

사실일 것이다 8.9%

사실이 아닐 것이다 66.5%

장애인과 함께 사는 사회를 만들기 위해 가장 먼저 필요한 것은?

44.5%	장애인에 대한 편견 극복과 인식 개선
30.7%	학교·직업 교육기관 확대
17.8%	보건 복지 서비스 구축
7.0%	잘 모름, 기타

성년 후견을 받는 의사결정 능력 장애인이나 정신장애인이
공무원이나 전문성이 필요한 직업 활동을 할 수 없도록
제한한 데 대해서 어떻게 생각하는가?

47.2%　법으로 기회마저 차단하는 것은 옳지 않다

34.8%　법으로 자격을 제한해야 한다

18%　잘 모름, 기타

장애인 자녀의 육아비 국가 지원을 어느 정도로 해야 하는가?

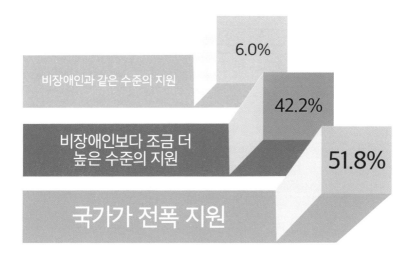

6.0%

비장애인과 같은 수준의 지원

42.2%

비장애인보다 조금 더
높은 수준의 지원

51.8%

국가가 전폭 지원

정부의 장애인 정책에 대해 평가하면?

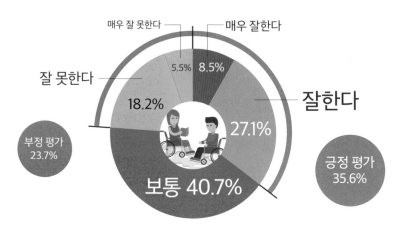

매우 잘 못한다

매우 잘한다

잘 못한다

5.5% 8.5%

잘한다

18.2%

27.1%

부정 평가
23.7%

긍정 평가
35.6%

보통 40.7%

7장

권력과 책임

사회적 참사와
정부의 역할

2022년 10월 29일 토요일, 서울 용산구 이태원에는 할로윈 축제를 즐기려는 수많은 인파가 몰렸다. 좁은 골목에 인원이 밀집하여 압사 사고가 발생하였고 159명이 사망하는 비극이 일어났다. 참사와 마주한 정부에게는, 희생자를 추모하고 유가족을 위로하는 한편 사고의 원인을 규명하고 책임자를 처벌하며 같은 비극이 다시 일어나지 않도록 대책을 세우는 일이 중요했다. 그런데 사고의 책임에 대한 정부의 태도는 반발을 불러왔다.

윤석열 대통령은 "엄연히 책임이라고 하는 것은 있는 사람에게 딱딱 물어야 하는 것이지, 그냥 막연하게 다 책임지라 하는 것은 현대 사회에서 있을 수 없는 이야기다"라고 말했다. 수사를 통해 불법 행위가 있었는지 밝히고 그에 따라서만 책임을 물을 수 있다는 인

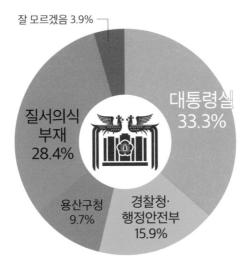

이태원 참사 책임 주체

잘 모르겠음 3.9%

대통령실
33.3%

질서의식
부재
28.4%

용산구청
9.7%

경찰청·
행정안전부
15.9%

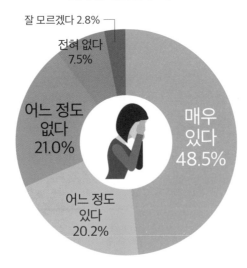

참사에 대한 정부 책임

잘 모르겠다 2.8%

전혀 없다
7.5%

어느 정도
없다
21.0%

매우
있다
48.5%

어느 정도
있다
20.2%

식에 따라 '법적 책임'만 이야기했다. 지도자로서 정치적·도덕적 책임은 회피하는 듯했다.

윤 대통령은 대통령, 대통령실, 행정안전부 등 더 큰 권한과 책임을 지닌 주체를 제쳐둔 채 경찰을 향해서만 호통쳤다. 대통령 비서실장은 국정감사 때 "국정상황실은 재난 컨트롤타워가 아니다"라고 말했다. 국민 안전의 최고 책임자인 이상민 행정안전부 장관도 자신의 책임을 외면했다. 이 장관은 참사 발생 직후 "우려할 만큼 많은 인파가 몰리지 않았다. 경찰을 배치해 해결될 문제가 아니었다"라고 말해 국민적 비판을 불렀다. 하지만 윤 대통령은 그런 이 장관을 합동분향소 조문에 이틀 연속 동행시키며 신뢰를 보였다.

이태원 참사에 대한 가장 큰 책임은 누구에게 있을까? 그리고 대통령은 통치자로서 참사를 어떻게 수습하고 향후 대책을 수립해야 할까? 공공의창(휴먼앤데이터)과 《경향신문》은 2022년 11월 4~7일 전국 18세 이상 1,023명을 대상으로 이태원 참사 관련 시민 인식 조사를 진행했다.

"이태원 참사를 책임져야 할 주체를 누구라고 보는가"라고 물었다. 응답자의 67.7%가 '정부의 책임'이라고 답변했다. 특히 33.3%가 '국정을 총괄하는 대통령실'을 꼽았다. 이태원 참사와 관련해 대통령실이 포괄적인 책임을 져야 한다는 인식을 보였다. 이어 24.7%는 경찰청과 행정안전부, 9.7%는 용산구청에 책임이 있다고 답했다. 28.4%는 '시민들의 질서의식 부재'가 문제였다고 응답했다. 조사를

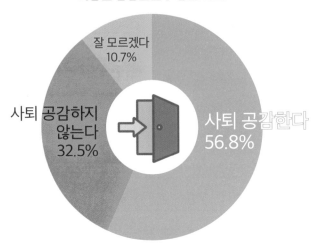

이상민 행정안전부 장관 사퇴

잘 모르겠다
10.7%

사퇴 공감하지
않는다
32.5%

사퇴 공감한다
56.8%

'사회적 참사'라는 인식

잘 모름
13.5%

공감하지 않는 편
28.7%

공감하는 편
57.8%

진행한 이은영 휴먼앤데이터 소장은 "질서의식 부재를 꼽는 답변이 예상보다 조금 높게 나왔는데, 대통령 지지율과 유사한 수준이라고 본다"고 말했다.

이번 참사에 "정부 책임이 어느 정도 되느냐"는 질문에는 68.7%가 정부 책임이 매우 있거나(48.5%) 어느 정도 있다(20.2%)고 답했다. 정부 책임이 '전혀 없다'는 답은 7.5%, '어느 정도 없다'는 답은 21%에 불과했다.

"이번 사안에 대해 책임을 지고 이상민 행정안전부 장관이 사퇴하는 것에 어떤 입장인가"라는 질문 56.8%의 응답자가 '사퇴에 공감한다'고 답했다. '사퇴에 공감하지 않는다'는 32.5%, '잘 모르겠다'는 10.7%였다.

이번 재난이 국가적 지원을 해야 하는 사회적 참사라는 의견에 대해서는 응답자 중 57.8%가 '공감하는 편'이라고 답했다. '공감하지 않는 편'이라는 답은 28.7%, '잘 모르겠다'는 13.5%였다.

이태원 참사 후 정부는 분향소와 공식 문서 등에서 '참사' 대신 '사고', '피해자·희생자' 대신 '사망자'라는 용어를 사용해 '책임을 회피하려 한다'는 비판을 받았다. 이와 관련해 김대기 대통령실 비서실장은 "중대본에서 실무자들이 그렇게 썼는데 저희는 지금 그 용어가 그렇게 크게 중요하지 않다"며 "저희도 참사, 희생자라는 말을 썼다"고 했다.

참사의 정확한 원인 규명을 위해서는 국정조사나 특검을 해야

이태원 참사 진상 규명 방식

경찰청 특별수사본부
8.6%

잘 모르겠다
11.4%

대검 중심의
감찰과 수사
15.6%

검경
합동수사단
15.9%

여야 합의
국정조사 25.3%

여야
합의
특검
23.2%

참사 이후 우선 과제

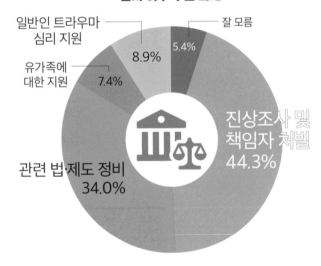

일반인 트라우마
심리 지원
8.9%

잘 모름
5.4%

유가족에
대한 지원
7.4%

진상조사 및
책임자 처벌
44.3%

관련 법·제도 정비
34.0%

한다는 의견이 절반에 가까웠다. '여야 합의하에 국정조사'가 필요하다는 의견이 25.3%로 가장 많았고, '여야 합의하에 특검'(23.2%)이 뒤를 이었다. '검경 합동수사단 구성'(15.9%), '대검의 감찰과 수사'(15.6%), '경찰청 특별수사본부 수사'(8.6%)를 통해 진상을 조사해야 한다는 의견도 있었다.

국정조사와 특검(특별검사제도)을 도입해야 한다는 응답이 많은 것은 현재 진행 중인 경찰 수사가 '꼬리 자르기'식으로 끝날 것이라는 우려를 반영하는 것으로 보인다. 대통령실, 국무총리, 재난·안전 주무 부처 수장인 행정안전부 장관 등 윗선이 아닌 일선 경찰을 처벌하는 선에서 수사를 마무리 짓는 것 아니냐는 의혹이 제기되었다. '특검 도입' 의견은 경찰의 '셀프 수사'가 철저한 진상 규명에 장애가 될 것이라는 불신 때문으로 추측된다.

이태원 참사 이후 우선 과제로는 '진상 조사 및 책임자 처벌'이 필요하다는 의견이 44.3%로 가장 많았다. '관련 법·제도 정비'(34%), '시민 트라우마 심리지원'(8.9%), '유가족에 대한 지원'(7.4%)이 뒤를 이었다.

2014년 세월호 참사 이후에도 우리나라에서는 많은 이들이 예상치 못한 곳에서 죽음을 맞았다. 왜 이런 참사가 반복적으로 발생할까? 우리나라에서 대형 참사가 계속 발생하는 첫 번째 원인으로는 응답자들은 '안전을 경시하는 사회 분위기'(39.4%)를 가장 많이 꼽았다. '정부의 무책임'(37.5%) 때문이라는 응답도 이와 비슷하게 나왔

한국 사회 대형 참사 반복 이유

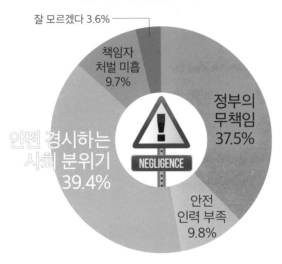

잘 모르겠다 3.6%

책임자
처벌 미흡
9.7%

안전 경시하는
사회 분위기
39.4%

정부의
무책임
37.5%

안전
인력 부족
9.8%

NEGLIGENCE

세월호 참사 이후 안전 제도 정비

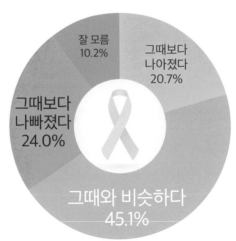

잘 모름
10.2%

그때보다
나아졌다
20.7%

그때보다
나빠졌다
24.0%

그때와 비슷하다
45.1%

다. 그 외 '안전인력 부족(9.8%)', '책임자 처벌 미흡(9.7%)'이 있었다.

69.1%의 응답자들은 세월호 참사 이후에도 사회적으로 안전에 대한 법·제도 정비나 투자 등이 제대로 이루어지지 않았거나 오히려 더 나빠졌다고 느끼고 있었다. "안전에 관한 법·제도 정비와 안전에 대한 사회적 투자에 대해 어떻게 보느냐"는 물음에 45.1%는 '그때와 비슷하다'고 답했고 24%는 '그때보다 나빠졌다'고 지적했다. 상황이 '나아졌다'는 답은 20.7%에 그쳤고, '잘 모르겠다'는 10.2%였다.

응답자들은 이태원 참사에 대해 언론의 사실 확인 노력이 부족하다고 지적했다. 응답자 41.9%가 언론의 '사실관계 확인 부족', 20%는 '선정적인 현장 보도'가 문제라고 봤다. 언론사 간 '경쟁적 속보(10.1%)'나 '무리한 유족 취재(5.8%)'가 잘못됐다는 의견도 있었다. '특별한 문제가 없었거나(9.5%) 잘 모르겠다(12.7%)'는 의견은 22.2% 였다.

- 관련 기사: 김한솔 기자, 「"대통령실이 이태원 참사 책임 가장 커"… "이상민 사퇴해야" 57%」, 《경향신문》, 2022년 11월 9일.
- 여론조사: 휴먼앤데이터, 2022년 11월 4~7일, 전국 18세 이상 1,023명, ARS, 표본오차는 95% 신뢰수준에서 ±3.1%p

기존 조사

공공의창(리서치DNA)과 《한겨레》는 2017년 11월 17~18일 19세 이상 1,007명을 대상으로 고위 공직자의 자질을 묻는 여론조사를 진행했다. 표본오차는 95% 신뢰수준에서 ±3.1%p다.

공직자 검증의 가장 중요한 기준은?

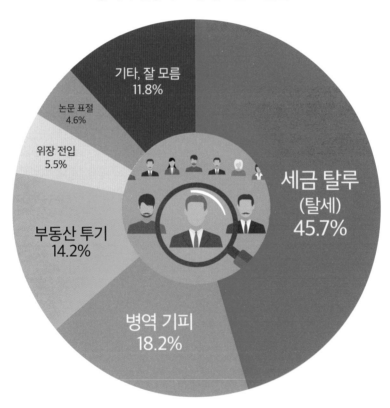

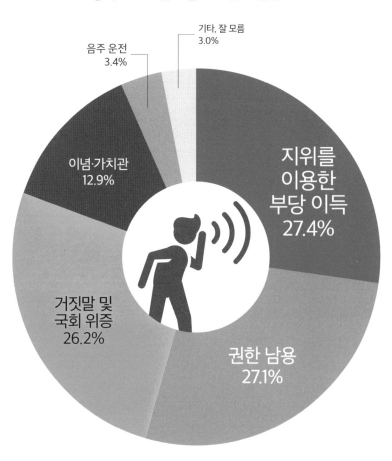

공직자로서 받아들이기 힘든 흠결은?

- 기타, 잘 모름 3.0%
- 음주 운전 3.4%
- 이념·가치관 12.9%
- 지위를 이용한 부당 이득 27.4%
- 거짓말 및 국회 위증 26.2%
- 권한 남용 27.1%

흑백 민주주의와
여백 없는 사회

촛불의 여망을 안고 집권한 문재인정부는 '민주주의'를 둘러싼 실험 무대에 섰다. 문 전 대통령은 이에 대해 적극적으로 나섰다. 촛불 집회, 댓글, 정책 제안 등을 직접민주주의의 예시로 거론하기도 했다. 청와대 청원 게시판을 운영했는데, 20만 명 이상 동의를 얻은 청원에는 정부 관계자가 직접 답했다. 또한, 신고리원전 5·6호기 건설 여부는 공론화위원회에 맡겨졌다.

그런데 정작 묻지 않은 근본적인 질문들이 존재한다. '국민은 현재 민주주의가 돌아가는 방식에 만족하는가?', '그들이 생각하는 민주주의는 무엇인가?' 코로나19 확산 후 이 물음들은 더 중요해졌다. 민주주의가 얼마나 잘 작동하는지에 따라 재난에 대한 대응의 효율이 달라지기 때문이다.

공공의창(피플네트웍스)과 《경향신문》은 그동안 묻혔던 질문을 직접 던지기로 했다. 2020년 12월, 전국 성인 남녀 1,021명을 대상으로 여론조사를 진행했다. 한국 민주주의에 대한 생각과 평가, 코로나19 확산 이후 불편과 정책적 대응에 대한 만족도 등의 문항으로 설문을 구성했다.

응답자의 97.2%는 '한국 사회에서 민주주의가 중요하다'고 봤다. 민주주의가 중요하지 않다고 생각하는 한국인은 거의 없었다. 한국의 민주주의가 제대로 작동하는지 판단을 물었을 때 51.5%는 그렇다고 답했다. 과반의 비율이지만, 나머지 48.5%는 한국의 민주주의가 제대로 작동하지 않는다고 본다는 뜻도 된다. '민주주의가 중요하다'는 데는 대다수의 생각이 일치했지만, 한국 민주주의가 국민 의견을 고루 반영하지 않는다는 비율도 높았던 것이다.

본인이 가진 문제가 사회 이슈로서 잘 다뤄지지 않는 이유가 무엇인지 물었다. '목소리를 내긴 하지만 정책에 반영되지 않는다'(42.4%)는 응답이 가장 많았다. '생업에 바빠서 시간이 없다'(20.0%), '목소리를 낼 창구가 없다'(15.5%)는 응답이 뒤를 이었다. 정부와 정치권이 국민의 목소리를 제대로 반영하지 않는다는 인식이 존재할 뿐만 아니라, 목소리를 낼 기회 자체가 없다고 느끼는 사람도 있었다.

"일터 등 일상에서 부당한 일을 겪을 때 어디서 도움을 받느냐?"는 질문에 대해 28.1%의 응답자가 '경찰·검찰·노동청·인권위 등 국

한국 사회에서 민주주의는 제대로 작동한다고 생각하십니까?

■매우 그렇다 ■대체로 그렇다 ■대체로 그렇지 않다 ■매우 그렇지 않다

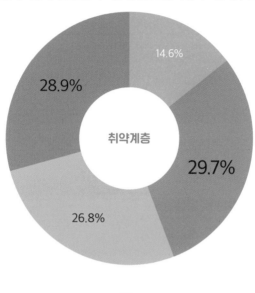

14.6%
28.9%
29.7%
26.8%
취약계층

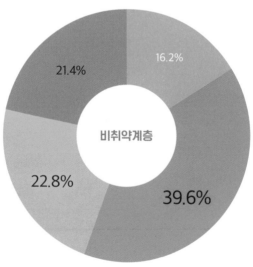

16.2%
21.4%
39.6%
22.8%
비취약계층

가기관'을 거론했다. 다음으로 '가족'이라는 답변이 23.0%였다. '없다'도 14.4%나 되었다. 중요한 때 공적 기관을 의지하지 않는 사람이 많았다.

응답자를 분석해보면, 스스로 취약계층이라 생각하는 사람일수록 한국 민주주의가 제대로 작동하지 않는다고 느꼈다. 전체 응답자의 37.3%가 자신을 취약계층으로 봤다. "한국 사회 민주주의는 제대로 작동한다고 생각하는가"라는 질문에 이들 중 55.7%가 '매우·대체로 그렇지 않다'고 답했다. 취약계층이 아니라고 답한 이들은 반대로, 55.8%가 한국 민주주의를 긍정적으로 평가했다.

민주주의를 긍정적으로 평가하는 이유에 대해서도 질문했다. '개인의 권리를 보장해주기 때문'이라는 응답이 30.9%로 가장 많았다. 다음으로 '부당한 권력을 감시·제어할 수 있기 때문'(26.9%), '다수가 원하는 의견이 반영되기 때문'(20.2%)의 이유를 들었다.

민주주의의 부정적인 측면에 대해서는 '사회 갈등이 오히려 증폭돼서'가 39.5%로 가장 응답률이 높았다. 다음은 '결정에 시간이 오래 걸려서'(20.0%)였다. '내 삶이 나아진다는 느낌이 들지 않아서'(16.9%)가 그다음 순위였다.

민주주의의 가장 중요한 요소가 무엇인지를 물었다. 30%의 응답자가 '시민의 직접 참여와 행동'을 꼽았다. '사회적 갈등·균열을 대표하는 정당 등 대의기구'이라고 답한 사람은 7.3%에 그쳤다. 두 항목은 각각 직접민주주의와 간접민주주의(대의제)를 대표하는 것이다.

민주주의는 한국 사회에서 얼마나 중요하다고 생각하십니까?

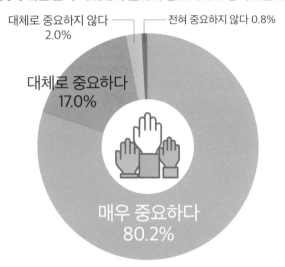

대체로 중요하지 않다
2.0%

전혀 중요하지 않다 0.8%

대체로 중요하다
17.0%

매우 중요하다
80.2%

민주주의에서 가장 중요한 것은 무엇이라고 생각하십니까?

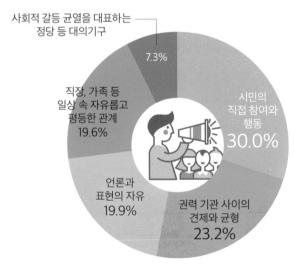

사회적 갈등 균열을 대표하는
정당 등 대의기구
7.3%

직장, 가족 등
일상 속 자유롭고
평등한 관계
19.6%

시민의
직접 참여와
행동
30.0%

언론과
표현의 자유
19.9%

권력 기관 사이의
견제와 균형
23.2%

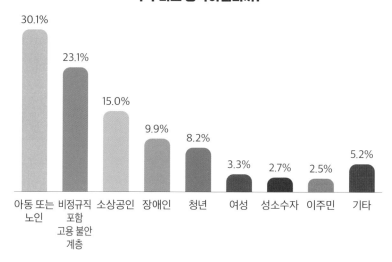

한국 사회에서 가장 보호가 필요한 취약계층(집단)은 누구라고 생각하십니까?

아동 또는 노인	비정규직 포함 고용 불안 계층	소상공인	장애인	청년	여성	성소수자	이주민	기타
30.1%	23.1%	15.0%	9.9%	8.2%	3.3%	2.7%	2.5%	5.2%

그런데 중요하게 여기는 민주주의 요소에 따라 현재 한국 민주주의에 대한 평가가 다르게 나타났다. '시민의 직접 참여와 행동'이라고 답한 응답자의 67.2%는 현재의 민주주의에 만족했다. 반면, '사회적 갈등·균열을 대표하는 정당 등 대의기구'라고 답한 사람의 67.3%가 민주주의 작동 현실을 부정적으로 평가했다. 직접민주주의를 중시하는 응답자 중 다수가 현재 한국 민주주의를 긍정적으로 보았고, 대의 기능을 중시하는 응답자 중 다수는 민주주의 제도가 제대로 작동하지 않는다고 평가한 것이다.

코로나19 확산 이후 가장 힘든 점으로 경제적 어려움을 꼽은 응답자가 36.6%로 가장 많았다. 감염에 대한 두려움은 34.8%로 그 뒤를 이었다. 코로나19 확산 이후 가장 어려운 점에 대한 체감은 계층에 따라 달랐다. 취약계층 52.2%가 경제적 어려움을 꼽았고, 28.3%가 감염 두려움, 9.7%가 관계 단절을 꼽았다. 취약계층이 아닌 응답자는 감염에 대한 두려움이 38.7%로 가장 힘든 점이라고 답했다. 그 다음으로 27.3%가 경제적 어려움, 17.9%가 관계 단절을 꼽았다.

코로나19를 비롯한 위기·재난 상황 극복을 위해 가장 중요한 점에 대해 '정부·정치권의 적절한 대처'라고 답한 비율이 39.7%로 가장 높았다. '공동체의 연대와 단결'(26.1%), '개인의 노력(21.8%)'이란 응답이 뒤를 이었다.

그런데 "정치권이 코로나19 확산 이후의 사회적 어려움을 잘 다루고 있는지"에 대한 질문에는 부정적인 응답이 높았다. '매우 그렇지 않다'가 34.4%, '대체로 그렇지 않다'가 30.2%로 64.6%가 정치권의 대응이 부족하다고 답했다. 부정적인 답변은 자신을 사회적 약자로 인식할수록 더 높게 나왔다. 스스로 취약계층이라고 답한 응답자 중 42.9%가 자신의 어려움을 정치권이 '매우' 잘 다루지 못한다고 답했다. 대체로 잘못 다룬다는 답을 합하면 71.9% 응답자가 정치권 대응이 미진하다는 의견이었다. 반면 자신이 취약계층이 아니라고 답한 응답자 중에서 정치권이 '매우' 잘 다루지 못한다는 비율은 29.4%였다.

설문조사에서 우리 국민이 '연대·배려'의 중요성을 인식하고 있음이 나타났다. "방역을 위해 개인의 불편을 감수해야 한다면 그 이

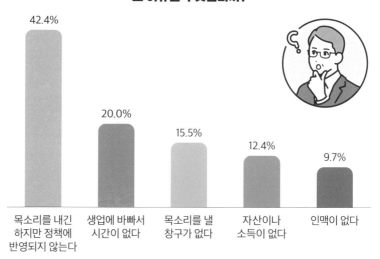

선생님의 문제가 사회에서 제대로 다뤄지지 않는다면 그 이유는 무엇입니까?

42.4%
20.0%
15.5%
12.4%
9.7%

목소리를 내긴
하지만 정책에
반영되지 않는다

생업에 바빠서
시간이 없다

목소리를 낼
창구가 없다

자산이나
소득이 없다

인맥이 없다

유는 무엇입니까"라는 질문에 58.2%가 '내가 방역에 협조하지 않으면 다른 시민이 피해를 볼 수 있기 때문'이라고 답했다. 그리고 31.6%는 '내가 희생한 만큼 결국 나에게도 이득이 될 것이기 때문'이라고 했다. 공동체를 위한 자발적 연대·배려가 89.8%가 되었다. 이는 '정부나 기관의 지시를 따르지 않으면 법적 처벌 등 불이익을 받을 수 있기 때문'(4.2%)이나, '다른 사람이 비난하기 때문'(3.1%) 등 처분·시선에 대한 두려움이 낮은 비율인 것과 분명한 대비를 이루었다. '불편을 감수할 이유가 없다'라는 응답은 2.9%에 불과했다.

최근 한국 정치는 '극한 대결'로 요약된다. 정치권 바깥에서는 이를 염려하는 목소리가 많이 나온다. 하지만 대결 양상은 더 굳어지

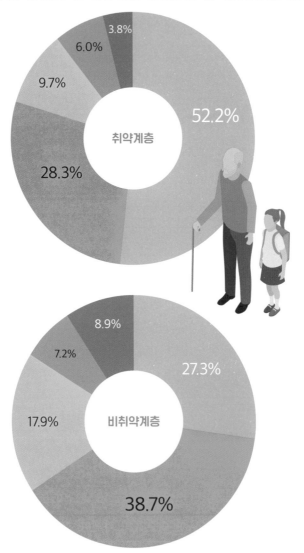

코로나19 확산으로 가장 어려운 부분은 무엇입니까?

경제적 어려움   감염 두려움   관계 단절   돌봄 노동 가중   우울 등 감정적 문제

취약계층

3.8%
6.0%
9.7%
28.3%
52.2%

비취약계층

8.9%
7.2%
17.9%
27.3%
38.7%

고 있다. 이 현상으로 이익을 얻는 집단들이 대결을 더욱 부채질하는 듯하다. 극한 대결 상황에서 정치적 피아 구분이 뚜렷한 이슈, 특정 집단의 관심을 받는 이슈, 다수 유권자의 표를 모을 수 있는 이슈, 대중의 공분을 자극하는 이슈가 두드러진다. 반면에 정치적 대립과는 거리를 둔 생활의 문제들, 코로나19로 영업이 제한된 사업장의 직원들, 쇠약한 노인, 종합부동산세를 낼 일 없는 지방 소도시 세입자, 기후변화로 황폐해진 바다에서 물질하는 제주 해녀 등의 목소리는 대결의 큰소리에 묻혀버렸다.

세상에는 다양한 색깔의 목소리가 있지만, 정치권과 공론장에는 양극단의 목소리만 크게 울린다. 이런 정치 현실에 대해 《경향신문》은 '흑백 민주주의'란 이름을 붙였다. "너는 흑이냐, 백이냐"라는 윽박지름이 이어진다. 《경향신문》과의 인터뷰에서 장은수 편집문화실험실 대표는 "서울 등 대도시 중산층의 의견이 공통 감각인 것처럼 과잉대표돼 있다"고 지적했다. 그리고 한숭희 서울대 교수는 "'의제'란 자신의 입장에서의 유불리를 떠나 객관적으로 존재하는 '모순'을 분석하고 해결점을 모색하는 과정인데, 우리 사회에서는 모든 문제가 정치적 승패를 위한 수단일 뿐"이라고 말했다.

여론조사에서 민주주의가 중요하다고 답한 97.2%와 민주주의가 제대로 작동하지 않는다고 생각하는 48.5%. 이 두 비율의 간극을 좁히는 것이 '촛불 이후 민주주의'의 과제다. 코로나19의 확산은 정부의 빠르고 정확한 대응을 넘어, 공동체의 연대와 신뢰가 재난을

위기, 재난 상황의 극복을 위해 가장 중요한 것은 무엇이라 생각하십니까?

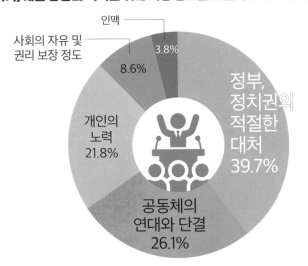

코로나19 확산 이후 당신에게 닥친 어려움을 정치권이 잘 다루고 있습니까?

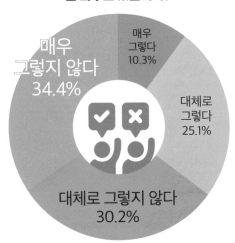

극복하는 데 필수적인 요소임을 다시 확인시켰다. 코로나19 이후의 삶을 재구성하기 위해서라도, 한국의 민주주의가 다양한 목소리를 고르게 존중하고 있는지 살펴봐야 한다.

시민들은 현재 한국 사회가 논의해야 할 가장 중요한 사안으로 부동산 문제를 꼽았다. '검찰 개혁'은 40~50대에서 가장 중요한 사안으로 꼽혔으나, 동시에 모든 응답자를 통틀어 '중요성에 비해 과도하게 논의된 사안'으로도 지목됐다.

'한국 사회에서 가장 중요한 사안'을 묻는 질문에 응답자의 37.7%가 부동산 문제를 꼽았다. 검찰 개혁(21.5%), 경제적 양극화 해소와 복지(12.5%)가 뒤를 이었다. 응답자들은 노동, 지역, 여성·장애인 등 약자 보호에 대해서는 상대적으로 무관심했다. 산업재해 등 노동권을 중요 이슈로 꼽은 시민은 6.8%, 여성·장애인 등 사회적 약자의 권리 신장과 차별 금지를 거론한 시민은 5.5%에 그쳤다. 지방분권은 2.1%로 관심에서 밀렸다.

검찰 개혁 의제의 중요도는 세대별로 다르게 인식됐다. 40대는 30.2%, 50대는 27.3%가 검찰 개혁을 가장 중요한 의제로 봤다. 반면 20대(18·19세 포함)는 11.2%만이 검찰 개혁을 중요 의제라 답했다. 60대, 30대 역시 각기 16.8%, 23.8%로 40대·50대 대비 검찰 개혁의 중요도를 낮게 평가했다. 특히 20대는 부동산 문제 다음으로 경제적 양극화와 복지를 중요 이슈로 거론했다. 대부분의 세대에서 검찰 개혁은 부동산 이슈 다음 순위를 차지했다.

전 지구적으로 중요한 문제지만 당장 일상에서 체감되지 않는 이슈는 큰 관심을 끌지 못했다. 기후위기라는 응답은 1.8%였고, 한반도 평화는 1.2%로 가장 낮은 응답률을 보였다.

이러한 여론조사 결과는 《경향신문》이 2020년 11~12월, 전문가 62명을 인터뷰한 내용과는 큰 차이가 있다. 전문가 7명이 기후위기가 중요한 이슈라 답했고, 전문가 11명이 외면한 의제였다. 전문가들은 산업재해를 포함한 노동 문제 해결, 복지 및 사회안전망 확충 등 이슈를 고르게 지적했다. 그리고 검찰 개혁을 과잉 논의된 주제로 가장 많이 거론했다.

한편 '실질적 중요성에 비해 과도하게 논의된 사안'으로는 '검찰 개혁'을 꼽은 응답자가 33.9%로 가장 많았다. '부동산 문제'라는 응답자가 26.6%, '여성·장애인 등 사회적 약자의 권리 신장과 차별 금지'라는 응답자가 11.9%로 그다음 순위를 차지했다. 반면 '경제적 양극화 해소와 복지'가 과도하게 논의됐다고 본 의견은 4.3%에 불과했다. 세대별로는 60대의 40.2%가 '검찰 개혁'이 가장 과도하게 논의된 이슈라고 답했다. 40대의 37.2%, 50대의 37.2% 응답자도 검찰 개혁을 가장 부풀려진 이슈로 봤다. 그런데 40·50대는 검찰 개혁을 가장 중요한 의제로 거론했던 집단이기도 하다. 다른 세대와 달리 20대 26.2%는 '여성, 장애인 등 사회적 약자의 권리 신장과 차별 금지'가 부풀려진 의제라고 인식했다. 검찰 개혁이라고 답한 21%보다

한국 사회에서 가장 중요한 사안은 무엇이라고 생각하십니까?

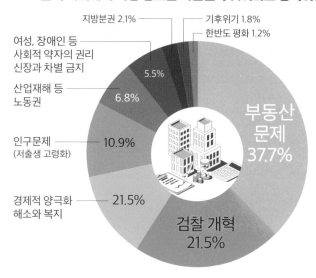

- 지방분권 2.1%
- 기후위기 1.8%
- 한반도 평화 1.2%
- 여성, 장애인 등 사회적 약자의 권리 신장과 차별 금지 5.5%
- 산업재해 등 노동권 6.8%
- 인구문제 (저출생 고령화) 10.9%
- 경제적 양극화 해소와 복지 21.5%
- 부동산 문제 37.7%
- 검찰 개혁 21.5%

실질적인 중요성에 비해, 가장 과도하게 논의되는 사안은 무엇이라고 생각하십니가?

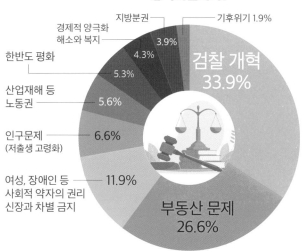

- 지방분권
- 기후위기 1.9%
- 경제적 양극화 해소와 복지 3.9%
- 한반도 평화 4.3%
- 산업재해 등 노동권 5.3%
- 인구문제 (저출생 고령화) 5.6%
- 여성, 장애인 등 사회적 약자의 권리 신장과 차별 금지 6.6%
- 11.9%
- 검찰 개혁 33.9%
- 부동산 문제 26.6%

더 높았다.

'한반도 평화'가 과도하게 논의된 주제인지에 대해선 세대별 판단이 갈렸다. 20대는 9.7%, 30대는 8.6%가 실제 중요성보다 부풀려진 이슈라고 보았다. 50대는 2.6%, 60대는 2.7%만이 과잉 논의됐다고 답했다. 30대는 4.8%로 2030과 5060 사이였다.

한국 사회가 지향해야 할 가치로는 '공정'을 거론한 응답자가 40.7%로 가장 많았다. '평등' 14.0%, '자유' 13.3%, '협력' 13.1%, '성장' 10.9%가 다음 순위였다. '평화'는 8%로 가장 적은 응답자가 선택했다. 특히 30대 중에서 '평화'를 꼽은 응답자는 2.9%에 그쳤다. 30대는 '공정'이 우리 사회가 지향해야 할 가치라고 가장 많이 응답(48%)한 세대다. 흔히 20대가 공정을 중시하는 세대로 여겨지지만, 조사 결과 공정을 거론한 비율은 30.5%로 전 세대에서 가장 낮았다.

· 관련 기사: 조문희 기자, 「국민 48.5% "한국 민주주의 제대로 작동 안 한다"」, 《경향신문》, 2021년 1월 2일.
· 여론조사: 피플네트웍스, 2020년 12월 15일, 전국 18세 이상 1,021명, ARS, 표본오차는 95% 신뢰수준에서 ±3.1%p

제 머리 못 깎는 사법부:
법관 징계 현실과 대안

　우리나라 헌법은 법관 파면 절차를 다른 공무원의 파면 절차보다 더 엄격히 규정하고 있다. 법관을 파면하려면 국회의 탄핵소추와 헌법재판소의 결정이 있어야 한다. 사법부의 독립과 법관의 신분 보장이 법치주의의 핵심이기 때문이다. 판사는 3권 분립 원칙과 신분 보장 제도가 뒷받침된 가운데 헌법과 법률에 따라 공정하게 재판할 수 있다.

　법관의 신분 보장은 유무죄나 이해 충돌 사안의 최종 심판자인 사법부가 정치 권력과 금력, 여론 등에 휘둘리지 않도록 해야 한다는 대원칙이 반영된 것이다. 따라서 법관들은 어떤 공직자보다 더 엄격한 잣대를 스스로와 동료 법관들에게 적용해야 할 것이다.

　하지만《세계일보》가 2021년 2월 7일, 공무원 징계 및 윤리 전문가와 함께 1995년 이후 25년간 법관 징계 사례 43건을 전수 분석한 결과는 이와 달랐다. 전체의 60.4%인 26건이 다른 공무원과 비교해 솜방망이 처벌에 그친 것으로 나타난 것이다. 억대의 뇌물 수수·음주 뺑소니 사고 같은 엄중한 사안에서도 연루 법관들은 정직 이하의 약한 징계를 받았다. 반면 다른 공직자들은 유사한 사례에서 파면·해임 같은 중징계에 처해졌다. 파면·해임과 정직 이하 징계는 추후 공직 임용 제한과 공무원 연금·퇴직수당 삭감 등에서 근본적인 차이가 있다.

언론에 보도될 정도의 사회적 물의를 일으킨 뒤 아무런 징계 없이 사표가 수리된 법관도 1990년 이후 30명이 넘었다. 이 같은 '제식구 봐주기'식 법관 징계 관행은 국민의 사법 불신을 부채질하는 요인이 된다. 헌정 사상 처음으로 현직 법관이 탄핵 소추된 사태나 사법부 수장인 대법원장의 거짓말이 드러나 대법원장 탄핵론이 제기된 것도 이 같은 사법 불신의 귀결일 수도 있다.

분석에 참여한 한 전문가는 "헌법이 법관들의 신분과 재판의 독립성을 보장해주는 것은 '그만큼 높은 도덕성이 뒷받침될 것'이라는 전제에 따른 것이다. 다른 공무원과 비교해 법관들에게 오히려 낮은 수위의 징계만 이뤄져왔다는 사실은 우리 사회에 시사하는 바가 크다"라고 지적했다.

법관에 대한 자체 징계가 엄격하게 이루어지지 않는 현실에 대해 국민이 어떻게 받아들이는지를 여론조사를 통해 알아보았다. 공공의창(휴먼앤데이터)과 《세계일보》는 2021년 2월 5일, 전국 19세 이상 남녀 1,000명을 대상으로 법관 징계에 대한 인식을 조사했다.

범죄 판사에 대한 엄정한 징계가 사법부 신뢰에 긍정적인 영향을 주는지를 물었다. 응답자의 70.9%가 그렇다고 답했다. 재판 경험이 있는 응답자는 76.5%, 재판 경험이 없는 응답자의 69.5%가 그렇다고 답해서 의미 있는 차이를 보이지 않았다.

법관이 다른 직업보다 월등히 높은 윤리 기준을 적용받아야 한다는 여론은 뚜렷했다. 법관 징계 수준이 '다른 공무원보다 더 엄정해야 한다'는 응답은 76.6%로 '동일해야 한다'는 19.7%의 응답, '가벼워야 한다'는 1.3%의 응답보다 압도적으로 많았다. 이러한 인식은 법관 징계가 다른 공무원과 비교해 '솜방망이'로 이루어지는 현실과는 정반대이다.

조사에서 "법관에 관한 징계 기준이 필요한지"를 물었는데, 응답자의 85%가 그렇다고 답했다. 응답자 중 다수가 '징계'의 관점에서 법관도 얼마든지 파면 대상이 돼야 한다고 보았다. 뇌물 수수나 음주 뺑소니 등 중범죄를 저지른 경우 파면해야 한다는 의견이 60.7%였다. '다른 공무원 징계 수준을 감안해 파면해야 한다'는 응답도 20.3%나 됐다. '최대한 자제해야 한다'는 답변은 14.3%에 그쳤다. 그런데 법관 징계 조항에 파면·해임이 없다는 사실을 모르는 사람이 65.8%나 되었다.

조사 결과 법원에 대한 신뢰도 차이가 징계 수위에 대한 의견과

법관 징계 관련 여론조사

법원을 어느 정도 신뢰하십니까?

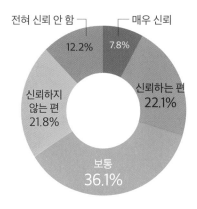

전혀 신뢰 안 함
12.2%

매우 신뢰
7.8%

신뢰하지
않는 편
21.8%

신뢰하는 편
22.1%

보통
36.1%

판사는 파면·해임등 징계가 없다는 사실을 알고 계십니까?

알고 있다
34.2%

모른다
65.8%

범죄 판사에 대한 강한 징계가 사법부 신뢰에 영향을 준다고 보십니까?

잘 모르겠다
16.3%

부정적
12.8%

긍정적
70.9%

헌법 취지에 따라 판사 파면은 자제돼야 한다고 생각하십니까?

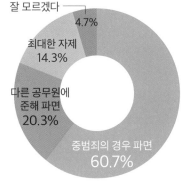

잘 모르겠다
4.7%

최대한 자제
14.3%

다른 공무원에
준해 파면
20.3%

중범죄의 경우 파면
60.7%

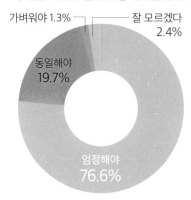

다른 공무원과 비교해 판사의 징계
수위는 어때야 한다고 생각하십니까?

가벼워야 1.3%　　　　잘 모르겠다
　　　　　　　　　　　　2.4%

동일해야
19.7%

엄정해야
76.6%

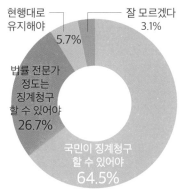

법원장 등만 징계를 청구할 수
있는것을 어떻게 생각하십니까?

현행대로　　　　　　잘 모르겠다
유지해야　　　　　　3.1%
　　　5.7%

법률 전문가
정도는
징계청구
할 수 있어야
26.7%

국민이 징계청구
할 수 있어야
64.5%

정직 6개월 징계 판사의 연금 등을
삭감해야 한다는 주장에 찬성하십니까?

잘 모르겠다
11.8%

반대
10.3%

찬성
77.9%

직무 무관 비위·범죄도 탄핵 조건이
돼야 한다는 주장에 찬성하십니까?

잘 모르겠다
10.3%

반대
20.1%

찬성
69.6%

이어지는 것으로 나타났다. '법원을 신뢰한다'는 응답자의 50.4%가 '파면은 최대한 자제해야 한다'고 답한 반면 '신뢰하지 않는다'는 응답자들의 22.1%만 자제해야 한다고 답한 것이다. 법원을 신뢰하는 응답자들은 법관 징계 제도 강화를 전반적으로 부정적으로 판단했고, 60대 이상일수록 그 기류가 뚜렷해졌다.

탄핵 조건과 관련해 "직무와 무관한 범죄나 비위도 조건이 돼야 한다"는 데 대해 찬성 69.6% 반대 20.1%로 나타났다. 찬성이 반대의 3배 이상이었다. 헌법이 '직무상 법 위배'만 법관 탄핵의 조건으로 명시하고 있는 것과는 다른 인식이다.

개헌이 현실적으로 어려운 만큼, 법조계에서는 법관 징계에 대해 법원과 국회가 실현 가능한 대책을 마련해야 한다고 지적한다. 2016년 대법원이 스스로 제시한 징계 법관에 대한 공무원 연금 및 퇴직수당 삭감이 대안으로 거론된다. 공직자에게 연금 삭감은 치명적이다.

"정직 6개월 이상 판사의 연금과 퇴직수당을 깎아야 한다"는 데 대해 응답자의 77.9%가 동의한다고 응답했다. 법관 징계 강화에 대체로 부정적인 의사를 나타낸 60대와 70대 이상도 이 사안만큼은 각각 76.5%, 67.9%로 찬성 의견이 대다수였다.

조사를 진행한 이은영 휴먼앤데이터 소장은 "연금 삭감 등 눈에 보이고 구체적인 사안에 대한 긍정 답변이 전체적인 제도 개선 응답률보다 높다는 점이 이번 조사의 특징이다. 사법부 독립이 훼손될 수 있다는 우려가 반영된 것으로 보인다"고 분석했다.

　법원장 등 소수만 가능한 징계 청구권의 확대도 하나의 방안으로 논의된다. 프랑스와 영국, 미국 등은 재판 결과에 대한 불만이 아니라면 일반인도 법관에 대한 징계를 제도적으로 청구할 수 있다. 조사에서는 '국민이 징계를 청구할 수 있어야 한다'와 '법률 전문가 수준에서 징계를 청구할 수 있어야 한다'는 응답이 각각 64.5%, 26.7%로 집계됐다.

• 관련 기사: 이창수·송은아·김선영·이창훈·이희진 기자, 「제 머리 못 깎는 사법부… 85% "법관에 맞춘 징계기준 필요"」, 《세계일보》, 2021년 2월 11일.
• 여론조사: 휴먼앤데이터, 2021년 2월 5일, 전국 19세 이상 1,000명, ARS, 표본오차는 95% 신뢰수준에서 ±3.1%p

공공의창(휴먼앤데이터)과 《한겨레》는 2018년 사법부의 '재판 거래 의혹'이 불거져 우리 사회가 충격에 빠졌을 때 전·현직 판사 3명, 제3자인 변호사 1명을 대상으로 표적 집단 심층 좌담(FGD)을 진행했었다. 이때 참가자들은 공통적으로 "법관은 기득권 존재이므로 자체 개혁이 어렵다"고 보았다.

사법부 개혁을 집안일로 생각하는 판사들

판사들이 이번 상황을 '집안일'로 선 긋고 있습니다. 법원 분위기를 보면 '우리 스스로 해결할 테니 간섭하지 말라'는 거 같아요. 그런데 사법 제도는 사법부가 아니라 국민의 재판청구권을 보호하기 위해 만들어놓은 거잖아요.
'우리 조직', '우리 사법부', '우리가 잘 해결할 수 있어'라고 하는데, 재판받는 사람들의 생각도 같이 들어가면서 해결해야 하는 게 맞다고 생각해요. 간섭이라고 못마땅해하면 안 되죠.

이것은 잘못한 사람이 벌줄 사람의 자격을 따지는 태도입니다. 지금 국민이 법원에 신뢰를 보내지 않는 것은 잘못 그 자체가 아니라 잘못이 드러난 이후의 태도 때문입니다. 잘못을 덮거나 감춰서 추락하는 거죠. 사법부 신뢰 회복은 간단해요. 잘못을 깨끗하게 인정하고 어떤 벌이든 달게 받겠다는 자세면 되는 거예요. 지금은 어때요? "우리도 잘못했다. 그런데 너는 깨끗하냐? 우리보다 더한 검찰이 우리를 수사해? 우리보다 덜하지 않은 국회가 개입해?" 이런 식이죠.

판사들은 재판하면 언제나 한쪽 당사자로부터 욕을 먹어요. 그래서 이런 외부 목소리에 흔들리면 안 된다는 훈련을 받죠. 게다가 외부는 주로 국민을 대표하는 국회가 되는 경우가 많아요. 정쟁이나 벌이는 국회가 과연 삼권 분립과 재판 독립을 지켜줄까, 오히려 국회가 재판에 직접 개입하는 게 아닐까 하는 불신이 크죠.

당시 심층 좌담이 끝나고 엿새 뒤인 2018년 12월 7일 법원은 박병대·고영한 전 법원행정처장(대법관)의 구속 영장을 기각했다. 좌담 참석자들에게 여기에 대한 추가 의견을 구했다.

범죄가 아니라고 위헌 행위가 합헌으로 바뀌지 않습니다. 이 사안을 제대로 해결하기 위한 첫 단추는 법관 탄핵입니다.

영장이 기각될 거라 예상했습니다. 이로 인해 탄핵이 더 중요해졌습니다.

기각을 예상했습니다. 전직이지만 대법관 구속 영장을 발부하면 법원의 존재 가치, 자존심을 스스로 허무는 느낌이라 쉽지 않았을 것입니다.

그 누구의 영장보다 법원의 부담과 고민이 컸을 것입니다. 이해합니다. 하지만 누가 그 고민의 결과를 수긍하겠습니까?

해외 원조,
확대해야 할까?

대한민국은 2010년 OECD 개발원조위원회(Development Assistance Committee, DAC)에 가입했다. 이로써 원조를 받던 나라에서 원조를 주는 나라로 바뀐 첫 사례가 되었다. 한국의 원조 규모는 1991년에는 5,700만 달러로 국민총소득(GNI)의 0.023%였지만, 2015년에는 19억 1,500만 달러로 GNI의 0.138%로 증가했다. 2017년 원조 규모는 22억 달러였다. 한국이 원조를 받던 나라 중 첫 번째 DAC 회원국이 된 것은 주목할 만한 발전상이지만, 경제 규모에 비해 원조의 규모가 크다고 평가할 수는 없었다.

그러나 한국 정부의 해외 원조에 대한 적극성은 점점 커졌다. 2023년 6월에는 2024년 유·무상 공적 개발 원조(Official Development Assistance, ODA) 예산안으로 사상 최대 규모인 6조

8,421억 원을 의결했다. 국제사회 기여 수준을 선진국 수준으로 높인다는 목표를 담은 것이다. 순수 인도적 지원만을 놓고 봤을 때도 정부의 2023년 예산은 2,744억 원으로 2022년의 2,366억 원에 비해 다소 늘었다.

이러한 해외 원조 확대를 우리 국민은 어떻게 받아들일까? '세계 인도주의의 날'인 8월 19일을 앞둔 2023년 8월 5~6일 공공의창(조원씨앤아이)과 메디피스, 《세계일보》는 해외 원조에 관한 국민 인식을 묻는 여론조사를 진행했다.

조사 결과를 보면 일반적으로 우리 국민은 해외 원조의 필요성에 공감하는 편이었다. 하지만 직접 참여하겠다는 의지는 낮았다. 인도적 지원에 대한 국민적 인식이 다소 정체된 것으로 분석된다. 원조가 필요한 이유와 방법에 대해서도 인도주의적 사고나 세계시민의식보다는 국가 중심적 사고가 더 강했다.

응답자 과반은 해외 원조 필요성에 공감했다. 65.1%가 우리나라가 다른 나라에 재원 등의 도움을 제공하는 해외 원조가 필요하다고 답했다. 필요하지 않다는 답변은 25.1%였다. 그런데 ODA 예산 증가에 대해서는 조금 더 조심스러운 반응을 보였다. 어느 정도 찬성한다는 의견이 41.5%, 매우 찬성한다는 의견이 17.9%로 찬성(59.4%)이 반대(34.4%) 응답보다 많았으나 단순히 해외 원조 필요성을 물었을 때보다는 소극적이었다. 하지만 여전히 과반수 응답이 해외 원조를 위한 예산 증가에도 긍정적이었다.

정부의 공적 개발 원조(ODA) 규모 확대 방침에 찬성하나

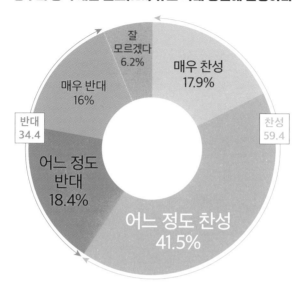

잘
모르겠다
6.2%

매우 반대
16%

매우 찬성
17.9%

반대
34.4

찬성
59.4

어느 정도
반대
18.4%

어느 정도 찬성
41.5%

해외 원조에 직접 참여할 의사가 있나

잘 모르겠다
16%

참여할
의향이 있다
31.8%

참여할 의향이 없다
52.2%

NGO 등을 통해 직접 해외 원조에 참여하겠느냐는 물었을 때는 소극성이 더 강해졌다. 참여할 의향이 있다는 답변은 31.8%였고, 52.2%가 '참여할 의향이 없다'고 답했다. 해외 원조가 필요하다고 답한 65.1%의 응답자 중 46.6%가 직접 원조에 참여할 의향은 없다고 한 점이 눈에 띈다. 조사를 진행한 김대진 조원씨앤아이 대표는 "해외 원조가 필요하다는 점은 느끼지만 스스로 참여하겠다는 세계시민으로서의 공동체의식은 부족한 것으로 보인다. 해외 원조에 대한 국민적 인식이 (자발성이 높은) 선진국형은 아니라는 것을 보여준다"라고 분석했다.

참여 의향이 있다고 밝힌 31.8%의 조사 대상자 중 48%는 '금전적 기부'를 참여 방법으로 꼽았다. 자원봉사활동 27.5%, 글로벌 캠페인 참여 18.1% 등이 그다음이었다. 바람직한 해외 원조 활동 유형으로는 재난 긴급 구호 활동을 꼽은 응답이 27.3%로 가장 많았다. 재난 등 긴급 구호 수요가 있을 때로 원조 필요성을 한정해 인식하는 경향이 존재하는 것으로 보인다. 튀르키예 지진, 수단 내전 등 재난이 일어났을 때 해외 원조 필요성이 자주 언론에 보도되는 점도 영향을 미친 것으로 보인다.

원조가 필요한 이유로는 '과거 한국도 원조를 받아서' 35.2%, '국제사회에서의 한국의 위상 제고를 위해서' 31.3%, '기본적 인권 보장을 위해서' 20%, '국내 기업의 해외 진출을 위해서' 12.7% 순이었다. 이러한 결과는 국내 해외 원조 필요성에 대한 인식이 인도주의

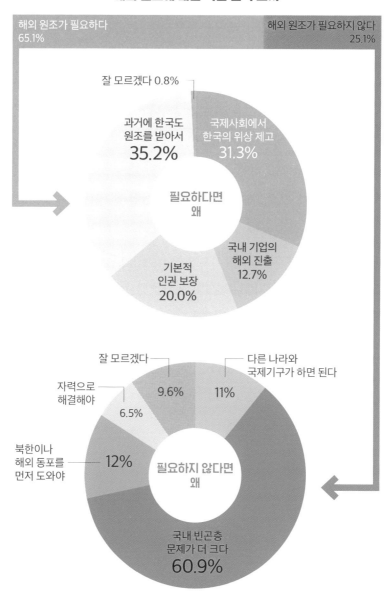

해외 원조에 대한 국민 인식 조사

해외 원조가 필요하다
65.1%

해외 원조가 필요하지 않다
25.1%

잘 모르겠다 0.8%

과거에 한국도
원조를 받아서
35.2%

국제사회에서
한국의 위상 제고
31.3%

**필요하다면
왜**

기본적
인권 보장
20.0%

국내 기업의
해외 진출
12.7%

잘 모르겠다

다른 나라와
국제기구가 하면 된다

자력으로
해결해야

9.6%

11%

6.5%

북한이나
해외 동포를
먼저 도와야

12%

**필요하지 않다면
왜**

국내 빈곤층
문제가 더 크다
60.9%

나 인권 중심적 사고에 기반하지 않고 국가 중심적 관점에서 형성되었음을 방증한다. 우리가 도움을 받았으니 외국을 도와줘야 한다거나, 한국의 이름을 알리는 차원에서 해외 원조를 한다고 인식하는 것이다. 그래서 개인이 직접 원조에 참여하기보다 정부기관이 나서 해외 원조를 늘리는 방식을 더 바람직하다고 생각하는 것으로 보인다. 특히 ODA가 국가 위상 제고에 중요하다고 보는 응답은 70.8%, 중요하지 않다고 보는 응답은 11.6%로 강한 대비를 보였다.

해외 원조가 필요하지 않다고 답변한 응답자들이 그 이유로 든 것 중 '국내 빈곤층 문제가 더 크다'가 60.9%로 가장 많았다. '북한이나 해외 동포를 먼저 도와야 한다'도 12%였다. 이 또한, 해외 원조를 국가 중심적이나 민족주의적인 시각에서 받아들이는 경향으로 보인다. 조사 대상자 전체를 상대로 "정부의 해외 원조나 개인의 해외 후원보다 국내 빈곤층 지원을 우선해야 한다는 주장에 얼마나 동의하느냐?"고 물었을 때 85%가 '동의한다'고 답한 점을 눈여겨볼 필요가 있다.

• 관련 기사: 홍주형 기자, 「국가중심적 사고에 갇힌 해외원조… "직접 참여 의향 없다" 52%」, 《세계일보》, 2023년 8월 15일.
• 여론조사: 조원씨앤아이, 2023년 8월 5~6일, 전국 18세 이상 1,009명, ARS, 표본오차는 95% 신뢰수준에서 ±3.1%p

2018년 7월 26~27일 공공의창(티브릿지)과 《한겨레》는 전국 성인 700명을 대상으로 '모바일 숙의형 여론조사' 방식으로 난민 수용에 관한 인식을 조사했다. 표본오차는 95% 신뢰수준에서 ±3.7%p다.

난민을 제한해야 하는가, 수용해야 하는가?

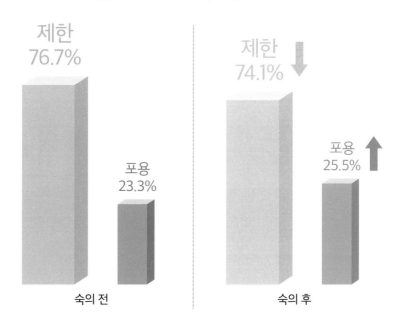

난민 수용에 대한 의견

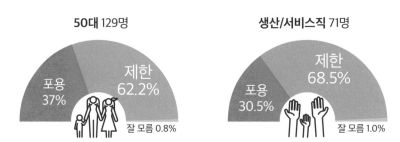

50대 129명

포용 37%
제한 62.2%
잘 모름 0.8%

생산/서비스직 71명

포용 30.5%
제한 68.5%
잘 모름 1.0%

적극적 진보 성향 96명

포용 44.8%
제한 55.2%

난민 제한 논리 중 설득력을 발휘한 의견

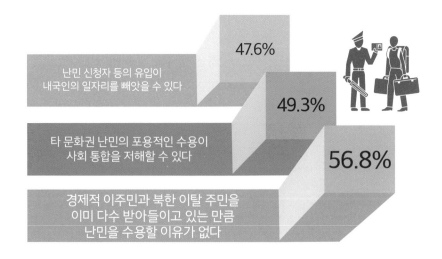

난민 신청자 등의 유입이
내국인의 일자리를 빼앗을 수 있다
47.6%

타 문화권 난민의 포용적인 수용이
사회 통합을 저해할 수 있다
49.3%

경제적 이주민과 북한 이탈 주민을
이미 다수 받아들이고 있는 만큼
난민을 수용할 이유가 없다
56.8%

난민 포용 논리 중 설득력을 발휘한 의견

28.5%

한국도 일제강점기와 한국전쟁 등으로
과거 다른 국가로 이주한
난민의 역사가 있다

29.6%

난민 신청자 등 외국인 유입이 피할 수 없는
세계적 흐름인 만큼 외국인과의 공존을 위한
제도적 여건을 마련해야 한다

바이든 시대의
남북·한일·한미관계

조 바이든 미국 대통령은 버락 오바마 행정부 시절인 2009년 1월부터 2017년 1월까지 부통령을 역임했다. 그때 미국 정부의 대북한 정책은 '전략적 인내(Strategic Patience)'라는 단어로 요약된다. 북한과 대화의 문을 열어 두지만, 북한이 진지한 태도로 대화에 임하면서 실질적인 변화를 보여주어야 제재와 압박을 풀 수 있다는 입장이다. 2020년, 바이든이 현직 대통령 도널드 트럼프를 상대로 미국 대통령 선거에 나섰을 때, 그가 당선된다면 이러한 대북한 정책 기조가 재현될 것이라는 관측이 강했다. 또한, 바이든은 선거 토론이나 유세 중에 김정은을 'Thug(깡패)'라고 부르기도 했다. 전직 트럼프는 외교에서 돌출적인 행동이나 쇼맨십을 보이기도 했지만, 오히려 이 때문에 북한과의 극적 타협이 이루어지리라는 기대를 불러오기도 했다. 그런데 조 바이든이 당선된다면 이런 상황을 기대하기는 어려워 보였다.

2020년 11월 3일 열린 2020년 미국 대통령 선거에서 민주당의 조 바이든 후보가 재신에 나선 도널드 트럼프를 꺾고 제46대 미국 대통령에 당선되었다. 2021년 1월 20일 취임식 이후 조 바이든 미국 행정부가 출범했다.

바이든 시대를 앞두고 있던 2020년 12월 19~20일 공공의창(조원씨앤아이)과《세계일보》는 여론조사를 통해 한국 외교의 방향에 대한 국민의 생각을 들었다. 응답자의 47.7%는 2021년에 북핵협상이 재개되지 않을 것으로 예측한다고 답변했다. 재개될 것으로 보는 의견은 38.6%였다. 북한 비핵화 전망에 대해 비관적 관측이 더 높은 것으로 나타났다.

남북교류협력을 할 때 국제사회의 제재의 틀 내에서 추진해야 한다고 보는 의견이 74.5%로 다수였다. 다만 제재의 틀 내에서 소극적으로 추진해야 한다고 보는 의견은 36.8%, 제재의 범위 안에서 적극적으로 추진해야 한다고 보는 의견은 37.7%로 조사돼 양쪽 의견이 비슷했다. 제재의 범위 내에서 적극적으로 교류협력을 추진하는 것은 정부가 추진하는 '작은 교역' 등을 의미한다. 다소 제재 위반 소지가 있더라도 독자적으로 과감한 시도가 필요하다고 보는 의견은 13.9%였다. 다만 금강산 관광 등 정부가 제재에 해당하지 않는 북한 관광을 추진했을 때 갈 의향이 있다고 답한 국민은 38.7%, 갈 의향

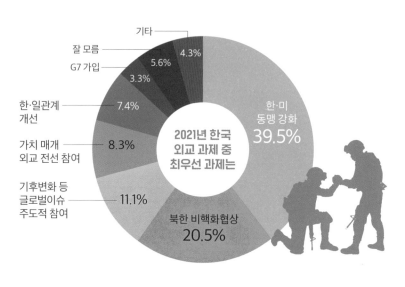

기타 4.3%
잘 모름 5.6%
G7 가입 3.3%
한·일관계 개선 7.4%
가치 매개 외교 전선 참여 8.3%
기후변화 등 글로벌이슈 주도적 참여 11.1%

2021년 한국 외교 과제 중 최우선 과제는

한·미 동맹 강화 39.5%
북한 비핵화협상 20.5%

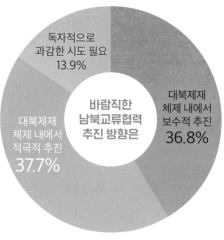

독자적으로 과감한 시도 필요 13.9%

바람직한 남북교류협력 추진 방향은

대북제재 체제 내에서 보수적 추진 36.8%
대북제재 체제 내에서 적극적 추진 37.7%

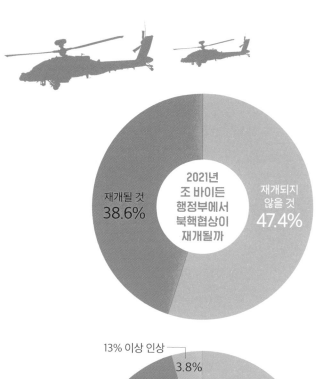

재개될 것
38.6%

2021년
조 바이든
행정부에서
북핵협상이
재개될까

재개되지
않을 것
47.4%

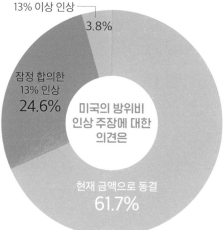

13% 이상 인상
3.8%

잠정 합의한
13% 인상
24.6%

미국의 방위비
인상 주장에 대한
의견은

현재 금액으로 동결
61.7%

이 없다고 답한 54.9%였다. 교류협력 지지 여부와는 별개로 2008년 박왕자 씨 피살사건 등으로 안전 우려가 완전히 사라지지 않은 점이 작용한 것이라는 분석이 나온다.

제재와 관계없는 인도적 지원도 할 필요 없다는 의견이 36.2%였다. 남북 정세와 연계해 선택적으로 해야 한다는 의견은 29.9%, 남북 정세와 관계없이 이뤄져야 한다는 의견은 32.4%였다. 인도적 지원의 필요성은 40대에서 높았다. 40대 응답자 중 43.6%가 남북 정세와 상관없이 인도적 지원을 해야 한다고 답했다. 그런데 10~20대에서 같은 답변을 한 비율은 13.5%에 그쳤다.

남북관계에 대한 질문 전반에서 40~50대가 대체로 전향적인 태도를 나타냈다. 그런데 10~20대에서는 소극적인 경향이 관찰되었다. 다소 제재를 위반하더라도 독자적으로 남북교류협력을 추진해야 한다고 한 답변은 40대에서 20.2%, 50대에서 21.9%가 나왔지만 10~20대는 6.9%, 30대는 8.3%에 불과했다.

대북전단살포금지법(남북관계발전법 개정안)에 대해서는 48.9%가 접경 지역 주민의 생명권이 우선이므로 입법 취지에 동의한다고 답했다. 42.0%는 표현의 자유에 대한 중대한 침해 요소가 있어 우려스럽다고 답했다.

대일관계에 대해서도 조사를 진행했다. 2018년 우리나라 대법원은 일제강점기 중 강제동원에 대한 배상 판결을 내렸다. 그리고 2019년 일본 정부는 한국에 대한 수출 규제로 이에 맞섰다. 그러면

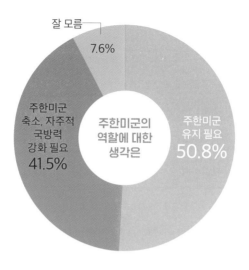

잘 모름
7.6%

주한미군
축소, 자주적
국방력
강화 필요
41.5%

주한미군의
역할에 대한
생각은

주한미군
유지 필요
50.8%

서 우리 사회의 반일 감정이 매우 높아졌다. 2020년에도 한일관계
가 평행선을 달렸다. 그런데 2021년 미국에서 한·미·일 협력을 강조
하는 조 바이든 행정부가 출범하였다. 당연히 한일관계 개선에 대한
요구가 있을 것으로 전망되었다.

그러나 2021년에도 한일관계가 그다지 개선되지 않을 것으로 보
는 응답자가 다수였다. 2021년 한일관계는 '이전과 비슷할 것'으로
보는 의견이 50.6%, '악화할 것'으로 보는 의견은 19.1%였다. '개선될
것'이라고 답한 비율은 26.3%였다.

2021년 한국 외교의 과제 중 가장 시급한 것으로 응답자들은 한
미동맹 강화 39.5%, 북한 비핵화협상 20.5%, 다자외교 주도적 참여
11.1%, 한일관계 개선 7.4% 순으로 답했다. 한일관계가 악화된 상태이

지만, 이것을 개선하는 일이 가장 중요하다고 보는 사람은 소수였다.

한일관계 악화에 대해서도 그 원인이 일본에 더 있다고 보는 견해는 54.3%였다. 한국에 더 원인이 있다고 답변한 비율은 20.5%였다. 양국의 책임이 비슷하다고 답한 비율은 22.0%였다.

응답자 중 현재 한반도에 전쟁 위협이 존재한다는 비율은 48.3%로 절반에 가까웠다. 전쟁 억지력을 위해 전술핵 도입에 찬성한다고 답한 비율도 68%(매우 찬성 44.7%, 다소 찬성 23.3%)나 되었다. 반면, 반대하는 의견은 24.9%(다소 반대 11.8%, 매우 반대 13.1%)였다.

원하는 사람만 군대에 가도록 하는 모병제 도입 여부에 대해서는 응답자 과반이 찬성 답변을 했다. 53.3%가 한반도 안보 환경 변화에 맞춰 도입해야 한다고 답했다. 현행 징병제를 유지해야 한다는 답변은 26.0%였다. 하지만 모병제를 즉시 도입해야 한다는 의견은 13.4%로 많지 않았다.

한국인들은 전통적으로 한미동맹을 외교정책의 중심으로 인식하는 경향이 강하다. 2021년 1월의 여론조사에서도 마찬가지였다. 응답자 39.5%가 우리 외교의 가장 시급한 과제로 한미동맹 강화를 들었다. 북한 비핵화협상을 견인하는 데 외교력을 집중해야 한다는 의견은 20.5%였다. 모든 연령대에서 한미동맹 강화를 가장 시급한 과제로 꼽는 의견이 가장 많았다. 그런데 40대 응답자 중에서는 시급한 외교 과제로 한미동맹 강화와 북한 비핵화협상 견인을 꼽는 비율 차이가 가장 작았다. 각각 33.7%와 29.3%였다.

한편, 미국과 중국의 대결 구도가 깊어지는 가운데 한국 외교의 방향을 어떻게 설정해야 하는지에 대해서도 의견을 물었다. 미·중 갈등 국면에서 미국을 우선시하는 외교정책을 펴야 한다는 응답이 73.9%, 중국을 우선시해야 한다는 응답이 15.8%로 나타났다. 주한미군 규모의 유지에 동의하는 의견은 50.8% 주한미군을 축소하고 자주적으로 국방력을 강화할 필요가 있다고 보는 의견은 41.5%, 잘 모른다는 답변이 7.6%로 나타났다. 과반의 국민이 주한미군의 현재 규모 유지를 원한다. 하지만 주한미군 축소를 원하는 의견도 적지 않았다.

다만, 교착 중인 한미방위비특별분담협정 등에서 합리적인 분담 수준을 요구하고, 장기적으로 전시작전통제권을 한국군이 돌려받아야 한다는 의견이 더 우세했다는 점은 주목할 만하다. 한미동맹 강화에는 찬성하지만, 한국 정부가 미국과의 관계에서 합리적이고 주체적인 태도를 갖추기를 원하는 것으로 해석된다. 조사를 진행한 김대진 조원씨앤아이 대표는 "국민 다수가 국익과 밀접한 국가로 미국을 선택했다. 그러나 일방적이기보다는 상호협력적 관계를 선호하는 것으로 분석된다"라고 분석했다. 또 당장 전시작전통제권을 돌려받기보다는 철저한 준비를 거친 뒤에 돌려받자는 의견이 다수였다. 방위비 분담 수준과 관련하여서는 현재 금액으로 동결해야 한다는 의견이 61.7%였다. 한국과 미국 정부가 2020년 초 잠정 합의했다가 도널드 트럼프 미국 대통령의 반발로 무산된 13% 인상안을 받아들여야 한다는 의견은 24.6%였다.

　문재인 대통령의 임기 내 전시작전통제권을 환수받겠다는 공약과 관련해 정권 내 환수하지 못하더라도 철저한 준비 과정을 거친 뒤 환수해야 한다는 의견은 39.8%였다. 문 대통령 공약대로 임기 내 환수해야 한다는 견해는 18.1%, 전시작전통제권 환수가 여전히 시기상조라고 보는 의견은 28.9%였다.

・관련 기사: 홍주형 기자, 「2021신년특집-바이든 시대 한반도」, 《세계일보》, 2021년 1월 2일.
・여론조사: 조원씨앤아이, 2020년 12월 19~20일, 전국 18세 이상 1,002명, ARS, 표본오차는 95% 신뢰수준에서 ±3.1%p

국정감사,
이대로 괜찮나요?

2022년 10월 4일부터 국회 국정감사가 진행되었다. 국정감사를 수행한 여야 국회의원들에 대한 평가는 냉혹했다. 국가 위기 징후가 보이는 와중에도 여야가 정쟁에만 몰두한다는 비판이 나왔다. 한 해 전인 2021년 국정감사의 정쟁은 더 심했었다. 대통령 선거를 앞두고 있었기 때문이다. 2021년 10월 1일부터 21일까지 진행된 국정 감사에서는 정책보다는 여야 대선후보와 관련된 각종 의혹이 중심을 이루었다.

2020년 11월 4일에는 21대 국회 첫 국정감사가 종료됐다. 이때도 어김없이 '맹탕 국감'이라는 비판이 쏟아졌다. 당시 여당인 더불어민주당은 "야당이 정치공세에만 몰두한다"라고 비난했고 당시 야당인 국민의힘은 "사상 초유의 방탄 국감"이라고 공격했다. 그러나 여야

국정감사 제도 여론 조사

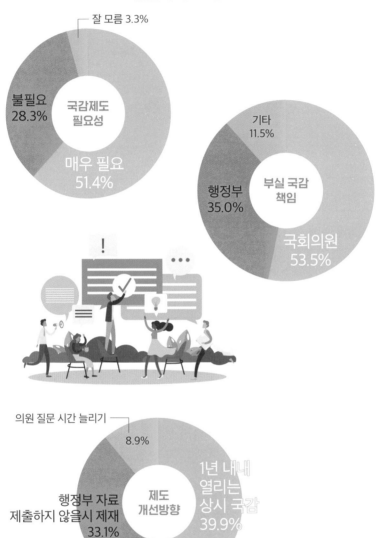

잘 모름 3.3%

**국감제도
필요성**

불필요
28.3%

매우 필요
51.4%

**부실 국감
책임**

기타
11.5%

행정부
35.0%

국회의원
53.5%

**제도
개선방향**

의원 질문 시간 늘리기
8.9%

1년 내내
열리는
상시 국감
39.9%

행정부 자료
제출하지 않을시 제재
33.1%

모두 국정감사 부실의 책임을 피하지 못했다.

최근 3년간의 국정감사에 대해 좋은 점수를 주는 언론이나 전문가, 여론은 드물다. 고함이 난무하는 극한 정쟁의 현장이라는 게 일반적인 평가다. 국성감사의 성과와 순기능이 묻히고 국정감사 '무용론'까지 등장하는 현실이다.

행정부를 견제하고 정부 정책을 면밀히 평가해 개선책을 모색해야 할 국감이 여야 의원들의 '돋보이기' 경쟁 무대로 전락했다는 지적도 나온다. 관심도가 떨어지는 정책 질의를 하기보다는 정쟁에 가세해 주목도를 올리는 편이 낫다고 계산하는 의원이 적지 않다는 것이다. 국정감사 보도자료 생산 건수, 자료집 발간 건수, 언론 보도 건수 등을 실적으로 소속 의원들의 국정감사 성적을 매기는 행태도 문제점으로 지적된다.

이러한 국회 국정감사를 바라보는 국민의 생각은 어떨까? 공공의창(한국사회여론연구소)과 《경향신문》은 2020년 10월 27~28일 18세 이상 남녀 1,000명을 대상으로 국정감사에 대한 인식을 물어보았다.

국정감사가 필요한지에 대해서는 필요하다는 답변이 51.4%로 과반을 차지했다. 반면 불필요하다는 의견도 28.3%나 되었다. 국정감사에 회의적인 관점이 의미 있는 비율로 존재했다는 점에서 경각심을 가질 필요가 있다.

부실 국감 원인으로는 '국회의원'을 꼽은 응답자가 53.5%로 '행정부'라고 답한 35%보다 더 많았다. 호통만 치고 자기 말만 하는 여야 의원들이, 자료 제출을 거부하거나 애매한 답변으로 일관하는 정부보다 더 문제라고 지적하는 의견이 많았다.

국정감사 개선 방향에 관한 의견은 '1년 내내 열리는 상시 국감' 39.9%, '행정부가 자료 제출하지 않을 때 제재' 33.1%, '의원 질문 시간 늘리기' 8.9% 순이었다.

• 관련 기사: 심진용 기자, 「내년엔 다시 보고 싶지 않다, 그들만의 정쟁터 '맹탕국감'」, 《경향신문》, 2020년 11월 5일.
• 여론조사: 한국사회여론연구소, 2020년 10월 27~28일, 전국 18세 이상 1,000명, 표본오차는 95% 신뢰수준에서 ±3.1%p

기본소득을
지지하십니까?

기본소득은 더불어민주당 이재명 대표의 핵심 가치 중 하나이다. 그는 『이재명과 기본소득』이라는 책을 집필하여 발행하기도 했으며 각종 선거 때 중요한 공약으로 기본소득을 다루었다. 기본소득은 '심사 기준이나 노동에 대한 요구 없이 모든 이에게 개별적으로, 무조건 지급되는 소득'이다. 하지만 현재 기본소득은 더 폭넓게 정의된다. 국회입법조사처의 《이슈와 논점》에 따르면 기본소득의 모델은 3가지로 분류된다. 첫째 거의 모든 사회보장 급여를 대체할 수 있는 수준의 완전 기본소득, 둘째 사회보험에 기반한 보장 급여를 제외한 대부분의 급여를 대체하는 부분 기본소득, 셋째 일정 소득 이하 가구에 대해 기존 조세 체계를 활용해 기본소득을 지급하는 부의 소득세(Negative Income Tax) 등이다. 이재명 대표는 완전한 기본소득

기존 조사(2016년 12월 22~23일): 기본소득 도입 필요성

8.5% 기타

49.3% 공감
(매우 공감 20.7%
+ 다소 공감 28.6%)

42.2% 비공감
(다소 비공감 24.9%
+ 매우 비공감 17.3%)

이 아닌 부분적인 기본소득부터 도입할 것을 주장해왔다.

탄핵으로 갑자기 치러진 2017년 대통령 선거에서 기본소득은 쟁점으로 떠올랐다. 대선 주자들이 활동을 시작하던 2016년 12월만 하더라도 진보와 보수를 막론하고 기본소득에 우호적이었다. 유력 대선 주자 8명 중 7명이 한국 사회에 기본소득제를 단계적으로 도입할 필요가 있다고 답했다.

2016년 12월 22~23일에 수행한 공공의창의 기본소득 관련 여론조사에서는 기본소득 도입에 대해 응답자의 49.3%가 공감(매우 공감 20.7% + 다소 공감 28.6%)한다고 답변했다. 비공감 42.2%(다소 비공감 24.9% + 매우 비공감 17.3%)보다 높은 수치였다.

그런데 2022년 대통령 선거를 앞두고는 기본소득에 대한 여론이 싸늘해졌다. 이재명 당시 더불어민주당 대통령 후보는 대표 공약이

기본소득 도입 찬반 의견(2022년 1월)

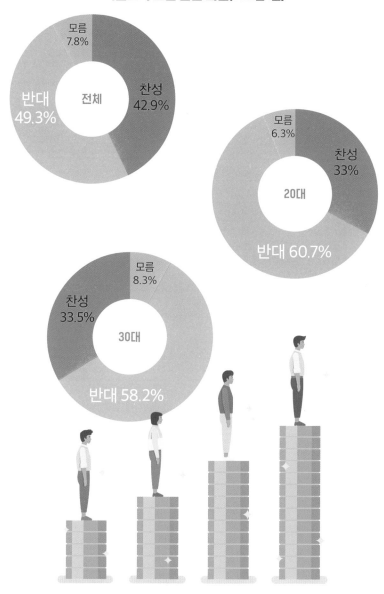

전체
모름 7.8%
찬성 42.9%
반대 49.3%

20대
모름 6.3%
찬성 33%
반대 60.7%

30대
모름 8.3%
찬성 33.5%
반대 58.2%

었던 기본소득에 대한 여론의 관심이 멀어지면서 새로운 국정철학을 상징하는 정책 찾기에 골몰해야 했다.

이재명 당시 후보는 당내 경선 과정에서 기본소득을 내세워 정책 논쟁을 주도했다. 하지만 재원과 실현 가능성, 기존 복지와의 충돌 가능성을 이유로 한 내부 반대도 적지 않았다. 이 후보는 이런 반론을 수용해서 19~29세 청년과 문화예술인에게 100만 원 기본소득을 지급하는 정도로 정책 실행의 수준을 확 낮췄다. 그러나 '기본 시리즈'의 수혜자가 될 청년층의 반응은 싸늘했다.

공공의창(우리리서치)과 《세계일보》는 2022년 1월 18~19일 전국 성인 1,000명을 대상으로 기본소득에 대한 의견을 물었다. 전체적으로도 찬성 42.9%, 반대 49.3%를 기록했다. 그런데 기본소득의 가장 중요한 수혜층인 18~29세에서 기본소득 반대 의견은 60.7%로 찬성 33%보다 2배 가까이 많았다. 30대에서도 반대가 58.2%로 찬성 33.5%를 압도했다. 기본소득은 선거에서 매력적인 득표 전략이 아니며 도입을 위해서는 사회적 설득이 필요함이 드러난 것이다.

• 관련 기사: 서영지 기자, 「2030세대 60%가 반대…이재명 '기본소득' 계륵되나」, 《한겨레》, 2022년 1월 26일.
• 여론조사: 우리리서치, 2022년 1월 18~19일, 전국 18세 이상 1,000명, 표본오차는 95% 신뢰수준에서 ±3.1%P.

8장

일상의 문제의식

반려동물 보유세,
도입해야 할까요?

국내 반려인구는 약 1,330만 명(2021년 농림축산식품부 발표 기준)으로 추산된다. 국민 4명 중 1명이 반려동물을 키우는 시대가 되었다. '펫팸족'(동물을 뜻하는 '펫'과 가족을 뜻하는 '패밀리'의 합성어), '펫휴머나이제이션'(반려동물을 인간처럼 대하는 것) 같은 신조어가 더는 새롭지 않은 세상이다.

하지만 반려동물에 관한 정책과 제도는 이러한 현실보다 크게 뒤처져 있다. 유기·유실 동물 문제가 가장 심각해 보인다. 2021년 기준으로 연간 11만 마리에 달하는 유기·유실 동물을 관리해야 할 공공 동물보호센터는 턱없이 부실한 형편이다. 농림축산식품부가 정부 담당 부처인데, 국내 동물복지 사안을 다루는 공무원은 모두 합쳐 13명이라고 한다. 이런 상황에서 정부는 전국의 반려동물이나 유기·유실 동물이 몇 마리인지조차 정확히 파악하지 못하고 있다. 반려동물 관리에 대한 공적 책임과 역할의 정립이 시급한 형편이다.

공공의창(조원씨앤아이)과 《서울신문》은 동물복지에 대한 문제의식을 품고 2022년 6월 8~9일 전국 만 18세 이상 남녀 1,002명을 대상으로 '동물권 보호 관련 국민 인식 조사'를 진행했다. 이 조사 결과에는 인간과 동물이 공존하는 사회를 만들 힌트가 담겼다.

윤석열 대통령은 대선 후보 당시 공개한 '59초 쇼츠' 영상에서 반려동물 등록세를 언급했다. 하지만 대통령직인수위원회가 만든 '110대 국정과제'에서는 이 정책이 빠졌다. 징세는 표가 되지 않기에 정치인이 선뜻 선택하기 어렵기 때문이다. 하지만 이후 정부는 반려동물 보유세 도입을 결정하기 위한 공론화 작업에 나섰다. 농림축산식품부는 2022년 8월 18일 국민권익위원회와 반려동물 관리 방안을 묻는 국민 의견 조사를 한다고 밝혔다. 여기에 반려동물 보유세 도입에 관한 내용이 담겼다. 반려동물 보유세는 반려동물을 키우는 사람에게 세금을 걷어 동물복지에 활용하는 제도다. 독일과 싱가포르 등에서 시행하고 있다.

인식조사 결과 국민 다수는 반려동물 보유세 도입을 검토해볼 만하다고 봤다. 동물의 복지 수준을 높이고, 반려동물 보호자가 책임감을 갖게 하기 위해서다. 응답자의 55.6%가 반려동물 보유세 신설에 동의했다. 특히, 농림축산식품부가 2020년 보유세 도입 검토 방안을 내놨을 때 반발했던 반려인들도 이번 설문에서는 53.6%가 보

반려동물 보유세 개념도

 보호자 **마리당 일정액을 매년 납부**

정부 납부액을 **동물보호 관련 사업**의 **재원**으로 활용

▶ **독일**의 동물보유세인 '**강아지세**'(훈데스토이어)는 지방세로 지자체마다 세액이 다르며 2마리 이상부터는 금액이 올라감(안내견 등은 과세 면제)

유세 신설에 동의한다고 답했다.

독일, 미국 등 반려 문화 선진국에서는 이미 보유세를 걷고 있다. 독일은 지역마다 차이가 있지만, 연간 10만~20만 원 안팎의 세금을 양육자에게 부과한다. 싱가포르는 5만 원 이하다. 애초 이 세금은 반려동물 수가 늘면서 광견병이 유행하고, 개 물림 사고가 증가해 시민 안전이 위협받자 개체 수를 줄이려는 목적으로 도입됐다. 그러나 지금은 생명을 키우는 반려인의 자격 요건과 책임감을 강화해 동물 학대나 유기를 막으려는 목적성이 더 강하다. 또, 동물복지에 쓸 재원 확보 목적도 있다.

만약 국내에서 반려동물 1마리당 연간 10만 원의 보유세를 걷는다면 7,430억 원(약 743만 마리×10만 원)의 세수를 확보할 수 있다. 2022년 동물복지 예산이 150억 원 정도인 것과 비교하면 재원이 엄청나게 늘어나는 것이다.

보유세 도입을 반대하는 논리도 있다. "취지와 다르게 더 많은 반려동물이 버려질 것"이라는 주장이다. 이 때문에 실제 보유세 논의 과정에서 깊은 토론과 사회적 합의가 중요해 보인다. 김경서 한국펫산업소매협회 사무총장은 《서울신문》과의 인터뷰에서 "지방에는 외딴집에서 마당개를 키우는 취약 계층 어르신이 많은데 보유세가 도입되면 사육을 포기할 것"이라고 염려했다. 그리고 "집을 일일이 방문하지 않고서는 동물을 키우는지 확인할 길이 없는데 세금 징수의 실효성이 있을지도 의문"이라고 덧붙였다.

일본은 이런 이유로 반려동물 보유세를 견주에게 거두지 않는다. 대신, 번식장이나 브리더(혈통 견을 전문 번식시키는 사육인) 등 생산자에게 많은 세금을 부과한다. 독일은 반려인에게 '훈데스토이어'(강아지세)라는 지방세를 걷는데, 반려견 목에 세금을 냈다는 표식을 부착하게 한다.

윤 대통령이 반려동물과 관련해 최우선 국정과제로 추진하는 진료비 소득공제와 부가가치세 면제에 대해서는 응답자의 56.2%가 동의했다. 병원마다 제각각인 진료비를 통일하는 표준수가제 도입은 61.4%가 찬성했다. 표준수가제는 윤 대통령이 후보 시절 공약했지만, 국정과제에서는 빠졌다.

조사 결과 우리 국민의 동물권 인식이 과거보다 높아졌다는 점이 확인됐다. "동물복지 기준을 강화하고, 이를 제도적으로 보장해야 한다는 의견에 얼마나 동의하느냐?"고 물었더니 응답자의 65.2%가 '동의한다'고 답했다.

반려동물 보유세 찬반 입장

찬성

- 재정 부담이 줄어듦
- 무책임한 입양 방지
- 개물림 사고, 공동거주시설 내 짖음 등에 따른 분쟁, 배설물 처리 등 **사회적 비용 충당**

반대

- 일시적으로 **유기 동물 대량 양산**
- 반려동물 산업 축소
- **중복 과세**
- 반려동물 **등록률 하락**

마당개, 들개 등의 중성화 수술을 정부나 지자체가 지원해줄지도 큰 이슈다. 마당개 등이 너무 많은 새끼를 낳아 결국 안락사되는 일이 흔한데, 인식 부족 탓에 중성화 수술을 안 시키는 보호자가 적지 않다. 이런 현실에서 응답자 중 76.2%는 중성화 수술 지원 사업 확대에 '동의한다'고 답했다.

또, 정부와 지자체에서 동물복지를 맡는 조직이 커져야 한다는 데도 63%의 응답자가 찬성하는 의견이었다. 전국 기초지자체 228곳에서 동물복지 업무는 주로 축산과, 농업정책과 소속 공무원이 다른 일과 겸해서 수행한다. 그러다 보니 우선순위에서 밀리는 일이 자주 생긴다. 이은주 정의당 의원실이 2021년 각 지자체에 요청해 전국 동물보호감시원(지자체장이 동물보호 업무 처리를 위해 지정한 공무원) 333명을 대상으로 설문조사한 결과 이들의 근속기간은 12개월 미만으로 짧았다. 전문성을 쌓기도 전에 인사 발령이 난다

동물권 보호 관련 국민 인식 조사 결과

■동의함 ■동의하지 않음 ■잘 모름

Q. 동물복지 기준을 강화하고, 이를 제도적으로 보장해야 한다고 생각하십니까?

전체   반려인   비반려인

65.2% 27.2%   72.2% 21.0%   59.2% 32.4%
       7.6%   6.8%   8.3%

Q. 반려동물 진료비 부담을 줄이기 위해 표준수가제*를 도입해야 한다고 보십니까?

61.4% 30.0%   76.3% 16.1%   48.7% 41.7%
       8.6%   7.6%   9.5%

Q. 반려동물 진료비에 부과되는 부가세 면제와 소득공제에 동의하십니까?

56.2% 36.9%   70.6% 22.6%   43.9% 49.1%
       6.9%   6.7%   7.0%

Q. 동물복지 담당 정부 조직 확대에 동의하십니까?

73.3% 22.4%   54.2% 40.2%
       4.3%   5.5%

* 진료과목별 비용을 정하는 제도

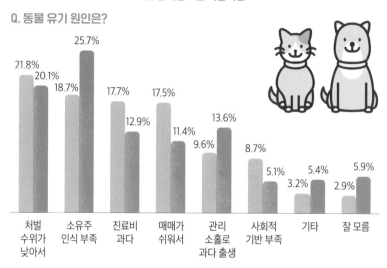

Q. 동물 유기 원인은?

반려인 ■ 비반려인

- 처벌 수위가 낮아서: 21.8% / 20.1%
- 소유주 인식 부족: 18.7% / 25.7%
- 진료비 과다: 17.7% / 12.9%
- 매매가 쉬워서: 17.5% / 11.4%
- 관리 소홀로 과다 출생: 9.6% / 13.6%
- 사회적 기반 부족: 8.7% / 5.1%
- 기타: 3.2% / 5.4%
- 잘 모름: 2.9% / 5.9%

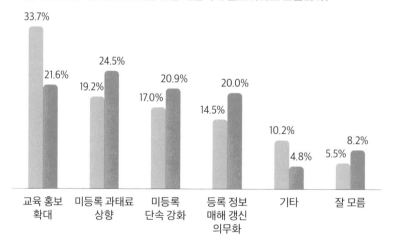

Q. 반려동물 등록률을 높이려면 어떤 개선책이 필요하다고 보십니까?

- 교육 홍보 확대: 33.7% / 21.6%
- 미등록 과태료 상향: 19.2% / 24.5%
- 미등록 단속 강화: 17.0% / 20.9%
- 등록 정보 매해 갱신 의무화: 14.5% / 20.0%
- 기타: 10.2% / 4.8%
- 잘 모름: 5.5% / 8.2%

Q. 마당개 등의 무분별 번식을 막기 위한 중성화 수술 지원 사업 확대에 동의하십니까?

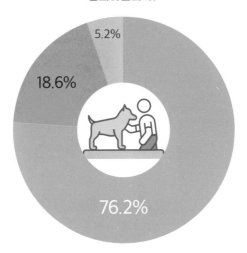

Q. 반려동물 사전교육 이수 의무화 제도에 동의하십니까?

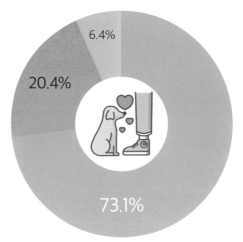

는 얘기다.

동물이 버려지는 원인을 두고는 '소유주의 의식 부족 때문'이라고 답한 비율이 22.5%로 가장 높았다. 처벌 수위가 낮아서 20.8%, 진료비 과다 15.1%, 반려동물 매매가 쉬워서 14.2% 등이 뒤를 이었다.

펫숍 등에서 동물을 사고파는 문화가 여전히 남아 있지만, 변화의 조짐도 감지됐다. '매매보다는 입양을 우선 권장해야 한다'는 데 반려인의 68.2%, 비반려인의 53.2%가 동의했다. 조사를 진행한 김대진 조원씨앤아이 대표는 "전반적으로 젊은 층 응답자의 동의율이 높았다"라고 분석했다.

동물복지에 대한 가장 높은 인식과 감수성을 드러낸 계층은 '40대'와 '여성'이었다. 동물복지 기준을 강화해야 하는지 묻는 항목에 40대 여성 응답자는 82.6%가 동의했다. 또, 동물복지 업무 조직을 키워야 한다는 데도 40대 여성은 84.5%가 찬성했다.

제대로 된 복지정책 수립을 위해 가장 급한 일은 반려동물의 정확한 수를 파악하는 것이다. 정부는 2024년까지 반려동물 등록률을 선진국 수준인 70%까지 끌어올린다는 목표를 제시했지만 갈 길이 멀다. 농림축산식품부가 파악한 등록률은 54%에 불과하다. 이마저도 현장에서는 체감하기 어렵다. 등록률을 높이기 위해 가장 필요한 개선책에 대해 응답자들은 '교육 홍보 확대'(27.1%), '미등록 시 부과하는 과태료를 상향'(22.1%), '단속 강화'(19.1%) 순으로 답했다.

정부의 노력도 필요하다. 집안에서 키우는 개는 농림축산식품부

소관이고, 집을 나가 돌아다니는 들개는 환경부가 소관인 혼란스러운 체계를 극복하고 일원화된 관리 체계와 시스템을 도입하는 것부터 시작해야 할 것이다.

- 관련 기사: 유대건·최훈진·이주원·이근아 기자, 「2022 유기동물 리포트-내 이름을 불러주세요」, 《서울신문》, 2022년 6월 27일.
- 여론조사: 조원씨앤아이, 2022년 6월 8~9일, 전국 18세 1,002명, 표본오차는 95% 신뢰수준에서 ± 3.5%p.

팻로스,
인정받지 못하는 슬픔

국민 4명 중 1명이 반려인이다. 농림축산식품부의 「2020년 동물보호에 대한 국민의식조사」에 따르면 국민 27.7%가 동물을 키우고있다. 이 비율로 추산해보면 638만 가구가 반려동물을 키우고 있다. 그런데 늘어나는 반려인구만큼 세상을 떠나는 동물도 늘어난다. 하루에 최소한 1,100여 마리의 반려동물이 죽는 것으로 추측된다. 개와 고양이의 평균수명이 15~20년인 점을 고려해 계산하면 한 해 평균 43~57만 마리의 반려동물이 죽는 셈이다.

이런 가운데 반려동물을 떠나보내고 복합적인 슬픔이 계속되는 증상인 '팻로스 증후군(Pet loss Syndrome)'이 늘고 있다. 팻로스 증후군에 빠지면 우울감, 죄책감, 수면장애, 식욕부진 등의 증상이 복합적으로 나타나거나 오랜 기간 이어져 일상생활의 어려움을 느끼게

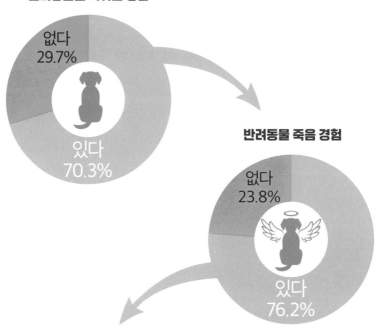

반려동물을 키워본 경험

없다
29.7%

있다
70.3%

반려동물 죽음 경험

없다
23.8%

있다
76.2%

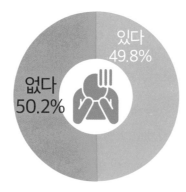

펫로스 증후군 경험

있다
49.8%

없다
50.2%

된다.

공공의창(조원씨앤아이)·애니멀피플·한국엠바밍·웰다잉문화운동은 2021년 12월 21일~23일 전국 18세 이상 남녀 1,000명을 대상으로 여론조사를 진행하여 펫로스와 반려동물 장례에 관한 인식을 살펴보았다. 조사 결과 반려동물을 길러본 경험이 있다고 답한 응답자는 70.3%였다. 그리고 이들 가운데 76.2%가 동물의 죽음을 경험한 적이 있다고 답했다. 또한, 반려동물의 죽음을 지켜본 반려인 중 49.8%가 펫로스 증후군을 경험한 것으로 나타났다.

펫로스를 경험한 응답자 중 가장 힘들었던 점으로 '잘 돌보지 못했다는 죄책감'을 든 사람이 52.8%로 가장 많았다. 그다음은 '우울증'이 19.5%, '반려동물 죽음 자체에 대한 부정'이 18.7% 순으로 나타났다. 죽음에 대한 분노가 7.9로 그 뒤를 이었다. 반려동물의 죽음 이후 일상을 회복하는 데 걸린 시간은 1~31일이 5.7%, 32~100일이 12.8%, 101~180일이 12.5%, 181~365일이 18.1%, 366~730일이 25.7%로 나타났다. 731일 이상이 걸렸다는 답변도 25.3%나 됐다.

펫로스 증후군을 극복하기 위해서 가장 필요한 것으로 응답자의 25.1%가 '충분히 애도·추도할 수 있는 시간과 공간'을 꼽았다. 그다음으로는 '슬픔, 고통을 극복하기 위한 심리상담'이 16.1%였고, '새로운 반려동물 입양'이 13.9%, '펫로스 방지 교육 프로그램'이 12.1%였다.

많은 반려인이 반려동물의 죽음으로 심리적·정신적 고통을 겪지만, 장례 절차나 방식에 대해서는 잘 모르는 것으로 보인다. 응답자

펫로스 중 가장 힘들었던 점

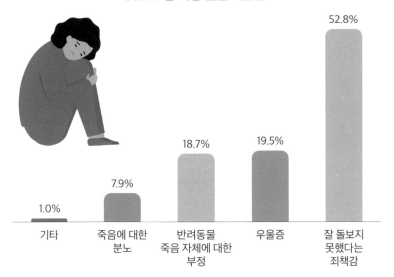

1.0%
기타

7.9%
죽음에 대한
분노

18.7%
반려동물
죽음 자체에 대한
부정

19.5%
우울증

52.8%
잘 돌보지
못했다는
죄책감

일상을 회복하는 데 걸린 시간

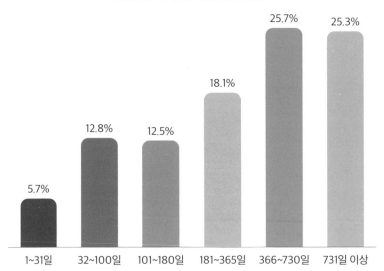

5.7%
1~31일

12.8%
32~100일

12.5%
101~180일

18.1%
181~365일

25.7%
366~730일

25.3%
731일 이상

중 반려동물의 죽음을 겪은 사람은 절반가량이었지만, 실제로 장례를 치른 경험이 있는 사람은 그중에서 39.1%에 불과했다. 반려동물 장례 업계는 죽은 반려동물의 10~30%가 장례 업체를 통해 화장된다고 추산하고 있나.

동물의 사체 처리 방법을 모르거나 잘못 알고 있는 비율도 40%였다. 조사에서 올바른 사체 처리법을 물었는데, 응답자의 22.3%는 '주변 산에 묻음'이라 답했다. '잘 모르겠다'는 응답도 17.8%였다. 현행법상 반려동물 사체의 처리는 3가지 방식으로 이뤄진다. 첫째, 폐기물관리법에 따른 생활폐기물로 간주하여 쓰레기봉투에 담아 배출한다. 둘째, 동물병원에 의뢰해 처리한다. 셋째, 농림축산식품부에 등록된 동물 장묘 업체를 통한다. 이외에 땅에 묻거나 이동식 장묘 업체 등을 이용하는 것은 불법이다.

죽는 반려동물이 늘어나는 현실에서 사체 처리 방식과 장례정책에 대한 개선·보완이 더 크게 요구되고 있다. 실제 조사에서도 "반려동물의 죽음을 마주했을 때 가장 절실했던 점이 무엇인지?"를 물었을 때 '장례식장 등 정보 부재'를 꼽은 응답자가 33.3%로 가장 많았다. 그다음 항목은 '반려동물의 사체를 쓰레기로 규정하고 처리하는 조항의 폐기' 30.2%, 장례식장·화장장·수목장 유치 27.6%였다.

응답자 중 동물 장례 업체를 이용해본 사람은 적었지만, 이용 후 만족도는 높게 나타났다. 가정 혹은 일상생활에서 반려동물의 죽음을 경험하고 장례를 치러본 응답자는 39.1%인데, 이 중 27.4%만 동

반려동물의 죽음을 마주했을 때 가장 절실했던 점

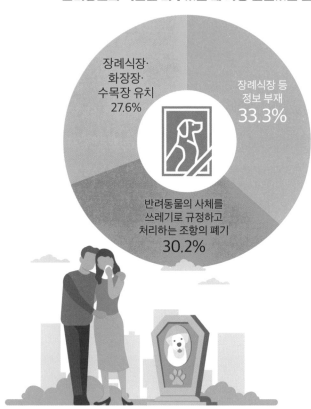

장례식장·
화장장·
수목장 유치
27.6%

장례식장 등
정보 부재
33.3%

반려동물의 사체를
쓰레기로 규정하고
처리하는 조항의 폐기
30.2%

물 장례 업체를 이용했다. 이들의 장례 업체 서비스에 대한 만족도는 '만족' 61.2%, '보통' 28.6%, 불만족 10.2%로 나타났다. 더 자세히 보면 '어느 정도 만족했다'고 답한 응답자가 50.3%, '매우 만족했다'고 답한 응답자들가 10.9%였다. 이들이 서비스를 긍정적으로 평가한 이유는 '시설과 서비스가 깔끔', '장례 절차가 만족스러움', '예의와 정성을 갖추는 모습이 좋았음' 등이었다. 불만족한 점은 '거리가 멀고 주변에 없어 아쉬움', '이용 가격이 비싼 편', '애도 시간이 충분하지 않음' 등이었다.

반려동물 장례시설의 접근성이 떨어지고 정보가 부족하다는 점은 반려인들이 공통적으로 지적하는 문제이기도 했다. 특히, 제주도에는 합법적인 반려동물 장례시설이 없다. 그래서 제대로 된 장례를 치러주고 싶어 사체를 아이스박스에 밀봉해 화물로 육지까지 운송한 일도 있었다. 반려동물 사체를 화물로 싸야 하는 일은 슬픔을 더 크게 한다.

한편, 반려동물 장례 휴가나 조의금 전달은 큰 공감을 얻지 못하고 있는 것으로 나타났다. 조사에서 "반려동물 사망 때 직장이나 소속 단체가 휴가를 보장해야 할까?"라고 질문했다. 이에 대해 '공감하지 못한다'는 대답이 76.3%였다. '휴가를 보장해야 한다'는 23.7%의 답변보다 3배 높은 수치이다. 조의금(위로금)을 건네는 문화에 대해서도 응답자의 86.2%가 '공감하지 못한다'고 답했다.

반려동물 장례 휴가로 적정한 일수는 평균 2.1일로 나타났다. "직

반려동물 사망 유급 휴가 도입

공감
23.7%

비공감
76.3%

반려동물 사망 조의금 문화

공감
13.8%

비공감
86.2%

장이 유급휴가를 보장한다면 며칠이 적당한가?"를 물었을 때 응답자의 56.9%가 '하루'라고 답했다. 1일부터 15일까지 자유롭게 쓸 수 있도록 한 설문에서 1일은 56.9%, 2일은 17.5%, 3일은 15.2%, 4~7일이 7%, 8일 이상은 2.4%라는 답변이 나왔다. 날짜가 늘어날수록 응답률이 낮아졌다. 전체 응답자의 70.3%가 반려동물을 키운 경험이 있는 것을 고려할 때, 반려동물 죽음에 따른 유급휴가나 조의금 등의 복지에 대한 공감은 크지 않았다.

그렇지만 반려동물 사망 시 유급휴가나 조의금 등의 복지제도를 도입하는 사업장이 조금씩 늘어나고 있으며 이에 대한 관심도 커지는 추세이다. 반려인에게 '동물 장례 휴가'가 필요한 이유가 있다는 것이다. 동물이 언제 죽을지 예측할 수 없다. 직장에서 일하다 안타까운 소식을 들을 수도 있다. 때로는 긴 치료로 잦은 입·통원을 할 때도 있다. 장례를 치르기 위해서는 3시간 내외의 화장 시간뿐 아니라, 대부분 교외에 있는 장례식장까지 이동하는 시간도 고려해야 한다. 보호자가 1인 가구이거나 자가용이 없는 상태라면 어려움은 더 커질 수 있다. 이러한 사정을 헤아리는 배려가 있다면 반려동물을 떠나보낸 사람들의 슬픔을 조금은 덜어낼 수 있을 것이다.

• 관련 기사: 김지숙 기자, 「인정받지 못하는 슬픔, 펫로스」, 《한겨레》, 2022년 1월 19일.
• 여론조사: 조원씨앤아이, 2021년 12월 21일~23일, 표본오차는 95%, 신뢰수준에서 ±3.1%포인트

수돗물,
믿고 마실 수 있나요?

　정부는 수돗물 직접 음용 정책을 추진하고 있다. 수돗물을 끓이거나 정수하지 않고 그대로 마시는 것을 권장한다는 뜻이다. 수돗물을 그대로 마시는 사람이 늘면 경제적 부담을 덜고 환경오염을 막는 장점이 있다. 그런데 한국인은 일상에서 수돗물을 믿고 마시고 있을까? 여론조사를 통해 이에 대해 알아보았다. 공공의창(조원씨앤아이)과 《서울신문》은 2019년 10월 12~13일, 성인 남녀 1,000명을 대상으로 수돗물에 관한 인식을 조사했다.

　조사 결과를 요약하면, 과거 조사 때보다 수돗물을 그대로 마시는 비율이 소폭 올랐지만, 우리 국민에게 수돗물은 여전히 '씻는 물'이거나 '조리할 때 쓰는 물'이었다. OECD 국가의 수돗물 직접 음용률 평균은 51% 수준이다. 네덜란드 87%, 스웨덴 86%, 스위스 62%,

칠레 60%, 호주 54%, 캐나다 46%, 일본 46%이다. 같은 방식으로 우리나라 음용률을 측정했는데, 5.3%로 훨씬 낮았다.

"수돗물을 마시고 있느냐"는 질문에 응답자 16.3%가 '직접 마신다'고 답했다. 48.3%는 '끓이거나 조리해서 마신다'고 답했다. 어떠한 방식으로든 수돗물을 마시는 비율은 64.6%였다. 이는 수돗물홍보협의회의 2017년 '수돗물 먹는 실태 조사' 때보다는 소폭 증가한 수치다. 조사 당시 '직접 마신다'는 비율은 7.2%, '끓이거나 조리해 마신다'는 응답은 42.2%였다. 각각 9.1%P, 6.1%P 증가했다.

조사에서는 나이가 많을수록, 소득이 낮을수록 수돗물을 그대로 마시는 비율이 증가하는 추이를 보였다. 60세 이상에서 그대로 마신다는 비율이 24.9%로 가장 높았고, 50대 16.8%, 40대 12.3%, 30대 13.1%, 20대 10.1% 순이었다. 젊은 세대일수록 물을 사 먹는 등 대체재에 익숙하기에 수돗물을 그대로 마시는 비율이 낮은 것으로 분석된다. 소득별로는 월 소득 200만 원 이하가 27.1%로 수돗물을 그대로 마시는 비율이 가장 높았고, 200만~300만 원 이하 16.9%, 300만~400만 원 이하 12.1%, 500만 원 이상 11.4%, 400만~500만 원 이하 9.9% 순서였다. 성별로는 수돗물 그대로 마시는 남성이 21.3%로 여성 11.4%보다 두 배 정도 높은 비율이었다.

수돗물을 어떤 형태로든 먹는 이들 가운데, '보리차·옥수수차 등으로 끓여 먹는다'고 응답한 이들이 48%를 차지해 가장 높은 비율을 기록했다. 다음으로 '음식물 조리 시 사용한다' 20.8%, '그대로

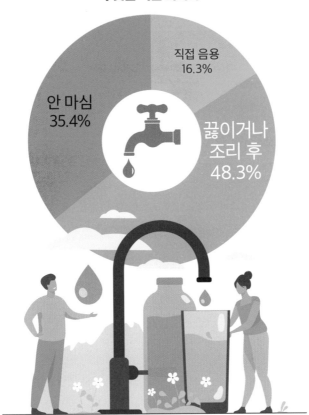

수돗물 직접 마시나

직접 음용
16.3%

안 마심
35.4%

끓이거나
조리 후
48.3%

먹거나 냉장 보관해 먹는다' 14.9%, '커피·녹차 등을 먹을 때 사용한다' 9.4% 순서를 보였다.

수돗물을 먹는 이유로는 '안전하다고 생각해서'가 30.1%로 가상 높았고, '편리해서' 27.4%, '습관적으로' 17.7%, '경제적이어서'가 11.1%로 그 뒤를 이었다. 맛이 좋다고 답한 이들은 0.9%에 그쳤다.

수돗물을 전혀 마시지 않는 이들 가운데 25.2%는 '물탱크 및 수도관 노후로 인한 이물질'을 이유로 마시지 않았다. 가정에서 직접 보는 녹물이 수돗물을 먹지 않는 데 결정적 영향을 주고 있었다.

그런데 수돗물 전문가들은 녹물의 주요 성분인 철 등은 먹어도 인체에 큰 영향을 주지 않기에 치명적인 문제로 인식하지 않는다. 하지만 일반인은 다르다. 녹물이 수돗물 음용에 중요한 영향을 끼친다. 수돗물을 먹지 않는 또 다른 이유로는 '막연히 불안해서' 21.8%, '정수 시스템을 신뢰할 수 없어서' 14.7%, '상수원이 깨끗하지 않을 것 같아서' 14.6%, '소독약 냄새가 나고 맛이 없어서' 12.5% 등이 있었다.

'인천 붉은 수돗물 사태'는 수돗물 신뢰도 하락에 영향을 줬다. 응답자 77.8%는 인천 붉은 수돗물 사태를 알고 있었으며, 이 가운데 66.3%가 이 사태가 수돗물에 대한 신뢰도에 악영향을 끼쳤다고 답했다. 응답자 2명 중 1명이 인천 붉은 수돗물 사태로 수돗물 신뢰도에 나쁜 영향을 받은 셈이다. 또 이 가운데 55.9%가 실제 수돗물 사용을 꺼리게 되었다고 답했다.

수돗물 안 마시는 이유는

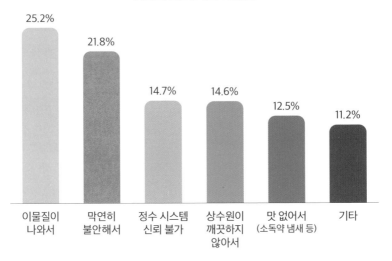

이물질이 나와서	막연히 불안해서	정수 시스템 신뢰 불가	상수원이 깨끗하지 않아서	맛 없어서 (소독약 냄새 등)	기타
25.2%	21.8%	14.7%	14.6%	12.5%	11.2%

수돗물 대신 어떤 물 마시나

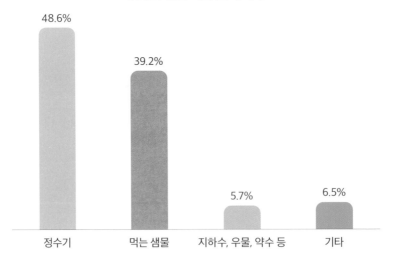

정수기	먹는 샘물	지하수, 우물, 약수 등	기타
48.6%	39.2%	5.7%	6.5%

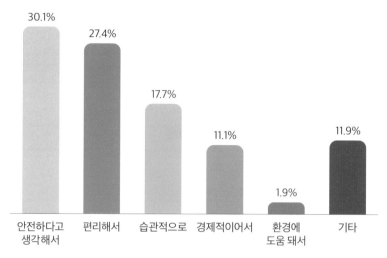

수돗물 마시는 이유는

- 안전하다고 생각해서 30.1%
- 편리해서 27.4%
- 습관적으로 17.7%
- 경제적이어서 11.1%
- 환경에 도움 돼서 1.9%
- 기타 11.9%

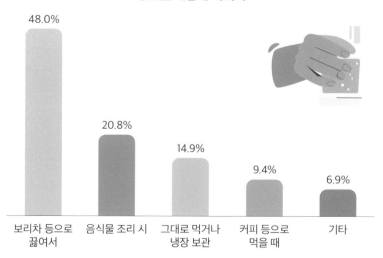

수돗물 어떻게 마시나

- 보리차 등으로 끓여서 48.0%
- 음식물 조리 시 20.8%
- 그대로 먹거나 냉장 보관 14.9%
- 커피 등으로 먹을 때 9.4%
- 기타 6.9%

인천 붉은 수돗물 사태 인지 여부

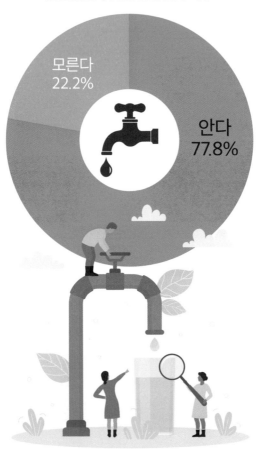

모른다
22.2%

안다
77.8%

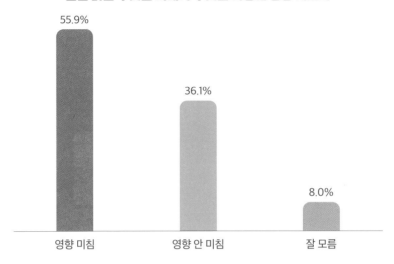

인천 붉은 수돗물 사태가 수돗물 사용에 영향 미쳤나

55.9%
36.1%
8.0%

영향 미침 　　　 영향 안 미침 　　　 잘 모름

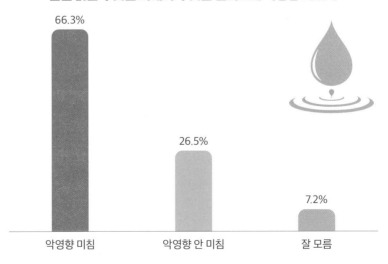

인천 붉은 수돗물 사태가 수돗물 신뢰도에 악영향 미쳤나

66.3%
26.5%
7.2%

악영향 미침 　　　 악영향 안 미침 　　　 잘 모름

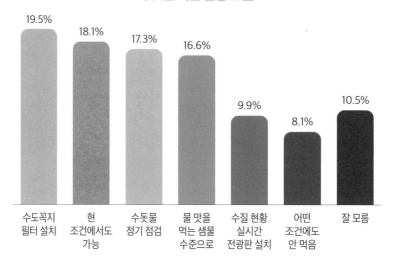

수돗물 직접 음용 조건

- 수도꼭지 필터 설치: 19.5%
- 현 조건에서도 가능: 18.1%
- 수돗물 정기 점검: 17.3%
- 물 맛을 먹는 샘물 수준으로: 16.6%
- 수질 현황 실시간 전광판 설치: 9.9%
- 어떤 조건에도 안 먹음: 8.1%
- 잘 모름: 10.5%

　수돗물 신뢰도를 높이기 위한 조건으로 '노후 상수도 보수 및 교체'가 38.8%를 차지하며 가장 많이 꼽혔다. 특히 이 응답은 붉은 수돗물 사태를 겪은 경기·인천 지역이 41.8%로 가장 높았다. 다음으로 광주·전라 41.0%, 서울 38.3%, 부산·울산·경남 37.1%, 대전·세종·충청 36.3% 대구·경북 35.6%, 강원·제주 33.3% 순이었다.

　수돗물 신뢰도 향상을 위한 조치로 '정수 시스템 엄격 관리' 27.8%, '취수원 수질 정상화' 15.5%, '동네별 수돗물 수질 공개' 5.3%, '수돗물 수질 기준 강화' 4.5%, '상수도 사업자를 중앙정부로 교체'가 2.9%로 나타났다.

　수돗물 수질과 맛이 확실히 보장된다면, 허용할 수 있는 수돗물

가격 인상 폭이 얼마나 되는지도 물었다. 수돗물 사업자는 지방자치단체이다. 지방 재정 상황에 따라 수돗물 요금으로 수돗물 원가를 해결할 수 없는 소규모 지자체도 많다. 상황이 이렇다 보니 수돗물 품질 향상을 위한 노후관 교체나 정수 시스템 개선 등이 현실적으로 어렵다. 응답자 43.1%는 10% 이하(4인 가족 2,700원 수준) 인상까지 동의했고, 20% 이하(5,400원) 12.8%, 개선된다면 금액 상관 없음 5.4%, 30% 이하(8,100원) 2.4%였다. 이에 반해 수질과 맛 상관없이 수돗물 요금 인상 불가는 30.0%였다.

• 관련 기사: 이성원·신융아 기자, 「한국인 10명 중 1명만 수돗물 음용… 젊고 소득 높을수록 "안 마셔"」, 《서울신문》, 2020년 1월 15일.
• 여론조사: 조원씨앤아이, 2019년 10월 12~13일, 전국 19세 이상 1,000명, ARS, 표본오차는 95% 신뢰수준에서 ±3.5%p.

기존 조사

음식물 안전 인식에 관한 기존 조사가 있다. 2018년 5월 12일 공공의창(코리아스픽스)과 《경향신문》은 'GMO 완전 표시제'에 관한 숙의형 토론을 진행했다. 이와 별개로 전국 성인남녀 803명을 상대로 여론조사를 진행했다.

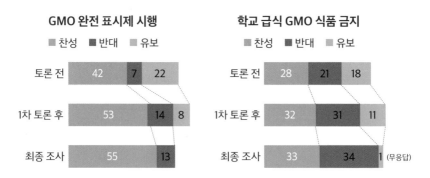

토론 전후 참여자들의 입장은 어떻게 변했나?(단위: 명)

GMO 완전 표시제 시행
■ 찬성　■ 반대　■ 유보

	찬성	반대	유보
토론 전	42	7	22
1차 토론 후	53	14	8
최종 조사	55	13	

학교 급식 GMO 식품 금지
■ 찬성　■ 반대　■ 유보

	찬성	반대	유보
토론 전	28	21	18
1차 토론 후	32	31	11
최종 조사	33	34	1 (무응답)

GMO 완전 표시제에 대한 여론조사

GMO에 대한 인지도

전혀 모른다	16.7%
잘 모른다	22.5%
그저 그렇다	16.7%
어느 정도 안다	35.8%
매우 잘 안다	8.3%

GMO의 안전성

안전하지 않다	48.8%
판단이 어렵다	36.5%
안전하다	5.1%
잘 모르겠다	9.6%

완전 표시제

전혀 공감하지 않는다	6.0%
대체로 공감하지 않는다	9.0%
대체로 공감한다	19.8%
매우 공감한다	56.5%
잘 모르겠다	8.7%

GMO 식품 완전 표시제 청원

청원 찬성	72.5%
청원 반대	5.7%
내용을 모른다	21.8%

GMO 식자재 급식 금지

금지해야 한다	57.4%
상황에 따라 결정	25.5%
허용해야 한다	7.9%
잘 모르겠다	9.2%

당신의 장례식은
어떤 색깔입니까?

    한국인은 자신의 죽음에 대해 진지하게 생각하고 잘 준비하고 있을까? 그리고 어떻게 준비하고 있을까? 공공의창(리서치뷰)·웰다잉시민운동·《서울신문》은 2019년 10월 3일, 40세 이상 700명을 대상으로 여론조사를 진행하여 죽음을 대하는 우리의 자세를 들여다봤다.

    안락한 삶을 설계하는 웰빙(well-being)과 준비된 죽음, 아름다운 죽음을 설계하는 웰다잉(well-dying)은 어찌 보면 같은 말이다. 태어난 순간부터 죽음은 삶의 전반에 가장 큰 영향을 미치므로 삶의 질만큼 죽음의 질도 중요하다. 하지만 우리 사회에서 죽음은 여전히 금기시된 단어이며, 두려운 대상이다. 복지정책 또한 죽음보다는 삶에 무게가 실렸다.

    무의미한 연명의료를 본인이 중단할 수 있게 한 연명의료결정법이 2018년부터 시행되면서 '죽음 복지'의 첫발을 내디뎠을 뿐이다. 웰다잉에 대한 공론화 또한 취약하다.

여론조사 결과 임종의료 결정, 유언장 작성, 유산·주변 정리 등 죽음의 과정을 계획하고 있다는 응답은 41.3%에 그쳤다. 10명 중 6명은 아무런 계획을 세우지 않았다. 이런 현상은 빈곤층에서 두드러졌다. 자신의 생활 수준이 '하'라고 답한 사람 가운데 28.6%만이 죽음에 대한 계획을 세우고 있었다. 자신의 생활 수준을 '상' 또는 '상·중'이라고 인식한 사람의 절반 이상(53.5%)이 죽음에 대비하고 있다고 답한 것과 비교된다. 가난한 이들에게 웰다잉은 웰빙만큼이나 낯선 단어였다.

20·30대 또한 웰다잉에 대한 관심이 매우 낮았다. 애초 이 여론조사는 만 19세 이상 성인 1,000명을 대상으로 기획했다. 그러나 20대와 30대 응답자의 90% 이상이 조사 중 이탈했다. 조사를 수행한 리서치뷰의 안일원 대표는 "아직 젊은 데다 등록금, 취업, 육아 등 현실적 어려움에 처한 2030 세대, 현재의 삶이 어려운 빈곤층은 먼 미래의 죽음을 생각할 여유가 없는 것"이라고 분석했다.

그렇다면 생의 마지막에 가장 근접한 노인은 어떨까. 아직 젊은이 못지않게 신체적·사회적 활동을 할 수 있는 '예비 노인'인 60대 중 절반이 조금 넘는 51.2%가 '나의 죽음을 준비할 계획을 세우고 있다'고 응답했다. 70세 이상은 이보다 낮은 47.1%만이 계획을 세우고 있다고 답했다. 43.3%의 50대와 별 차이가 없다.

죽음의 과정에 대한 계획

세우고
있다
41.3%

세우고 있지
않다
58.7%

계획 세우지 않는 이유

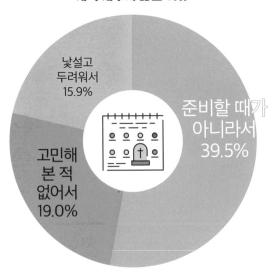

낮설고
두려워서
15.9%

고민해
본 적
없어서
19.0%

준비할 때가
아니라서
39.5%

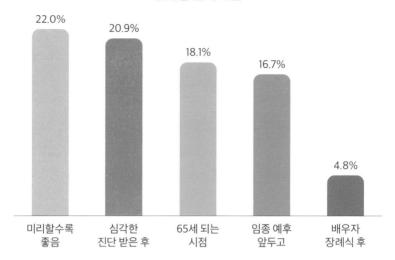

웰다잉 준비 시점

- 22.0% 미리할수록 좋음
- 20.9% 심각한 진단 받은 후
- 18.1% 65세 되는 시점
- 16.7% 임종 예후 앞두고
- 4.8% 배우자 장례식 후

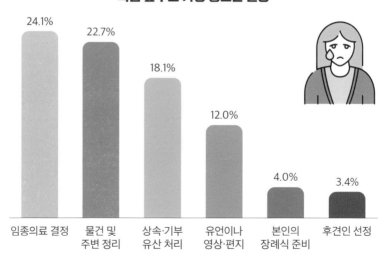

죽음 앞두고 가장 중요한 결정

- 24.1% 임종의료 결정
- 22.7% 물건 및 주변 정리
- 18.1% 상속·기부 유산 처리
- 12.0% 유언이나 영상·편지
- 4.0% 본인의 장례식 준비
- 3.4% 후견인 선정

자산·유품 정리 의향

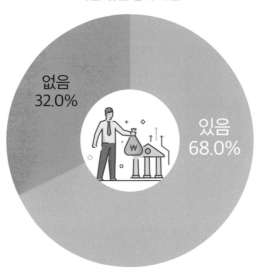

없음
32.0%

있음
68.0%

유산 중 일부 기부 의향

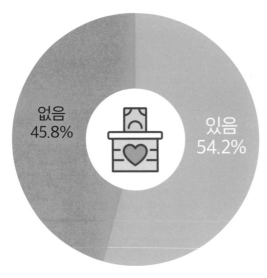

없음
45.8%

있음
54.2%

반면 계획을 세우지 않은 이유로 '아직 준비할 때가 아니라고 여겨서'라고 답한 70세 이상은 26.6%에 불과했다. 나머지 73.4%는 준비할 때라는 인식이 있다는 뜻이다. 18%는 '나의 죽음에 대해 고민해본 적이 없어서'라고 답했고, 15.6%는 '죽음의 과정을 계획한다는 것이 낯설고 두려워서'라고 했다.

이런 현상은 건강 상태가 나쁜 편이거나 매우 나쁜 집단에서도 마찬가지로 나타났다. 이 집단에서 죽음에 대한 계획을 세우고 있다는 응답은 43.2%로 평균을 조금 넘어선 수준이었고, 계획을 세우지 않은 사람 가운데 9.9%가 아직 죽음을 준비할 때가 아니라고 답했다. 건강 상태를 '매우 좋음', '좋은 편', '보통', '나쁜 편'·'매우 나쁨'으로 나눴을 때 '죽음의 과정을 계획한다는 것이 낯설고 두렵다'라고 응답한 비율은 19.7%인데, '나쁜 편'·'매우 나쁨' 그룹에서 가장 많았다.

한수연 웰다잉시민운동 사무국장은 《서울신문》과의 인터뷰에서 "죽음의 불안도를 연구한 논문들을 보면 20~50대는 죽음을 자신의 문제로 생각하지 않고 객관화시키기 때문에 계획을 세우기도, 답변하기도 쉽다. 하지만 70~80대가 되거나 건강이 좋지 않아 죽음이 나의 문제처럼 생각되는 단계에 이르면 두려움이 커지고 죽음의 과정 자체에 대한 생각을 회피하는 경향이 있다"라고 설명했다.

이들에게는 어떤 죽음도 좋은 죽음이 될 수 없다. 삶에 집중하는 것이 죽음을 준비하는 최선의 방편인 셈이다. 다만 이런 경우 아무 준비 없는 갑작스러운 죽음을 맞을 수 있다는 점에서 당사자나 남

본인의 장례 준비 의향

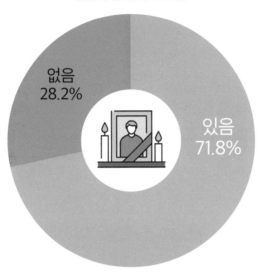

없음
28.2%

있음
71.8%

준비해야 하는 이유

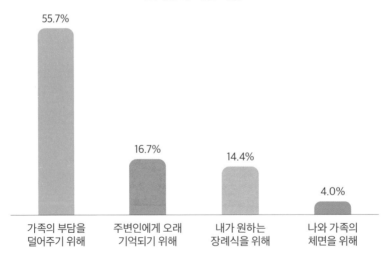

55.7%

16.7%

14.4%

4.0%

가족의 부담을
덜어주기 위해

주변인에게 오래
기억되기 위해

내가 원하는
장례식을 위해

나와 가족의
체면을 위해

임종 예후 알게 될 경우 사전 장례 의향

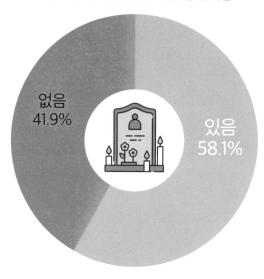

없음
41.9%

있음
58.1%

사전 장례 준비 이유

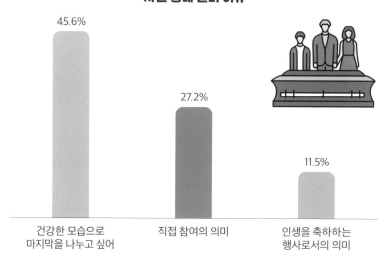

45.6%

27.2%

11.5%

건강한 모습으로
마지막을 나누고 싶어

직접 참여의 의미

인생을 축하하는
행사로서의 의미

작은 장례 의향

없음
7.8%

있음
92.2%

작은 장례 결정 이유

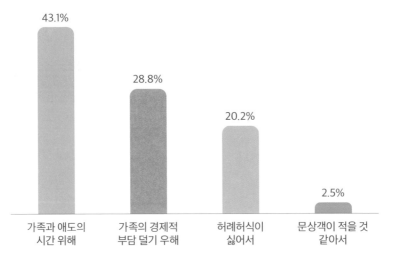

43.1%

28.8%

20.2%

2.5%

가족과 애도의
시간 위해

가족의 경제적
부담 덜기 우해

허례허식이
싫어서

문상객이 적을 것
같아서

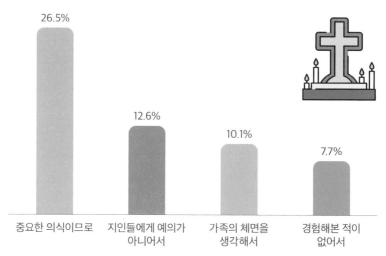

작은 장례를 주저하는 이유

- 26.5% 중요한 의식이므로
- 12.6% 지인들에게 예의가 아니어서
- 10.1% 가족의 체면을 생각해서
- 7.7% 경험해본 적이 없어서

은 가족에게나 좋은 죽음은 될 수 없다고 전문가들은 말한다.

일본에선 인생의 마지막 순간을 적극적으로 준비하는 활동을 종활(終活)이라고 한다. 일본은 이 종활을 어둡게만 바라보지 않는다. 자신의 생을 기록하는 '엔딩 노트'를 쓰기도 하고 생전에 지인들과 사전 장례식을 하기도 한다. 유언장 쓰기, 장례 절차, 법률 자문 등을 돕는 서비스가 활성화돼 있다.

웰다잉의 다양한 방법을 설명하고 나서 수용 의사를 물었을 때 우리 국민의 수용도도 비교적 높게 나타났다. 죽음에 대비한 가장 중요한 결정으로 가장 많은 24.1%가 '임종의료 결정'을 꼽았고, 그다음으로 주변 정리 22.7%, 상속·기부 유산 처리 18.1%, 유언이나 영

유언장 작성 의향

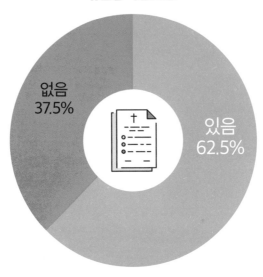

없음
37.5%

있음
62.5%

주저하는 이유

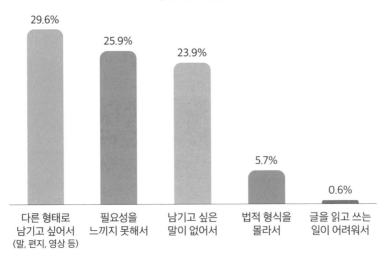

다른 형태로 남기고 싶어서 (말, 편지, 영상 등)	필요성을 느끼지 못해서	남기고 싶은 말이 없어서	법적 형식을 몰라서	글을 읽고 쓰는 일이 어려워서
29.6%	25.9%	23.9%	5.7%	0.6%

상·편지 12%, 본인의 장례식 준비 4% 순서였다.

자산·유품을 미리 정리할 의향이 있다는 응답은 68%로, 그렇지 않다는 응답층 32%보다 2배 이상 높았다. 또한, 71.8%가 본인의 장례를 직접 준비할 의향이 있다고 답했다. 그 이유로 55.7%가 '가족의 부담을 덜어 주려고', 16.7%가 '주변인에게 오래 기억되려고'를 꼽았다. 이 중 오래 기억되고자 직접 장례를 준비하고 싶다는 응답이 70세 이상에서 35.8%로 가장 높아 눈길을 끌었다. 생활 수준별로 살펴보면 빈곤층에서 '가족의 부담을 덜어 주려고'라고 답한 사람이 57.1%로 가장 많았다. 짐이 되지 않고 떠나는 것이 좋은 죽음이라는 인식을 엿볼 수 있다.

가족이나 가까운 지인들 중심으로 검소하게 치르는 작은 장례식을 할 의향이 있느냐는 질문에는 압도적으로 많은 92.2%가 '그렇다'고 답했다. 대부분 그룹에서 작은 장례식의 이유로 '가족끼리 좋은 시간을 갖고 싶어서'를 꼽았다. 비율은 43.1%였다. 특히, 생활 수준이 높을수록 조용한 애도의 시간을 원하는 것으로 나타났다. 반대로 생활 수준이 낮을수록 가족의 경제적 부담을 작은 장례식의 이유로 꼽은 사람이 많았다.

58.1%는 임종 예후를 인지했을 때 생전 주변인과 사전 장례식을 하고 싶다고 했다. 그 이유로 가장 많은 45.6%가 '주변인과 건강한 모습으로 마지막 기억을 나누고 싶어서'를 들었다.

인생 노트를 기록할 의향이 있느냐는 물음에는 48.1%가 '있다'고 답했다. 인생 노트 쓰기를 주저하는 이유로는 38.5%가 '필요성을 느끼지 못해서'라고 답했고, 20.3%는 '어떤 얘기부터 써 내려가야 할지 막막하다'고 털어놨다. '나의 생을 돌아보고 싶지 않다'는 비관적 의견도 14.8% 있었다. 아울러 62.5%가 유언장을 작성할 의향이 있다고 밝혔으며, 54.2%가 유산 중 일부를 기부할 의향이 있다고 답변했다. 유산 기부 의향은 50대가 63.4%, 40대가 58.4%로 특히 높았다. 웰다잉 준비 시점으로는 가장 많은 22%가 '미리 준비할수록 좋다'고 답변했고, '심각한 진단을 받은 후'라고 답변한 비율도 20.9%로 적지 않았다.

'웰다잉 기본법안'을 대표 발의한 원혜영 더불어민주당 의원은 "웰다잉 수용성이 떨어지는 것은 정보 양극화의 문제도 있다"고 지적했다. 또한, "연명의료에 대한 자기 결정권과 절차, 유언장 작성 방법 등을 사례 중심으로 이해하기 쉽게 전달해야 수용성을 높일 수 있으며, 삶의 마무리를 어떻게 해야 할지 이해시키는 노력이 중요하다"라고 말했다. 이 법안은 국가와 지방자치단체가 웰다잉 기반을 조성하도록 의무화했다.

• 관련 기사: 이현정 기자, 「40세 이상 성인 41%만 "죽음 대비"… "작은 장례식 염두" 92%」, 《서울신문》, 2019년 10월 4일.
• 여론조사: 리서치뷰, 2019년 9월 25~29일, 전국 40세 이상 700명, ARS, 표본오차는 95% 신뢰수준에서 ±3.7%p.

2019년 2월 13~14일 공공의창(조원씨앤아이)과《서울신문》이 성인 1,000명을 대상으로 죽음에 관한 인식을 조사하였다. 표본오차는 95% 신뢰수준에 ±3.1%p다.

한국은 존엄한 죽음의 여건을 갖추었는가?

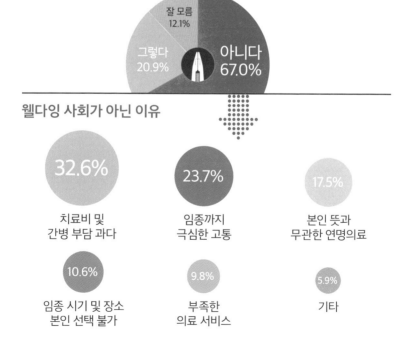

'한국인의 죽음'과 연상되는 단어

부정		긍정
불안 63.4%		평안 36.6%
고독 67.6%		유대 32.4%
비참 36.0%		존엄 64.0%
종결 63.3%		연속 36.7%
거부 28.4%		수용 71.6%
방치 28.6%		보살핌 71.4%
후회 51.0%		만족 49.0%

품위 있는 죽음을 위해 필요한 것

고통을 느끼지 않아야 한다 18.4%

임종 순간을 스스로 결정한다 18.7%

가족에게 부담 주지 않는다 48.4%

성향과 선택

　공공의창(피플네트웍스)은 2019년 4월 18~19일 이틀간 전국 성인 남녀 519명을 대상으로 '에니어그램으로 본 나와 한국 사회'라는 주제로 전화 여론조사를 진행했다.

　성향이란 무엇일까? 성향을 자극에 반응하는 일정한 패턴의 인격체적 특징으로 정의할 수 있다면, 성향은 인간뿐 아니라 동물과 식물은 물론 기업과 정당에도 해당하는 유기체적 특징에 포함될 수 있을 것이다. 인도의 철학자 크리슈나무르티의 말처럼 "우리가 진리를 찾고 신을 찾는 여행을 떠나기 전에, 그 어떤 행동을 하기 전에, 다른 사람과 관계를 맺기 전에, 반드시 먼저 자기 자신을 이해하는 것이 중요"하다면, 나와 나의 주변 그리고 한국 사회에서 중추적인 역할을 수행하고 있는 정치·경제적 존재들의 성향을 파악하고 이해하는 것은 의미가 있는 일이다. 더 나아가 여러 존재의 성향 파악이 현재를 진단하고 미래를 개선하는 데 중요한 통찰을 제시할 수 있다면 그 의미는 더할 나위 없을 것이다. 이러한 성향 분석을 위해 에니어그램(Enneagram)이라는 자기성찰 프로그램이자 성격심리학 도구를 활용했다.

에니어그램은 글로벌 대기업들이 인재 발굴 및 육성 프로그램으로 활용하고 있는 성향 분석 도구이기도 하다. 인간을 크게 3개 자아와 그 아래 존재하는 9가지 유형으로 구분한다. 3개의 자아는 몸의 에너지 중심이 어디 있는지에 따라 장(배)형, 가슴형, 머리형으로 구분한다. 장형은 몸의 에너지가 주로 본능이나 습관으로 나타나고, 머리형은 사고나 논리로, 가슴형은 감정과 정서로 표출된다. 3개 자아는 각각 3가지 유형으로 세분화하여 총 9가지 유형으로 나뉜다. 장형은 ⑧번 솔직하고 과감한 보스형 스타일, ⑨번 외유내강의 화합적인 통합형 스타일, ①번 도덕적이고 공정한 개혁형 스타일, 가슴형은 ②번 민감하고 정이 많은 이타적 스타일, ③번 실용적이고 능력을 중시하는 목표 지향적 스타일, ④번 개성이 뚜렷하고 감수성이 풍부한 예술가적 스타일, 마지막으로 머리형은 ⑤번 분석력과 지식이 풍부한 스타일, ⑥번 계획적이고 충실하며 신중한 스타일, ⑦번 낙천적이고 열정적인 스타일로 나뉜다.

본격적인 분석에 앞서 해결해야 할 문제가 하나 있다. 자기 자신을 진단하는 방법이 아니라 타자, 즉 다른 사람의 생각이 반영된 성향 분석이 과연 얼마나 정확할 수 있을까? 이 문제의 실마리를 찾을 수 있는 예가 있다. 영국 과학자 프랜시스 골턴은 소의 겉모습만 본 실험 참가자 700명에게 소의 무게를 쪽지에 적어내도록 했다. 그 결과는 놀라웠다. 실제 소의 무게는 1,200파운드였고, 실험자 700명이 추측해서 적은 소의 평균 무게는 1,199파운드였다. 그래서 에니어그램 성향 분석을 '집단지성'에 맡겼다.

문재인 대통령

먼저 문재인 당시 대통령을 살펴봤다. 대통령의 개인적인 성향은 국정 운영 방향에 어느 정도의 영향을 미칠까? 물론 리더의 성향만으로 정책이 수립되고 집행되는 것은 아니다. 객관적으로 주어진 상황도 무시할 수 없다. 상황에 대처하는 리더의 성향이 신의 한 수가 되기도 하지만, 패착으로 이어질 수도 있다.

문 대통령의 자아 중심은 장형(52%)으로 나타났다. 세부 유형에서는 ①번 도덕적이고 공정한 개혁형 스타일(34%)이 두드러지게 나타났고, ②번 민감하고 정이 많은 이타적 스타일(23%)과 ⑨번 외유내강의 화합적인 통합형 스타일(12%)이 보조 성격으로 확인되었다. '원칙적인 개혁 리더'의 전형적인 모습을 보이고 있다.

대체로 이러한 스타일은 윤리적이고 현명하며 공정하고 정직하다. 또 부지런하고 정돈을 잘하며 다소 이상적인 면도 갖고 있다. 반면 융통성이 부족하고 독단적이며 강박에 시달릴 수 있으며 사려 깊지 못한 언행을 싫어한다. 또 딱딱하고 비판적이며 너무 엄격하고 불안과 질투로 계속 통제하려는 모습도 갖고 있다. 장점은 자기 훈련이 잘되어 있고 책임감이 강하며 헌신적이다. 반대로 단점은 스트레스 상황에서 자기 자신에게 실망하거나, 신경이 날카롭고 걱정이 많을 수 있고 완벽주의자로 보일 수 있다.

문 대통령은 인권·정의·평등·공정 등 철학적 가치와 명분이 분명한 개혁 과제에 국정 운영의 우선순위를 두길 원할 수 있다. 주변 참모들은 문 대통령이 모든 문제를 떠맡지 않도록 스스로의 몫이 무엇인지 분명히 하고 함께 책임지는 활동이 필요할 수 있다.

노무현 전 대통령, 박정희 전 대통령, 힐러리 클린턴 전 미 국무장관 등이 문 대통령과 비슷한 스타일로 보인다. 김정숙 여사는 추측건대 ⑦번 낙천적이고 열정적인 스타일일 가능성이 크다. 문 대통령과는 찰떡궁합이라고 할 수 있다. 김 여사는 에너지가 넘치고 안목이 있으며 재치·재미가 있고 자발적인 스타일이다. 문 대통령 스타일은 ⑦번 낙천적이고 열정적인 스타일과 함께할 때, 더 밝아지고 경직되지 않으며 긍정적인 것에 집중하는 데 도움을 받을 수 있다.

차기 국가 리더

국민이 원하는 다음 대통령의 스타일은 어떤 모습일지도 알아보았다. 장형(76%)이 압도적으로 높게 나타났다. 세부 유형에서는 ①번 도덕적이고 공정한 개혁형 스타일(61%)은 문 대통령보다 두 배 가까이 높게 나타났다. 문 대통령이 개혁 과제들을 더 열심히 추진해야 하는 상황으로도 이해할 수 있다. 차기 리더 스타일에 대한 국민 선호는 한국 사회의 과제가 무엇인지, 그리고 그것이 얼마나 심각한지를 보여주는 단면이다. 장형이 주로 느끼는 감정은 분노이다. 취업에 실패하고 결혼하지 못하는 청년의 분노, 명예퇴직의 벼랑 끝에서 창업에 실패한 중장년의 분노. 성공은 결코 노력을 배신하지 않는다는 옛말의 배신에 분노하고 있는 것은 아닐까? 불의·불공정·불평등으로 밝힌 광화문 촛불의 분노가 더 높게 타오르고 있는 것은 아닐까?

정당

의석수 기준으로 분석할 정당을 선택했다. 더불어민주당은 장형(39%), 자유한국당(현재 국민의힘)은 머리형(31%), 바른미래당은 가슴형(44%)으로 자아정체성이 3분할되어 있었다. 민주당은 추진력을 인정받거나 독단으로 부정될 수 있다. 자유한국당은 안정감을 인정받

거나 이념 정당으로 부정될 수 있다. 바른미래당은 창조적이고 실용
적인 능력을 인정받거나 이질성으로 부정될 수 있다. 유형으로 보면,
민주당은 ①번 도덕적이고 공정한 개혁형 스타일(22%), 한국당은 ③
번 실용적이고 능력을 중시하는 목표 지향적 스타일(26%)이 가장 높
게 응답되었다. 바른미래당의 정체성은 민주당과 한국당에 끼여서
③번 실용적이고 능력을 중시하는 목표 지향적 스타일(18%), ①번 도
덕적이고 공정한 개혁형 스타일(17%)이 높게 나타났다.

앞서 살펴본 차기 국가 리더의 가장 중요한 항목으로 언급된 ①
번 도덕적이고 공정한 개혁형 스타일은 문 대통령 〉 민주당 〉 바른
미래당 〉 한국당 순으로 나타났다.

대기업

지구적 기후변화에 대응하는 저탄소 경제 리더십 상위 3개 기업
을 선택했다. 현대차는 머리형(31%), 삼성은 가슴형(61%), LG는 장형
(39%)으로 응답되었다.

현대차는 과거 현대그룹의 장형이 감소하고, 고기술 중시 산업으
로 업종이 확장하면서 머리형이 증가한 것으로 보인다. 삼성은 리더
에게 영향을 많이 받던 머리형이 감소하고, 성과와 능력을 중심하는
가슴형이 증가한 것으로 보인다. 마지막으로 LG는 과거 따뜻하고

에니어그램으로 본 문재인 대통령 및 차기 리더 성향

에니어그램으로 본 주요 3당 성향

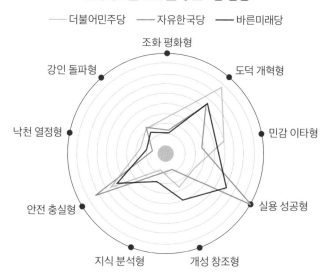

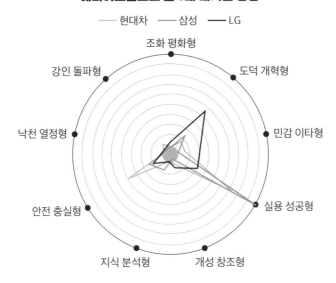

에니어그램으로 본 3대 대기업 성향

현대차 ——— 삼성 ——— LG

조화 평화형
도덕 개혁형
강인 돌파형
민감 이타형
낙천 열정형
실용 성공형
안전 충실형
개성 창조형
지식 분석형

친근한 이미지의 가슴형이 유지된 채, 장형이 증가하였다. 이는 사회적 리더십, 즉 자산 규모나 매출액보다는 기업의 사회적 가치와 평판이 영향을 미쳤을 가능성이 있다.

유형을 상대평가로 분석하면, 현대차는 ⑥번 계획적이고 충실하며 신중한 스타일(24%), 삼성은 ③번 실용적이고 능력을 중시하는 목표 지향적 스타일(54%), LG는 ①번 도덕적이고 공정한 개혁형 스타일(30%)에서 높게 응답되어 위의 분석 결과를 방증하고 있다.

나와 주변

나는 어떤 스타일이고 나의 스타일에 가장 잘 맞는 지인·직장 동료·학교 친구는 누구일까? 조사 결과, 나에게 가장 잘 맞는 스타일은 나의 스타일과 가장 비슷한 사람들인 것으로 나타났다. 상대를 통해 나를 발견할 수 있는 관계가 가장 잘 맞는 관계라고 해석할 수 있다.

2012년에 개봉한 영화 〈링컨〉에서 노예제를 폐지하기 위한 헌법 개정안 하원 투표를 4일 남겨두고 링컨이 백악관 흑인 여성 직원에게 이야기한다. "나는 당신들을 잘 모릅니다. 우린 모두 가난하고 헐벗고 서로에게 서툴며 거짓말하기는 마찬가지입니다. 당신에게도 나와 같은 걸 기대할 권리가 있다고 생각합니다. 우리는 서로에 대한 기대가 무엇인지 알고 있습니다. 당신들의 존재가 익숙해질 것입니다." 자기 자신을 이해하고 이를 통해 상대를 바라보는 지혜가 담긴 대화라고 생각한다.

나와 배우자

예비 배우자, 현재 배우자, 과거(이혼·사별) 배우자로 구분하여, 배우자 성향에 대한 미래 기대와 현재 진단 및 과거 평가를 9가지 유형으로 정리했다. 자기 자신의 성향과 배우자 성향 각각의 경로는 확인하기 쉽게 그림으로 정리했다.

예비 배우자 단계에서 원하는 배우자 성향은 ③번 실용적이고 능력을 중시하는 목표 지향적 스타일, ⑨번 외유내강의 화합적인 통합형 스타일, ②번 민감하고 정이 많은 이타적 스타일이 가장 많았다. 그런데 현재 배우자 성향에선 예비 배우자에게 기대하지 않았던 ①번 도덕적이고 공정한 개혁형 스타일이 가장 많이 언급되었다. 배우자에 대해 존경심과 답답함이라는 감정이 모두 공존한 결과로 볼수 있다. 마지막으로 배우자와의 이별 후 평가에선, ②번 민감하고 정이 많은 이타적 스타일과 ⑤번 분석력과 지식이 풍부한 스타일이 많았다. 지나고 보니, 배우자는 똑똑했고 지혜로웠으며, 정 많고 가족을 위해 헌신했던 기억으로 남아 있는 것 같다.

재미있는 사실은 자기 자신의 성향과 세 단계로 구분된 미래·현재·과거 배우자 기대 성향이 일관되게 유지된 유형은 ②번 민감하고 정이 많은 이타적 스타일뿐이었다는 점이다.

반대로 모두 다른 성향이 선택된 유형은 ④번 개성이 뚜렷하고 감수성이 풍부한 예술가적 스타일과 ⑥번 계획적이고 충실하며 신

'나의 성향'과 '배우자의 성향' 경로

	나 자신	예비 배우자(미혼)	현재 배우자(기혼)	과거 배우자(이혼·사별)
강인 돌파형	⑧번 솔직하고 과감한 보스형 스타일	⑨번 외유내강의 화합적인 통합형 스타일	⑧번 솔직하고 과감한 보스형 스타일	⑤번 분석력과 지식이 풍부한 스타일
조화 평화형	⑨번 외유내강의 화합적인 통합형 스타일	⑨번 외유내강의 화합적인 통합형 스타일	①번 도덕적이고 공정한 개혁형 스타일	N/A
도덕 개혁형	①번 도덕적이고 공정한 개혁형 스타일	①번 도덕적이고 공정한 개혁형 스타일	①번 도덕적이고 공정한 개혁형 스타일	②번 민감하고 정이 많은 이타적 스타일
민감 이타형	②번 민감하고 정이 많은 이타적 스타일	②번 민감하고 정이 많은 이타적 스타일	②번 민감하고 정이 많은 이타적 스타일	②번 민감하고 정이 많은 이타적 스타일
실용 성공형	③번 실용적이고 능력을 중시하는 목표 지향적 스타일	③번 실용적이고 능력을 중시하는 목표 지향적 스타일	①번 도덕적이고 공정한 개혁형 스타일	③번 실용적이고 능력을 중시하는 목표 지향적 스타일
개성 창조형	④번 개성이 뚜렷하고 감수성이 풍부한 예술가적 스타일	③번 실용적이고 능력을 중시하는 목표 지향적 스타일	①번 도덕적이고 공정한 개혁형 스타일	⑤번 분석력과 지식이 풍부한 스타일
지식 분석형	⑤번 분석력과 지식이 풍부한 스타일	②번 민감하고 정이 많은 이타적 스타일	①번 도덕적이고 공정한 개혁형 스타일	N/A
안전 충실형	⑥번 계획적이고 충실하며 신중한 스타일	③번 실용적이고 능력을 중시하는 목표 지향적 스타일	②번 민감하고 정이 많은 이타적 스타일	⑤번 분석력과 지식이 풍부한 스타일
낙천 열정형	⑦번 낙천적이고 열정적인 스타일	⑦번 낙천적이고 열정적인 스타일	②번 민감하고 정이 많은 이타적 스타일	④번 개성이 뚜렷하고 감수성이 풍부한 예술가적 스타일

중한 스타일이었다.

　일장일단이 있다. 비슷한 사람끼리 살아가는 것은 삶의 평안을, 서로 다른 다양성을 인정하며 살아가는 것은 삶의 혁신을 가져올 수 있다. 좋은 성향, 나쁜 성향은 없다. 각각의 성향에는 의미가 있다. 또 하나의 성향으로 자기 자신을 쉽게 단정하거나 규정할 필요도 없다. 사람은 9가지 유형 모두를 가지고 있다. 그중 몇 개가 드러나 있을 뿐이다. 모든 유형의 성격이 나의 컨디션과 주변 여건에 맞게 표현될 수 있다면 행복에 한걸음 더 가까워질 수 있을 것이다. 그러기 위해선 처음 말한 것처럼 자기 자신을 먼저 알아가고 이해하는 것이 중요할 수 있다.

•관련 기사: 최정묵 칼럼, 「미래 배우자, 같은 성향 선호하지만⋯현재 배우자, 대부분 다른 성향」,《경향신문》, 2019년 4월 28일.
•여론조사: 피플네트웍스, 2019년 4월 18~19일, 전국 18세 이상 519명, ARS.

한국인의 생각 2

1판 1쇄 인쇄 2023년 10월 10일
1판 1쇄 발행 2023년 10월 17일

지은이 강철구·김기수·김대진·박범창·박해성·서명원·신종화·안일원·
　　　유봉환·이병덕·이은영·이택수·정우성·최정묵 (공공의창)

펴낸이 최준석
펴낸곳 푸른나무출판 주식회사
주소 경기도 고양시 강선로 49, 404호
전화 031-927-9279 팩스 02-2179-8103
출판신고번호 제2019-000061호 신고일자 2004년 4월 21일

ISBN 979-11-92853-02-4 03330